Sven Reinecke (Hrsg.) et al.

Marketeers: Macher, Manager und Magnaten

Wie erfolgreiche Persönlichkeiten Märkte und Marketing
entwickeln und gestalten

Mit Beiträgen von
Wolfgang Armbrecht
Ronny Baierl
Christian Belz
Pietro Beritelli
Tim Böttger
Matthias Brauer
Antje Budzanowski
Christian Fieseler
Peter Mathias Fischer
Sascha Friesike
Urs Füglistaller
Oliver Gassmann
Dietmar Grichnik
Jürgen Häusler
Andreas Heller
Sven Henkel
Dennis Herhausen
Andreas Herrmann
Erik Klautzsch
Christian Laesser
Benno Maggi
Miriam Meckel
Günter Müller-Stewens
Thomas Petersen
Sven Reinecke
Michael Reinhold
Thomas Rudolph
Christian Schmitz
Gerhard Waldherr
Rolf Wüstenhagen
Dirk Zupancic

Eine gemeinsame Publikation des Marketingdepartements
der Universität St.Gallen und von Swiss Marketing (SMC).

Die Deutsche Bibliothek - CIP-Einheitsaufnahme

Sven Reinecke (Hrsg.) et al.
Marketeers: Macher, Manager und Magnaten
St.Gallen: Thexis 2012, ISBN 978-3-905819-19-9

Bibliografische Information der Deutschen Bibliothek:
Die Deutsche Bibliothek verzeichnet diese Publikation
in der Deutschen Nationalbibliografie; detaillierte bibliografische Daten sind im Internet über
http://dnb.ddb.de abrufbar.

Universität St.Gallen

Gestaltung: Karin Halder Walker, Institut für Marketing an
der Universität St.Gallen, CH-St.Gallen
Druck: VVA (Schweiz) GmbH, CH-St.Gallen

Bilder und Copyright aller Fotos: Karl Heinz Lambert,
DE-Schafflund, K.H.Lambert@t-online.de

Dank: Herzlich danken wir Swiss Marketing (SMC) für die
massgebliche Förderung dieser Publikation.

Inhalt

Gemeinsames Engagement für die Interaktion von Wissenschaft und Praxis im Marketing

Swiss Marketing und das Institut für Marketing an der Universität St.Gallen verbindet die gemeinsame Idee, Marketing erfolgreich zu gestalten, indem der Ideen- und Erfahrungsaustausch zwischen Wissenschaft und Praxis angeregt und intensiviert wird.

Swiss Marketing ist als Community der Schweizer Marketingprofis das etablierte Forum für alle, die im Marketing mitreden und es mitgestalten wollen. Der Berufsverband versteht sich dabei insbesondere auch als Wissenspool für seine Mitglieder.

Das Institut für Marketing an der Universität St.Gallen fühlt sich der realitätsorientierten Marketingforschung verpflichtet: Ziel ist es, Lernprozesse von Unternehmen und Führungskräften mit jenen der Marketingwissenschaft zu verbinden. Praktische Relevanz ist dabei sowohl Ausgangspunkt als auch Ziel einer soliden und wissenschaftlich-rigorosen Marketingforschung.

Eine zentrale Kooperation zwischen den beiden Organisationen ist seit 2010 das «Swiss Marketing Panel». Dieses Tool bildet die wertvolle Basis für jährlich mehrere wissenschaftliche Studien der Universität St.Gallen unter Mithilfe der Swiss-Marketing-Mitglieder.

Ferner geben Swiss Marketing und das Institut für Marketing jährlich eine praxisorientierte Marketingschrift heraus, inhaltlich und terminlich abgestimmt auf den Schweizerischen Marketing-Tag, der grössten jährlichen Marketing-Tagung in der Schweiz. Nach den Schriften «Marketing in einer neuen Welt» (2010) und «Einfluss des Marketing» (2011) erscheint mit «Macher, Manager und Magnaten» in diesem Jahr bereits die dritte gemeinsame Publikation.

Wir sind gemeinsam davon überzeugt, dass das vorliegende Buch auf Ihr Interesse als Marketingführungskraft stösst und Ihnen Anregungen und Impulse für Ihre eigenen Marketingerfolge bietet.

St.Gallen und Olten, Februar 2012

Prof. Dr. Christian Belz
Geschäftsführer des Instituts
für Marketing an der
Universität St.Gallen

Uwe Tännler
Präsident Swiss Marketing

Marketeers: Ein Potpourri «bunter Vögel»

Inkakakadu, Australien,
© K.H. Lambert

«Markt gleich Menschen», so treffend brachte Heinz Weinhold-Stünzi, erster Marketingprofessor an der Hochschule St.Gallen, ein zentrales Credo des Marketing auf den Punkt. Und nicht nur Journalisten kennen den Grundsatz: Menschen interessieren sich primär für Menschen.

Daher entschied sich das Marketingdepartement an der Universität St.Gallen (HSG), eine Publikation zu veröffentlichen, die den – neben dem Kunden – wichtigsten Menschen im Marketing in den Mittelpunkt stellt: den Marketeer. Diese Menschen gestalten, prägen oder beeinflussen einen Markt. Sie sind «echte Macher», marktorientiert denkende Manager und Wissenschaftler oder innovative Unternehmensführer. Nicht selten sind es auch «bunte Vögel», die durchaus polarisieren: einerseits visionär, eigenwillig und konsequent – andererseits aber manchmal auch verbohrt, sonderbar und nicht unbedingt einfach im Umgang.

Was fasziniert Menschen an Prominenten, warum sind berühmte Marketeers so spannend für andere Marketingführungskräfte? Sicherlich ist es einerseits eine Mischung aus Neugier und Neid: Was kann man von anderen lernen? Warum haben sie es geschafft, so erfolgreich zu werden? So manchem Marketeer fühlt man sich aber sicherlich auch einfach verbunden, weil man seine Marktleistungen, sein Unternehmen und Wirken sowie seine damit verbundenen Visionen und Werte im Laufe der Jahre kennen und schätzen gelernt hat.

Die herausfordernde Frage zu Beginn dieser Publikation bestand darin: Welche Personen sollte man auswählen? Welches ist das geeignete Auswahlkriterium für «Best Practice»-Marketeers? In Analogie zur Erfolgsfaktorenforschung wäre es denkbar, nach einem klaren Erfolgsmassstab zu suchen: Was zeichnet einen erfolgreichen Marketeer aus? Seine Vision, sein Mut, seine Inspiration? Oder eher seine Tatkraft, sein Charisma und seine Umsetzungsorientierung? Offenkundig gibt es nicht den einen Faktor, der den Erfolg einer marktorientierten Persönlichkeit reflektiert. Erschwerend kommt hinzu, dass Erfolg immer vergänglich ist und permanent neu erarbeitet werden muss. Letztlich ist jemand erfolgreich, wenn er seine eigenen Ziele erreicht oder gar übertroffen hat.

Daher beansprucht dieses Buch in keiner Weise, die wichtigsten, erfolgreichsten oder gar besten Marketeers zu portraitieren. Ganz im Gegenteil! Ebenso subjektiv und persönlich wie Erfolg beziehungsweise Erfolgswahrnehmung ist, so sollte auch die Auswahl der Persönlichkeiten in diesem Buch individuell und höchstpersönlich sein. Jeder beteiligte Autor sollte einen Marketeer auswählen, der ihn persönlich inspiriert und der aus seiner eigenen Sicht für ein Portrait in dieser Publikation besonders geeignet ist. Die Autoren waren sogar weitgehend frei in der Art und Weise, wie sie die Persönlichkeit präsentieren möchten – ob in Form eines Interviews, eines kommentierten Lebenslaufs oder einer fiktiven Erzählung.

Da (fast) alle Autoren Marketingwissenschaftler der Universität St.Gallen sind, ist damit zwangsläufig ein «Bias» in der Auswahl gegeben – und als wertprägende Gemeinsamkeit des Marketingdepartements auch bewusst gewollt.

Das Ergebnis ist eine spannende Zusammenstellung vollkommen unterschiedlicher Marketeers, ein «Potpourri bunter Vögel»: spannend, vielfältig – und doch jeweils einzigartig.

Wir sind davon überzeugt, dass Sie diese Publikation als Leser genauso faszinierend empfinden wie wir als Autoren. Auf jeden Fall hoffen wir, dass Sie die Lektüre inspiriert – und vielleicht sogar Impulse auslöst, eigene Lernprozesse zu verkürzen.

Herzlich danken möchte ich ausdrücklich Herrn Erik Klautzsch für die umfassende redaktionelle Unterstützung sowie Frau Karin Halder Walker für den ansprechenden Satz dieser Publikation.

Im Namen des gesamten Autoren-Teams

Prof. Dr. Sven Reinecke
Direktor des Instituts für Marketing
an der Universität St.Gallen (HSG)

Helping the Lamborghini of the solar industry become a little more like BMW

Sunpower, headquartered in Silicon Valley, has been among the top 10 solar firms worldwide for several years. Julie Blunden, Vice President of Public Policy and Corporate Communications at Sunpower, talks to Rolf Wüstenhagen about the company's strategy to navigate through a turbulent growth market as well as about some of the current trends in global solar markets. Read on to learn why the company needs to transform from being the Lamborghini of the solar industry to being more like BMW; why there is no place on earth like Germany; why solar growth will create many jobs in Asia, but even more jobs in the West; why some oil firms invest more proactively than others; and why it is a great thing to work for a solar company.

Julie Blunden

- Julie Blunden serves as SunPower's executive vice president for public policy and corporate communications. She is responsible for public policy and market development, market and competitive intelligence, corporate communications, and investor relations.
- Blunden serves as the Vice Chair of the board of directors at the Solar Energy Industries Association and on the board of advisors for Vote Solar.
- Prior to SunPower, Blunden led KEMA-XENERGY consulting practice on renewable resources, energy markets and policy to industry, utilities and state and federal governments.
- 2004: Support of the Schwarzenegger administration in developing the Million Solar Homes Initiative.
- 1997: Co-foundation of the Green Mountain Energy Company, a national retail electric supplier of renewable power.
- Earlier in her career, Blunden worked for the AES Corporation where she was responsible for power plant development and acquisitions in the independent power generation business.
- Blunden received her MBA from the Stanford Graduate School of Business and an AB from Dartmouth College majoring in engineering, modified with environmental studies.

Von Prof. Dr. Rolf Wüstenhagen, Institut für Wirtschaft und Ökologie, Universität St.Gallen

The current situation in solar markets seems paradoxical: While the world is facing a serious carbon and energy challenge, an industry that could supply a significant part of the solution suffers from short-term overcapacities and a demand shortage – is marketing something that still needs to be discovered in the solar industry?
I would distinguish between the solar industry and the energy industry. Most people generally take their electricity for granted, so the idea of power choice, that you can choose where your electricity comes from, is relatively new in many parts of the world. But even if power choice has only been around for 15 years, it has had an influence on people's awareness for different energy sources, and in particular renewable energy. You can think of solar energy as the ultimate form of power choice, when you decide to put your own solar power plant on the roof of your house, your firm, or your school. This idea of choosing solar has become very popular for people in countries like Germany, Italy and Spain.

This idea of choosing solar has become very popular for people in countries like Germany, Italy and Spain.

So you see consumer choice as a key driver for the emergence of solar markets?
The idea of choosing solar as a way to get your electricity has been established in some countries, but the idea of choosing between different subcategories, of differentiating between solar firms is still very immature. At Sunpower, we actually have a differentiated technology, so we are in a good position to differentiate from a marketing perspective. We have a dealer network that sells directly to customers, that has given us an opportunity to establish a brand. But we are still a small proportion of total global sales in the solar industry. So today we have been the equivalent of Lamborghini, a premium brand serving a small proportion of the market. Our challenge over time as we gain share is to continue to establish a premium position while expanding our market base, and to become something closer to a BMW. That is something that we have worked on, but you can imagine that in an environment as we have today where you have compressing margins and extreme competition on price, it is not a great time to run a massive TV campaign, the money is just not there. Instead the question is, how do you use your distribution channel, how do you use online techniques, to establish a brand that has a premium

In our case, that value proposition is to get more
power from your roof, or
depending on who the
customer is, more money
from your roof, or less
carbon from your roof.

position and is tied to a value proposition that customers
want. In our case, that value proposition is to get more power
from your roof, or depending on who the customer is, more
money from your roof, or less carbon from your roof. And it
is our job to make sure that customers understand the diffe-
rence. Our dealers play an important role in communicating
our value proposition especially to small-scale customers in
the residential or small commercial markets. By the end of the
year we will have 2'000 dealers in our global network, and
the majority of those will be in Europe. These dealers are relatively savvy on solar, they understand the differences between
technologies, and they help us to carry our message to our
customers, as they explain why it is that you would rather get
more power off your roof.

**You mentioned the pressure on prices, which is a strong
trend in the solar industry. How do you deal with the
challenge of people expecting better prices next year, and
therefore becoming hesitant to buy now?**
We have seen that and it is fascinating when you look at the
price curve over time, there have been a couple of periods
in the last few years where there have been very rapid price
drops within just one or two quarters. The first was during
the financial crisis in 2009, and the second was the summer
of 2011. The consequence is that as people watch prices drop
quickly, dealers included, they tend to say: «Hm, perhaps I
should wait another week or two, prices will come down again.»
The way that we have dealt with this is that we have been very
consistent with our dealers, where we alert them in advance
when we expect a price reduction, and we have been very
consistent that we reduced prices at the times we said we
would. So waiting around for another few weeks is not going
to provide you with the opportunity for another price reduction. We do work on promotions with our dealers, and look for
opportunities to take advantage of certain events that we can
work on together, but because of our fundamental technology
advantage we have got the benefit of being able to work with
our dealers in a way that many of the quantity players just
cannot. Some of those firms drop prices by the day in some
periods to accommodate the fact that they are just trying to
move product based on price alone.

Gelbstirnmohrenkopfpapagei,
Äthiopien, © K.H.Lambert

So transparency helps to convince your dealers to buy even in a context of price slides, but what about retail customers? Do they also understand those price dynamics or are they hesitant?
There have been periods where residential customers have heard a lot about price drops coming in the solar industry. We do not think that in general this is stalling the market. Customers do not only look at the price for solar, they also look at the declining levels of feed-in tariffs or other policy incentives, and there is recognition of the fact that if you wait, you will end up with lower incentive levels, as well as a lower price, so you might as well buy today and start earning money immediately. So we think the challenge with falling prices is less around residential customers as it is around securing dealer procurement.

And what about commercial customers?
In Europe, and also in the US, we see a growing class of commercial customers who are quite savvy about solar, too, and understand that there is a real opportunity over time to hedge their electricity expenses. With increasing gas prices and the upcoming retirement of older power plants, the upward pressure on retail electricity prices is likely to continue. For customers to be able to take responsibility for their own electricity generation, to offset their own load, we find that this is a very attractive value proposition. To have confidence about what the cost of electricity is going to be over time, knowing that this is a stable and identifiable rate, is really important for those larger commercial customers.

...the upward pressure on retail electricity prices is likely to continue.

You mentioned policy incentives, and especially feed-in tariffs. Will these incentives continue to play an important role for the solar industry? Or will policy become less important as solar further progress on the technology learning curve and reach grid parity, i.e. the point where solar energy costs the same as conventional electricity?
Well, I would say a little bit of both. When feed-in tariffs were first designed, policymakers did not know exactly what the market implications would be. Their full consequences were sort of learned by doing throughout Europe. Different countries experimented with other market mechanisms, with France for example implementing an auctioning mechanism. Other countries including South Africa and China all came up with variations of those policies, and regardless of whether you call

those frameworks feed-in tariffs or something else, I think they are going to be around for some time. What is going to happen with feed-in tariffs is that as they get closer to the retail electric rates, customers will ask the question – wait a minute, isn't it better for me to use solar power myself than to sell it to the grid? So I think there is an inevitable discussion coming up, perhaps in the 2014–2015 timeframe, around what are we going to do as feed-in tariffs hit that retail market parity. And by the way, grid parity is not a magical event that is happening, it is sometimes being discussed as a point of Nirwana, but that will not be the case. One scenario is that as we approach grid parity, customers will use their own batteries to use solar power on site.

So we might see more people disconnect from the grid and use their solar power locally?
Yes, that is a possibility, although by the way this would not be the most efficient outcome. The most efficient outcome would be for everyone to use the grid. But if you do not have a market mechanism that allows customers to lend or retrieve power from the grid, then people might not choose that most efficient solution.

Which of the European solar markets are currently most promising from your perspective?
Italy has established a good track record especially for small customers. In Italy, we have a lot of dealers, so I think there is an opportunity in Italy to build off that knowledge base. On the one hand, Italy can sometimes be a complicated country, but on the other hand, it is a pretty innovative place, it has got high electricity rates, it is not going to build nuclear power plants, and it does not have a lot of wind. So solar is almost an inevitable winner in Italy. It is just a question of how it meanders to that point. The success of feed-in tariffs in recent years, which of course created some substantial challenges in terms of pricing, means that there is going to be twelve Gigawatts of solar installed by the end of 2011, and that is a remarkable achievement. – Germany is interesting because… there just is no place on earth like Germany. There is no other market that has been as willing to commit to solar at the scale as Germany was. The leadership of German politicians on this subject is unequalled on earth, and they will have changed the opportunity for the world on solar in terms of the pace of penetration. The question now becomes what do you do, with

There is no other market that has been as willing to commit to solar at the scale as Germany was.

the capacity towards the end of 2011 reaching 20 Gigawatts, that is almost as much as wind energy, and solar will surpass wind in Germany next year. We do not see a fundamental change in the German mindset. They are pretty solution-oriented folks, so we are confident that they will move from the current market structure to an evolved version of it, as they have been doing over the past three years. One of the challenges in Germany is that as we are getting to the transition point where we take nuclear off the system, there is a fundamental question of what do we do? Are we going to really be able to solve our replacement needs through distributed renewables or are we still going to build new coal- or gas-fired power plants at a substantial volume? One of the things solar has going for it is that we are such a fast-market technology that by the time the question about possible new central power plants will have been resolved, a good chunk of the requirement will have been replaced by renewables on a distributed basis. So that question will have been resolved for them, but in an ideal world, you would think through the combination, including optimization of transmission networks and other aspects. Unfortunately in Germany, they do not get to make transmission decisions by themselves, so if they wanted to import solar from Turkey or Greece, they would have to go and discuss that with a lot of other folks, too, to build the transmission line, and that's hard to do. So I think Germany is going to end up by default solving its replacement needs by distributed renewables, merely because it is almost impossible to really organize a comprehensive approach to a blend of centralized and distributed resources in a short amount of time.

One of German policymakers' hopes in designing generous incentive schemes for solar energy was to create jobs in Germany. But now we are seeing some of those jobs being relocated to Asia. What will the solar industry look like five years from now – are we still going to have solar jobs in Europe, or are we all going to be shopping in China?
It depends on which piece of the value chain you look at. Unfortunately, and here is a real public policy marketing challenge, so much of the public policy world these days wants manufacturing jobs. The reality is that a good chunk of manufacturing jobs will be located in Asia, because that is where we manufacture most things these days. However, just like we assemble cars close to demand, we can also be assembling solar panels close to demand. Sunpower put a new solar panel

The reality is that a good chunk of manufacturing jobs will be located in Asia.

assembly facility online in Silicon Valley at the end of 2010, we have manufacturing capacities in Europe as well, but that is still not where the majority of the jobs are. The majority of the jobs are on the installation and construction side. It is at least three to one, three times more jobs downstream than upstream. And that is only going to be more true as we get to larger scale, more automated factories, wherever they are located. If you look at the jobs in our company, for example in the San Francisco Bay Area, most of our jobs, 9:1, are office jobs rather than manufacturing jobs, and then that is dwarfed by our construction jobs. What Germany has very successfully done is establish competency for example on equipment that is exported all over the world. We use a whole bunch of German equipment in our factories, whether they are in Asia, the United States or Europe. They have also created manufacturing jobs for solar panels, some of those are going away now and more of them will go away later – that's a function of the overall cost of manufacturing in Europe versus other locations on Earth. But that does not mean that all of the jobs go away, and in fact as overall penetration of solar energy increases you are going to see dramatic increases in jobs for installation. So will there be jobs in Asia because of what is happening in Germany? Yes. Will there be jobs in Germany because of manufacturing in Asia? Yes. And will there be jobs in Germany because Germany decided to put in solar? Yes, there will be a whole lot of construction jobs today and tomorrow.

A majority of Sunpower has recently been acquired by Total, a major oil company. At the same time, other oil companies seem to continue their solar commitments with limited scope, or are standing on the sidelines. What was it that the management of Total saw that other oil industry managers do not see?
Total has a very clear view of the future of oil and natural gas. They speak very confidently about a plateau in oil production, and they recognize that in order to continue to grow their company in a time of flattening oil supply, they need to look at other opportunities. That is an industry-wide effect. But they have taken a position that is a little different from the one that some of the other oil companies have about the future of energy, and their CEO, Christophe de Margerie, clearly explains his view of the world. They concluded that they were going to invest in both biofuels and solar, and took several years to really do their research and participate in the industry. They

Foto auf der nächsten Seite:
Schwarzohr- und Goldwangenpapa-
geien, Peru, © K.H.Lambert

were always focused on vertical integration and in fact have investments in a series of solar companies that they have essentially used as learning vehicles for what was happening in the solar industry and what the drivers of success were going to be. They spent a couple of years looking for the right company to make a major investment, and at the same time we were looking for the opportunity for strategic partnerships as well. At the end, we concluded that we had a very similar view of the world, in terms of the power of technology differentiation, vertical integration, and geographic portfolio management. So it was a very logical link between us.

Rotbauchpapagei, Äthiopien,
© K.H. Lambert

Would you say other oil companies are just closing their eyes in front of the future of oil and gas?
Historically, the oil companies who did invest in solar, and that goes back for decades, were interested in what solar could do, but they certainly were not manufacturers. That is not what their companies do, they are oil exploration and production folks, they are retail delivery folks, they are refiners, but they are not manufacturers. Solar is absolutely a mass production, manufacturing industry now, and it is becoming even more so in the future. So some of the oil companies have made very rational decisions in that is just not their competency to be large-scale manufacturers, and they have taken appropriate action. If you conclude that you are going to be an energy company in the future, different energy companies will decide to take different portfolio strategies. I think in the long run you will see other major energy companies conclude that solar should be part of their portfolio, similar to the way that some of the utilities have looked at the changes in the electric power industry. Several utilities concluded that they would take a portfolio approach to renewable energy projects globally, which looks very different to their original business that may be more specific to the political and market dynamics of their home territory.

So you think we might be positively surprised by some of the oil companies?
It is hard to tell, and I am loath to point to any particular kind of energy company, whether it is the oil companies or the gas companies or the utility companies. But certainly solar is going to become the number one or number two new power resource in the next decade in most of the developed world and possibly in some of the developing world, so you will not

going to be able to ignore it. I would point out that when you think through what an energy company is you could argue that GE and Siemens are energy companies. They are energy equipment companies, and certainly we have seen a lot of those sorts of companies be deliberate, but very serious about solar.

Siemens recently announced that they would exit from the nuclear industry. Was that an important event for the solar industry from your perspective?

I think that is a clear signal to the rest of the power industry who are evaluating what the viability is of nuclear going forward. To have someone of Siemens' stature, and their depth of participation in nuclear in the past, pull out is a really important statement about the risk and the return opportunities that they see for new investments in nuclear.

The solar industry is still largely in the hands of engineers. What is attractive about working in this industry for Stanford MBAs like yourself, and for marketing managers?

The nicest thing about it is that everybody loves solar... (laughing) It is great to work on something where you are fundamentally offering an opportunity that people want to say yes to. I was taking my kids to the doctor the other day, and going to the doctor is not something that most people are really fond of, all you think about is the shots. You can have a really nice doctor and still you think about the shots. – When you talk about solar, people just have a very, very positive reaction and it is a pleasure to work with customers, or policymakers, or stakeholders, who want to be able to say yes. And even if you work with very committed environmentalists who are concerned about the environmental impact of a new power plant, they are not usually concerned about solar in general, they may simply be concerned about an endangered species on a particular piece of land. This is a very different situation from the rest of the power industry. And the other thing is that the solar industry is populated – not entirely, there are also people who are just here to make money – with a lot of people who recognize that there is a need to fundamentally shift the way the world gets our power. And that is a group of highly motivated, dedicated, energized people, and it is a pleasure to be part of that community. So when you think about getting up in the morning, heading off to do your early-morning computer work, you are basically getting to work on something that you know people want and that people are motivated to help you achieve. It is a very positive situation – which is worth remembering as we work our way through the next couple of years and we rationalize the industry down from some of its early, wildly fragmented beginnings to something which is more stable: larger company sizes, and ready to really move from the scale where we are today to the scale where we will be by the end of this decade, which will be several times as large as we are today.

Another feature of the solar industry, perhaps correlating with its engineering-driven nature, is that there are not a lot of women working there yet. Would solar firms, or energy firms in general, become more successful if they had a better gender balance?
I think most businesses benefit from a diverse work force and from paying close attention to a diverse customer base. Certainly in the solar industry there is a huge influx of youth and enthusiasm, and you find both men and women in those. To the extent that we are operating in the power industry, that industry has been dominated by the engineers, and to some extent the financiers and lawyers, in the past. It has been progressing towards a more balanced work force in the past, but at the management level, it is still heavily male. It is not unusual for me in senior executive meetings to be the only woman in the room and I am used to it after doing it for years. I benefit from having an engineering background and being able to converse with them usually, but I also think that in the future if you watch the power industry become more customer-oriented, and the solar industry be a part of that, that the connections to the customer base, where a lot of purchasing decisions are made by women, will be well supported by a diverse management team.

Quellen

Jäger-Waldau, A. (2011): PV Status Report 2011 – Research, Solar Cell Production and Market Implementation of Photovoltaics, European Commission Joint Research Center, Ispra.

Kaenzig, J./Wüstenhagen, R. (2008): Understanding the Green Energy Consumer: Evidence from Swiss Homeowners, Marketing Review St.Gallen, 4 (2008), pp. 12–16.

Lüthi, S./Wüstenhagen, R. (2012): The price of policy risk – Empirical insights from choice experiments with European photovoltaic project developers, Energy Economics, in press.

SecurityStockWatch.com (2007): In the Boardroom with Julie Blunden. www.securitystockwatch.com/Interviews/in_Boardroom_SPWR.html

Wüstenhagen, R./Bilharz, M. (2006): Green Energy Market Development in Germany: Effective Public Policy and Emerging Customer Demand, Energy Policy, 34, pp. 1681–1696.

YouTube (2009): Julie Blunden talking about utility scale solar power. www.youtube.com/watch?v=vXkZBTrwiR4 (Part 1), www.youtube.com/watch?v=7zTARu3Y8WE (Part 2)

Foto auf der nächsten Seite:
Lear Ara, Brasilien, © K.H.Lambert

«Ich bin keine Papierkrämerin!»

Eine Frau an der Spitze eines weltweit agierenden Konzerns ist für viele immer noch eine exotische Vorstellung. Denn die Vorstandsetagen grosser Unternehmen sind doch reine Männerdomänen, oder? Weit gefehlt! Monique Bourquin, Powerfrau und Chefin von Unilever Schweiz, zeigt, dass Sie genau so viel bewegen kann wie ihre männlichen Kollegen – wenn nicht sogar mehr. Was die Natur der Frau damit zu tun hat und wie Sie nebenbei den Spagat zwischen Beruf und Familie meistert, erfahren Sie im Interview.

Monique Bourquin

- Geboren am 5. März 1966 in Solothurn, Schweiz.
- Verheiratet, eine Tochter (November 2004). Hobbies: Zeit mit ihrer Familie verbringen, Fitness-Training, Inline-Skating, Jogging, Skifahren, gut essen, Lesen.
- 1968–1983: Alle Schulbesuche in Frankreich (Rocquencourt, Versailles, Annecy).
- 1984: Université de Genève, 1. Jahr sciences économiques.
- 1990: Universität St.Gallen, Abschluss: Lic. oec. HSG.
- 1990–1993: Consultant bei Price Waterhouse Management Consultants.
- 1993–1994: STG-Coopers & Lybrand, Supervisor im Bereich Corporate Finance M&A.
- 1994–1997: Product Manager bei Knorr Nährmittel AG, Thayngen.
- 1997–1999: National Account Manager bei Rivella AG, Rothrist. Zuständig für das gesamte Retail-Geschäft.
- 1999–2002: Director Switzerland für die Food Sparte (u.a. Ice Cream, Kaffee und Lachs) bei Mövenpick Foods Switzerland.
- seit 2002: Customer Development Director bei Unilever Schweiz GmbH.
- seit 2008: Country Managing Director und Mitglied der Geschäftsleitung DACH.
- Verbandstätigkeiten: Schweizerischer Kosmetik- und Waschmittelverband (SKW) – Mitglied des Vorstands (seit 2009), GfM Schweizerische Gesellschaft für Marketing – Mitglied des Vorstands (seit 2009), Promarca – Mitglied des Vorstands (seit 2008).

Erik Klautzsch, Institut für Marketing, Universität St.Gallen

Frau Bourquin, als Chefin von Unilever Schweiz kann man Sie zweifellos einen Macher nennen. Oft heisst es, man werde als Macher geboren. Haben Sie das Macher-Gen?
Ganz ehrlich, ich weiss es nicht. Was ich weiss: Ich kann in meiner Position viel bewegen, packe gerne neue Herausforderungen an und entspreche mit meinem Verhalten damit wohl einem Macher. Als Kind war ich in der Schule recht gut, aber ob ich da ein Macher war, glaube ich nicht. Ich hatte Spass an guten Noten und das hat mich wiederum beflügelt, weil es gerade in Frankreich einen starken Konkurrenzkampf in der Schule gibt. Man wusste immer, wer Erster, Zweiter, Dritter in der Klasse war. Als Erster durfte man als Geschenk für gute Zeugnisse aus allen Büchern eines auswählen. Und ich hatte gerne viele Bücher zur Auswahl!

Ein frühes Anreizsystem also. Dadurch werden bestimmt auch wichtige Macher-Eigenschaften geprägt wie etwa der Ehrgeiz, nach vorne zu kommen...
Der Antrieb zu gewinnen war immer schon Teil meines Ansporns und auch heute messe ich mich gern mit anderen. Weit vorne zu sein spornt an, noch besser zu werden. Wenn man im Mittelfeld liegt, dann ist der Ehrgeiz weniger stark. Dann lieber doch Erste sein (lacht)...

Sie haben Finanz- und Rechnungswesen an der HSG studiert. Eigentlich ein untypischer Schwerpunkt für einen klassischen Marketeer. Wünschen Sie sich heutzutage manchmal, nicht doch ein Marketingstudium eingeschlagen zu haben?

Ich bin gerne auch ein Zahlenmensch.

Ich bin gerne auch ein Zahlenmensch. Und war immer schon der Meinung, dass Zahlen mir später helfen würden – ganz gleich, in welchen Bereichen ich tätig sein würde. Wenn ich Zahlen und deren Hintergründe und Relevanz fürs Geschäft verstehe, verschafft mir das einen Vorteil. Den Rest kann ich mir aneignen, egal ob Organisation, Verkauf oder auch Marketing. Aber ohne das Verständnis für Kostenstellen, Bilanzen und Erfolgsrechnungen oder andere Kennzahlen fehlt mir ein wichtiges Werkzeug.
Von dem her habe ich es nie bereut, einen finanzwirtschaftlichen Schwerpunkt gewählt zu haben. Meine Mitarbeitenden mögen es manchmal weniger, wenn ich Zahlen hinterfrage oder eine falsche Berechnung aufdecke, aber ich finde die

Steuerung des Geschäfts über Fakten und Zahlen essentiell. Dieses Flair für Zahlen hilft mir in meiner täglichen Arbeit sehr.

Sie sind dann aber doch ins Marketing beziehungsweise ins Produktmanagement gewechselt. Was hat Sie dazu bewegt, diese völlig andere Richtung einzuschlagen?
Ich war insgesamt vier Jahre in der Beratung tätig. Irgendwie hatte ich das Gefühl , dass ich gleichzeitig viel aber auch wenig wusste. Von Banken, vom Kreditkartengeschäft, von Versicherungen, IT-Projekten, M&A und Corporate Finance wusste ich oberflächlich viel. Und dennoch beschlich mich nach vier Jahren ein komisches Gefühl. Ich realisierte, dass ich zwar beraten, aber selber doch nichts eigenverantwortlich bewegen konnte. Dies veranlasste mich dazu, mich bei meinen HSG-Kolleginnen und Kollegen umzuhören, was sie so machen. Und interessanterweise waren diejenigen, die am begeistertsten von ihren Jobs erzählten, die Marketeers in der Konsumgüterwelt. Sie waren immer hellauf begeistert von den Kampagnen und Produkten, die sie lancierten – und das entwickelte auf mich eine starke Faszination. Denn dort konnte man etwas anfassen und bewegen. Grund genug, in die Welt des Marketings zu wechseln, die mir so gut gefiel, dass ich sie bis heute nicht verlassen habe.

Etwas anfassen und bewegen.

Hatte es vielleicht auch damit zu tun, dass in der Beratung für gewöhnlich stark nach Vorgaben und Modellen gearbeitet wird? Und man im Marketing die Chance hat, etwas Eigenes zu gestalten, eigene Ideen freizusetzen?
Nein. Wir haben auch in der Beratung damals sehr eigenständig, sehr strategisch sowie konzeptionell und auch sehr kreativ gearbeitet. Auf standardisierte Modelle haben wir weniger zurückgegriffen... Was mich über die Beratung hinaus reizte, war vielmehr selber die Konzepte in einem Unternehmen konkret umzusetzen. Ich möchte nicht nur Papierkrämerin sein. Ich will sehen, was ich tue und selber bewegen!

Dann hat Ihnen das Marketing ja sicherlich ideale Voraussetzungen dafür geboten. Es heisst ja: Marketing ist alles. Angefangen von der Produktion bis zum Vertrieb...
Genau das hat mich eben gereizt! Ich hatte eine Reihe von Produkten, für die ich verantwortlich war. Mein Produkt, das war mein Baby. Ich fand es unglaublich spannend, die Schnittstelle zu sein, die alle Abteilungen zusammenhält und koordiniert. Das fängt an mit der Definition des richtigen Produktkonzepts

Mein Produkt, das war mein Baby.

für eine klar definierte Zielgruppe bis hin zur Verpackung. Und am Schluss steht man an der Produktionslinie und sieht sein Produkt, wie es das Produktionsband verlässt. Man kann es anfassen und mit nach Hause bringen und sagen: Das ist das Produkt, was ich mit den Küchenchefs entwickelt und verbessert habe, bis es wunschgemäss aus der Maschine rauskommt und im Regal steht. Das ist ein geniales Gefühl. Und wenn es beim Konsumenten gut ankommt und schöne Umsätze sowie eine gute Marge generiert, dann weiss man, dass man es richtig gut gemacht hat.

Rostkappenpapagei, Peru,
© K.H.Lambert

Vor Ihrem Büro steht eine Art Einkaufsregal mit den Bestsellern von Unilever. Es muss Sie bestimmt sehr stolz machen, jeden Tag auf das Werk Ihres Schaffens blicken zu können.
Ja. Ich habe wirklich das Gefühl, bei Unilever kann ich viel bewirken, auch wenn ich heute die Produkte nicht mehr selber entwickle. Aber es ist schön, Produkte konkret anfassen zu können!

Jetzt zeichnen Sie verantwortlich für Unilever Schweiz. Und haben umso mehr die Möglichkeit, den Konzern aktiv mitzugestalten. Was hat sich bei Unilever durch Sie verändert?
Ich hab das Gute behalten und versucht, das weniger Gute zu verändern. Ganz konkret: Ich möchte eine Performance-Kultur haben, die die Mitarbeitenden dazu motiviert, etwas zu erreichen. Eine hohe Leidenschaft für ihre Arbeit hatten unsere Mitarbeitenden schon immer. Ebenso wie die Eigenschaft, vorauszudenken und marktorientiert zu agieren. Diese Eigenschaften möchte ich unbedingt beibehalten und noch weiter verstärken. Was ich bewusst verändert habe ist ein Teil der Unternehmenskultur. Mir ist besonders der Umgang miteinander wichtig, eine gewisse Nähe und Verbundenheit zu den Mitarbeitenden. Ich möchte nicht nur über mein Geschäftsleitungsteam erfahren, was läuft und was nicht. Ein Beispiel: In die gemeinsame Kantine gehe ich sowieso immer zum Mittagessen und setze mich zu den Leuten. Aber bewusst lade ich auch Mitarbeitende verschiedener Abteilungen zu regelmässigen Austausch-Lunches ein. Während der anderthalb Stunden, in denen wir zusammen essen, hat jeder die Möglichkeit zu sagen, was gut und was weniger gut läuft. So kann ich die Leute wirklich als Menschen wahrnehmen und nicht nur als Arbeitskraft und bin zusätzlich dem Geschäft nahe, da ich Informationen aus erster Hand bekomme. Diese Art von Kultur wird nicht nur von mir, sondern vom ganzen Management bei uns gepflegt.

Ich möchte eine Performance-Kultur haben.

Sie legen also viel Wert auf Engagement und offene Kommunikation, ergo einen empathischen Führungsstil. Fällt es Ihnen gerade als Frau leichter, diese Eigenschaften zu verkörpern und bewusst in Ihre Führungsposition einfliessen zu lassen?

Es sind sicher Eigenschaften, die mir von Natur aus einfach fallen. Ich wurde privat immer als jemand angesehen, der sehr gut zuhören kann, mitfühlt und versucht, sich in eine Person hineinzuversetzen. Wenn es einer Freundin gut geht, dann freue ich mich, umgekehrt nehme ich Anteil an den Sorgen. Aber ob dies typisch weiblich ist?... Es gibt bestimmt auch Männer mit diesen Eigenschaften. Wahrscheinlich sind sie aber bei Frauen von Natur aus stärker ausgeprägt.

Ich hab diese Eigenschaften bei der Arbeit nie negiert. Sicher gibt es auch Menschen, die sich im Beruf bewusst anders verhalten. Aber ich bin so wie ich bin. Ich führe sicher auch mit dieser Empathie. Das heisst aber nicht, dass ich nicht auch klare Entscheide treffe. Ich teile nicht nur Streicheleinheiten aus! Wir müssen auch Resultate erreichen. Aber ich versuche bewusst, die Leute in Entscheide einzubeziehen. Denn ich bin der Meinung, dass Entscheide besser ausfallen, wenn das Team seine Meinung äussern kann. Natürlich bin ich diejenige, die am Schluss die Verantwortung trägt und oft auch entscheidet. Auch hat dieses partizipative Vorgehen nicht zum Ziel, es allen recht zu machen. Aber die Meinungen, die geäussert wurden, richtig durchzudenken, um fürs Geschäft das bestmögliche Resultat zu erzielen.

Auf was sind Sie besonders stolz?

Als ich 2008 die Geschäftsführung von Unilever in der Schweiz übernahm war dies verbunden mit einer Restrukturierung und einem Stellenabbau. Also keine einfache Ausgangslage, was Mitarbeitende und Kultur betraf. Es galt Vertrauen durch klare und möglichst transparente Kommunikation zu schaffen und gleichzeitig Resultate zu erreichen sowie eine Kultur zu entwickeln, in der die Leute wissen, dass der Weg zum Erfolg kein reiner Spaziergang ist. Wir wollen am Markt gewinnen und dafür hart arbeiten ohne die Leidenschaft und menschliche Nähe in der Firma zu verlieren. Das uns dies ganz gut gelingt, bestätigen auch die Resultate der Mitarbeiterumfragen. Die Werte in Bezug auf Employer Engagement, also die Motivation der Belegschaft und Performance Culture – wie ergebnisorientiert unsere Arbeitsweise ausfällt – sind beide überdurchschnittlich gut in der Schweiz. Auf diese Verbindung von Resultatserrei-

Ich teile nicht nur Streicheleinheiten aus! Wir müssen auch Resultate erreichen.

Wir wollen am Markt gewinnen und dafür hart arbeiten ohne die Leidenschaft und menschliche Nähe in der Firma zu verlieren.

chung und gesunder, überdurchschnittlich positiver Unternehmenskultur bin ich echt stolz.

Ein wichtiger Teil der Unternehmenskultur von Unilever ist auch das Thema «Diversity», also die Förderung von Frauen im Management. In den letzten Jahren ist dadurch der Anteil der Frauen in Management Positionen bei Unilever deutlich gestiegen. Wie haben Sie das erreicht?
Zunächst einmal muss ich erklären, aus welchen Gründen wir Frauen fördern. Dafür sprechen ganz klar sachliche Gründe. Erstens sind sehr viele Menschen, die unsere Produkte kaufen, weiblich. Und Frauen verstehen Frauen noch etwas besser. Es ist daher wichtig, dass diese Frauen auch im Unternehmen vertreten sind. Der zweite Grund ist, je diverser eine Gruppe zusammengestellt ist, desto höher die Qualität der Entscheide und Resultate. Verschiedene Meinungen zu berücksichtigen ist enorm wichtig. Wenn alle immer die gleiche Meinung vertreten, dann entscheide ich natürlich auch am Ende einheitlich. Aber das ist wahrscheinlich gerade das Falsche, weil viele andere Argumente nicht berücksichtigt werden. Und der dritte Punkt: Gute Leute auf dem Markt sind rar. Und wir wollen überdurchschnittlich gute Mitarbeitende und müssen deshalb sicherstellen, dass wir auf das volle Potential zurückgreifen – dazu gehören die Frauen auch! Wir möchten, dass auch Frauen bei uns gerne arbeiten und fördern und entwickeln diese, um sie nicht zu verlieren, z. B. wenn sie Mütter werden.

Die weibliche Managementkomponente ist also ein entscheidender Erfolgsfaktor von Unilever. Welche konkreten Arbeitsmodelle bieten Sie Frauen, um sie langfristig im Unternehmen halten zu können?
Wir bieten unseren Mitarbeitenden generell sehr flexible Arbeitszeiten. Da schauen wir nicht auf die Uhr und prüfen auch nicht, wer wann kommt und geht. Und gerade bei Müttern, die ihre Kinder in die Krippe bringen müssen, haben wir klar Verständnis dafür, wenn sie später da sind oder früher weg müssen. Home Office ist eine andere Möglichkeit, sich die Arbeitszeit flexibel einzuteilen. Und viele unserer weiblichen Mitarbeitenden, die ein oder mehrere Kinder haben, möchten gerne zu 60 % Teilzeit arbeiten. Dazu bieten wir nach Möglichkeit auch Hand. Wir haben Zugang zu Krippenplätzen und beteiligen uns auch an den Kosten hier vor Ort.
Daneben haben wir ein tiefes Verständnis dafür entwickelt, dass Frauen zum Teil anders ticken. Sie sind nicht so laut wie

Frauen verstehen Frauen noch etwas besser.

Männer und treten ein wenig bescheidener auf. Männer haben die Tendenz früh zu sagen: «Ich bin gut!» Und Frauen denken eher: «Bin ich jetzt wirklich gut genug?» Wir versuchen deshalb die Frauen zu ermuntern, ihre Qualitäten und Erfolge mehr zu zeigen und klar zu kommunizieren, welche Erfolge sie erreicht haben. Und die Vorgesetzten entsprechend auf dieses Thema zu sensibilisieren. Denn das ist einfach keine Selbstverständlichkeit.

Wir versuchen deshalb die Frauen zu ermuntern, ihre Qualitäten und Erfolge mehr zu zeigen.

Sie sprachen zuvor vom notwendigen Fit zwischen Mitarbeitern und Kunden. Und dass Frauen ein noch besseres Verständnis für das Marketing von Produkten wie etwa Knorr oder Dove mitbringen. Welche konkreten Skills befähigen Ihre Mitarbeiter dazu?
Natürlich ist ein tiefes Verständnis der Bedürfnisse unserer Konsumenten entscheidend. Und beim Kochen, Waschen oder bei der Körperpflege ist es so, dass mehr Frauen unsere Produkte benützen als Männer. Im Marketing sind entsprechend viele Frauen vertreten – es geht darum zu verstehen, welche Bedürfnisse die Zielgruppe genau hat und den richtigen Marketing-Mix daraus abzuleiten. Wir legen darüberhinaus besonderen Wert auf das Verständnis der sogenannten Shopper, also der Personen, die unsere Produkte vielleicht gar nicht konsumieren, aber im Supermarkt einkaufen. Hier gilt es zu verstehen: Wie und wie lange sucht der Shopper? Wie und für welche Produkte fällt er seinen Entscheid am Regal? Unsere Marketing- und Verkaufsfachleute gehen bei der Untersuchung dieser Fragestellungen immer vom Konsumenten oder Shopper aus. Sie sind aussenorientiert, sprechen mit Konsumenten, gehen in die Läden hinein und haben ein aussergewöhnliches Verständnis für das Kauf- und Gebrauchsumfeld unserer Produkte. Nur im eigenen Büro zu sitzen… das bringt uns nicht weiter.

War Ihre Karriere das Resultat Ihres Ehrgeizes?
Ja, das trifft es. Im Vergleich zum stereotypen Karrieremenschen, der unbedingt Karriere machen will und auf dem Weg dahin viele Dinge in Kauf nimmt, wurde es mir ab einem bestimmten Zeitpunkt zu wenig anspruchsvoll im Job. Und dann wollte ich den nächsten Schritt machen und mehr Herausforderung und Verantwortung tragen, um wieder richtig Spass an der Arbeit zu haben.

Es wurde mir ab einem bestimmten Zeitpunkt zu wenig anspruchsvoll im Job.

Wie haben Sie diese immer grösser werdende berufliche Verantwortung mit Ihrer Familienplanung vereinbart? Sie sind ja verheiratet und haben eine kleine Tochter.

Ja, wie habe das damals gelöst? Ich wollte einfach eine Familie und ein Kind und den Beruf dennoch nicht aufgeben Es war für mich von Anfang an klar, dass ich beides vereinen will. Ich bin ein Typ, der sagt: «Wenn man etwas wirklich will, dann geht's immer!» Ich habe mich dann über eine Krippe und eine Nanny organisiert, habe die Mehrbelastung von Beruf und Kind sehr gerne in Kauf genommen. Die ersten zwei Jahre waren schon anstrengend: sich am Morgen um das Baby kümmern und anziehen und kaum ist sie angezogen, sind die Windeln wieder voll. Und die Uhr dreht, man hat das Meeting um halb neun zu leiten. «Ganz ruhig bleiben und nochmals von vorne anfangen» war da jeweils die Devise. Einmal in der Krippe angekommen weint die Kleine vielleicht und es fällt einem nicht leicht, dann loszufahren. Und irgendwie kommt man schliesslich um 08.29 Uhr in die Sitzung rein und denkt: «Puuh... was hab ich schon alles hinter mir». Es war etwas anstrengend, aber wie gesagt, wenn ich etwas will, dann mache ich dies alles gerne! Solange es fürs Kind und für den Partner auch stimmt, stimmt es für mich!

Wenn man etwas wirklich will, dann geht's immer!

Hätten Sie rückblickend einen anderen Zeitpunkt für Ihre Familienplanung gewählt?

Nein. Ich würde höchstens früher Kinder kriegen. Ich habe zu lange gedacht, Kinder und Karriere seien nicht zu vereinbaren... Wenn ich heute eine Empfehlung abgeben müsste, dann würde ich sagen: Wenn man will, dann ist es miteinander vereinbar. Und warum sollte man so lange auf ein Kind verzichten, was einem soviel schenkt (kurze Denkpause). Na gut, ein bisschen früher hätte es vielleicht sein sollen, aber auch nicht zu früh. (lacht)

Ich habe zu lange gedacht, Kinder und Karriere seien nicht zu vereinbaren.

Wie sieht heute Ihr Tagesablauf aus? Ihre Tochter müssen Sie bestimmt nicht mehr morgens anziehen...

Heute ist meine Tochter im Kindergarten und zieht sich selbstständig an. Auch wenn es hin und wieder Diskussionen gibt, ob sie jetzt die grüne, die blaue oder die rote Hose anziehen will. Oder wie heute: «Mama, darf ich mein Röckchen anziehen?» Ich daraufhin: «Nein, es ist kalt draussen, zieh' die Hose an»... «Mama, aber ich hab' keine Lust, ich hab' ein so schönes Röckchen und ich hab' eine Geburtstagsparty heute...». Wir haben uns auf Röckchen mit Strumpfhose geeinigt! Das sind so die kleinen «Gespräche», dies kennt ja jeder, der Kinder hat. Aber natürlich ist mittlerweile alles viel lockerer. Und wir haben immer noch die gleiche Nanny wie damals.

Nasenkakadu, Australien,
© K.H.Lambert

Und wann verbringen Sie Zeit mit Ihrer Familie?

Am Wochenende. Und auch unter der Woche, meistens abends. Meine Tochter braucht wenig Schlaf und bleibt immer etwas länger auf. Vor neun Uhr ist sie nie im Bett. Und ich bin niemand, der bis acht Uhr im Büro bleibt. Und so habe ich abends öfters mal zwei Stunden, die ich mit ihr und meinem Mann verbringen kann. Obwohl ich natürlich ein, zwei Abende in der Woche nicht zu Hause bin.

Aber ich empfinde diese zwei Stunden reine Familienzeit am Abend, in der wir miteinander essen, verschiedene Dinge besprechen und vielleicht noch etwas gemeinsam spielen, als wirklich qualitative Zeit, die wir alle sehr geniessen.

Es ist beeindruckend, wie spielend Sie Beruf und Familie miteinander vereinbaren. Daraus lassen sich bestimmt auch einige Learnings für angehende Managerinnen ableiten...

Das ist ja auch ein Thema, das viele Studentinnen und Frauen in Managementpositionen umtreibt. Es gibt leider noch nicht so viele Beispiele, wo die Verbindung von Frauen im Management und Familie gut funktioniert. Aber es gibt doch immer mehr. Viele Frauen treffen aber auch ihre eigene Wahl, entweder nur zu arbeiten, oder die Arbeit für die Familie aufzugeben. Jede Frau soll selber entscheiden, wie sie ihr Glück findet.

Es gibt leider noch nicht so viele Beispiele, wo die Verbindung von Frauen im Management und Familie gut funktioniert.

Zum Ende unseres Gesprächs würde ich gerne noch von Ihnen wissen: Welche Eigenschaften sollte man haben, um ein erfolgreicher Macher zu sein?

Ganz klar: Den Willen! Man muss etwas erreichen und gewinnen wollen. Und man muss entscheiden können. Es gib nichts Schlimmeres, als Leute, die nicht entscheiden. Dabei ist es wichtig, das Know-How an der Basis, bei den Leuten abzuholen und sie einzubeziehen. Das 80/20-Prinzip hilft da, um die wichtigsten Fakten zu erfassen und mit 99% Wahrscheinlichkeit zu wissen, dass man in die richtige Richtung geht.

Für eine Macherkultur in einer Firma ist auch eine Lernkultur notwendig.

Für eine Macherkultur in einer Firma ist auch eine Lernkultur notwendig. Es dürfen Fehler gemacht werden – aber möglichst nicht der gleiche Fehler zwei Mal. Jeder muss innerhalb seines Kompetenz- und Entscheidungsbereichs dann klären, warum etwas schiefgelaufen ist und sicherstellen, dass es nicht noch einmal passiert. Ich glaube, so ist jeder selber Macher und bringt die anderen dazu, sich selber zu verbessern. Denn nur selber Macher zu sein und Leute um sich zu scharen, die nur Nicken oder nur abwarten, bis irgendwann der Entscheid von oben kommt – das funktioniert nun mal nicht. Das ganze Unternehmen sollte diese unternehmerische Macherkultur auf jeder Stufe umsetzen. So kann sich jeder engagieren, entfalten und vorwärts kommen – und das Unternehmen weiterbringen.

Sie haben eben oft das Wort «Macher» erwähnt. Merkwürdigerweise ist der «Macher» in unserem Sprachgebrauch rein maskulin besetzt. Von «Macherinnen» hört man kaum. Stört Sie das?
Ich muss ganz ehrlich sagen: Dagegen bin ich ziemlich immun. Ich bin überhaupt niemand, der darauf besteht, dass alles neben der männlichen auch in der weiblichen Form stehen soll. Die Form ist mir egal. Hauptsache, der Inhalt stimmt.

Frau Bourquin, ganz herzlichen Dank für das Gespräch.

Quellen

Bourquin, M. (2010): «Wer ausruht, statt vorwärtszueilen, ist im Nu überholt», CEO Magazin, S. 8.

Der Bund (2011): «Teilzeitarbeit war für mich nie ein Thema». www.derbund.ch/wirtschaft/karriere/Teilzeitarbeit-war-fuer-mich-nie-ein-Thema/story/29876017/print.html

NZZ (2009): «Mit 12 konnte ich schneidern, was ich anziehen wollte». www.nzz.ch/nachrichten/startseite/monique_bourquin_country_managing_director_unilever_schweiz_1.2157268.html

PME Magazine (2010): «Seither geht mir alles einfacher von der Hand». www.pme.ch/de/artikelanzeige/artikelanzeige.asp?pkBerichtNr=181960

Robin Hood, Hans im Glück oder einfach «nur» ein erfolgreicher Entrepreneur?

Richard Branson – Gründer der Virgin Group – ist einer der bekanntesten, erfolgreichsten und vielleicht auch verrücktesten Seriengründer der Welt. Wie schafft man es, über 300 Unternehmen aus unterschiedlichen Branchen weltweit sein Eigen zu nennen und mit circa 50'000 Arbeitnehmern in 30 Ländern einen Umsatz von 18 Milliarden US-Dollar zu erwirtschaften? Zahlen, die beeindrucken! Bedenkt man zusätzlich, dass Branson das Fundament für die Virgin Group erst 1970 gelegt hat, stellen sich vor allem folgende Fragen: Was können erfolgreiche und potenzielle Unternehmer und Manager von Branson lernen? Gibt es ein Erfolgsrezept oder gar eine unternehmerische DNA?

Richard Branson

- Geboren am 18. Juli 1950 in Surrey, Grossbritannien.
- 1969: Branson gründet mit «Virgin Music» einen Versand für Schallplatten und Musikstudio in London.
- 1972: Das Studio nimmt den noch unbekannten Mike Oldfield unter Vertrag. Die Produktion von dessen erfolgreichem Album «Tubular Bells» lässt Branson zum Millionär werden.
- «Virgin Music» arbeitete mit Boy George, Phil Collins, Genesis, den Pet-Shop Boys und den Rolling Stones, wird zum sechs-grössten Plattenproduzenten der Welt.
- 1984: Gründung der Fluggesellschaft «Virgin Airways», die Billigflüge über den Atlantik anbietet.
- 1992: Branson tritt «Virgin Music» für 560 Millionen Pfund an Thorn EMI ab.
- 1991 gelingt ihm die Ballonüberquerung des Pazifiks. Von 1995–1998 startet Branson mehrere Versuche, die Erde per Ballon zu umrunden. 2004 gelingt ihm die schnellste Überquerung des Ärmelkanals mit einem Amphibienfahrzeug.
- 1998 tritt Branson in den Beraterstab von Tony Blair ein, zuvor unterstützte er den Wahlkampf des britischen Premiers.
- 2000: Branson wird von Königin Elisabeth II. zum Ritter «Order of the British Empire» geschlagen.
- 2006 kündigte Branson an, bis zu drei Milliarden Dollar in seine Firma «Virgin Fuels» zu investieren, die sich auf erneuerbare Energien spezialisiert hat. Er gründete «Virgin Galactic», mit dem zahlungskräftige Touristen ins All befördert werden sollen.

Von Ronny Baierl und Prof. Dr. Dietmar Grichnik, Institut für Technologiemanagement, Universität St.Gallen

To me, business isn't about wearing suits or pleasing stockholders. It's about being true to yourself, your ideas and focusing on the essentials.

Auf einen ersten betriebswirtschaftlichen Blick scheint der Erfolg von Branson und der Virgin Group vor allem an einem hohen Diversifizierungsgrad zu liegen. Seine Unternehmen sind in der Reise-, Mobilfunk-, Musik- und Finanzbranche zu Hause und ermöglichen somit das Kompensieren etwaiger Fehlschläge. Ein zweiter detaillierterer Blick verrät jedoch, dass wohl kein anderer so hoch diversifizierter Mischkonzern auch nach 40 Jahren Unternehmensgeschichte noch so von seinem Gründer geprägt ist. Branson lässt sich nicht nur gerne vor einem seiner Flugzeuge marketingwirksam in Szene setzen, sein Gesicht prägt auch die aktuellsten Vorhaben in der Virgin Group: von der bemannten Raumfahrt bis zum Urlaub auf Bransons Privatinsel an der Australischen Ostküste.

Auf der Suche nach der unternehmerischen Erfolgsformel

A business has to be involving, it has to be fun, and it has to exercise your creative instincts.

Somit sind bereits zwei Einflussfaktoren in der unternehmerischen Erfolgsformel identifiziert: Eine Portfolio-Orientierung par excellence kombiniert mit einer aussergewöhnlichen Persönlichkeit – einem Menschen, Entrepreneur und Marketeer. Aber was genau zeichnet Richard Branson aus? Gibt es bestimmte Charaktereigenschaften oder Handlungsmuster, die seinen überdurchschnittlichen Erfolg erklären? Ist Branson besonders talentiert, zeigt er ein besonderes Können oder ist sein Erfolg letztlich auf glückliche Umstände zurückzuführen? Kurzum: Welche Faktoren füllen die Erfolgsformel mit Leben? Ein kommentierter Blick auf Bransons privaten und unternehmerischen Werdegang liefert erste Anhaltspunkte hierfür.

Screw it, let's do it!

Sir Richard Charles Nicholas Branson – so sein vollständiger Name – wurde am 18. Juli 1950 in Grossbritannien geboren. Bereits als Kind legten seine Eltern viel Wert auf Krisenbewältigung. Sie liessen ihn bei Familienausflügen den Heimweg alleine suchen, um eben diese Fähigkeiten zu fördern und zu stärken. Auch wenn Branson in dieser Situation recht wenig Verständnis für die unkonventionellen Erziehungsmethoden seiner Eltern hatte, sollten die hierbei erworbene Durchsetzungsfähigkeit und das nötige Durchhaltevermögen nicht zu seinem Nachteil sein.

36

Gründergeist: Von der Jungfrau zum Kinde

Als Unternehmer trat Branson erstmalig 1968 in Erscheinung. Er gründete die Jugendzeitschrift Student. Obwohl das Magazin sicherlich nicht zu den Bekanntesten in Grossbritannien zählte, konnte Branson hier erste Erfolge vorweisen. Ihm gelang es nicht nur, John Lennon zu interviewen, auch Gastbeiträge von dem bedeutenden Philosophen und Publizisten Jean-Paul Sartre oder dem englischen Schriftsteller John le Carré konnte er für sein Magazin gewinnen. Der gezielte Aufbau von für Branson wichtigen Kontakten und die Pflege des hierdurch entstandenen sozialen Netzwerks scheinen somit weitere Bestandteile von Bransons Erfolgsrezepts zu sein. Sein Interesse am Projekt selbst war jedoch wesentlich grösser als das an betriebswirtschaftlichen Messgrössen, so dass das Magazin kurze Zeit später wieder vom Markt verschwand. Möglicherweise war es der erlernten Fähigkeit zur Krisenbewältigung zu verdanken, dass sich Branson trotz dieses frühen Rückschlags nicht für eine Karriere als Angestellter entschied.

Der Grundstein für die Virgin Group wurde 1970 gelegt: Branson gründete Virgin, einen auf den Versand von Schallplatten spezialisierten Detailhändler. Der Firmenname ist letztlich eine Anspielung auf den Ursprung der Geschäftsidee – wie die Jungfrau zum Kinde. Schliesslich hatte Branson mit seinen Kollegen «lediglich» erkannt, dass Jugendliche nicht oder nur in geringem Umfang an der bisherigen traditionellen Beratung in einem Plattenladen interessiert waren; für sie stand der gezielte preiswerte Erwerb von Schallplatten im Vordergrund – ein Wunsch, dem Virgin prompt nachkam. Dass Virgin als Namensbestandteil des heutigen Konzerns erhalten blieb, ist auch auf den Verzicht auf den damals zu Diskussion gestandenen Alternativnamen Slipped Disc zurückzuführen – ein im Nachhinein glücklicher Umstand.

Gespür für Kundenwünsche

Der Erfolg von Virgin gab Bransons Gespür für Kundenwünsche recht und liess ihn die Wichtigkeit der Kunden erkennen – eine Erkenntnis, die auf den bisher vorherrschenden Anbietermärkten neu war, wenngleich sie aus heutiger Sicht schon fast trivial erscheint. Allerdings hatte Branson kaum Zeit, den Erfolg zu geniessen. Die Britische Post streikte und lieferte keine Pakete mehr aus; existenzbedrohend für einen Versandhändler, zumal ein nahes Ende des Streiks nicht in Sicht war. Da Virgin

Rosakakadu, Australien,
© K.H. Lambert

keine Rücklagen für etwaige «Durststrecken» hatte, mietete Branson kurzerhand einen Laden in der Londoner Oxford Street, um dort seine Platten anzubieten. Statt aufzugeben und sich resignativ aus dem Markt zurückzuziehen, kämpfte Branson getreu dem Motto «when life gives you lemons, make lemonade» für sein Unternehmen und erweiterte auf diese Art sogar seinen Aktionsradius: Als er wenig später bemerkte, dass die Zahlungsbereitschaft der Kunden durch ein angenehmes Ambiente und ebenfalls an Rockmusik interessierten jungen Verkäufern sogar gestiegen war, war der Grundstein für die Virgin Mega Stores gelegt. Aus reaktivem wurde proaktives Handeln. Die Zukunft zu gestalten, statt auf Veränderungen zu reagieren, wurde zur Handlungsmaxime.

Business opportunities are like buses, there's always another one coming.

Abermals war es Bransons Gespür für Kundenwünsche, das der Erfolgskraft seines Unternehmens spürbar Nachschub verlieh. Das Grundprinzip dieser Geschäftsmodelle ist relativ einfach: Frag deinen Kunden, was er will! Mit dieser neuen Mentalität der Geschäftsführung rannte Branson jedoch nicht nur offene Türen ein. Auch Widerstände – insbesondere von der unmittelbaren Konkurrenz – mussten überwunden werden. So konnte sein Hauptmotto der konsequenten Kundenorientierung schnell ergänzt werden: Setze dich gegenüber etablierter Konkurrenz durch und brich mit bestehenden Marktstrukturen! Letztlich gelang es Branson hierdurch, sowohl Angebots- als auch Nachfrageänderungen hervorzurufen und damit komplett neue Märkte zu schaffen. Sicherlich nicht der einfachste Weg, Profite zu generieren, aber an Durchsetzungsfähigkeit hatte es Branson schliesslich noch nie gefehlt.

And you know, I've had great fun turning quite a lot of different industries on their head and making sure those industries will never be the same again.

Die Erfüllung von Kundenwünschen setzt vor allem eins voraus: Kunden – und zwar in diesem Fall ganz besondere: Rock-Musiker. Diese waren nämlich wenig angetan von den engen Aufnahmestudios in London. Also kaufte Branson mit geliehenem Geld ein grosszügiges Haus bei Oxford und liess es in ein modernes Aufnahmestudio umbauen. Mithin nahm er unternehmerische Gelegenheiten wahr, ohne selbst über die notwendigen Ressourcen zu verfügen. Der Erfolg gab ihm abermals Recht: Die Musiker waren begeistert! Ausserdem wollte Branson – der sich mittlerweile sehr gut in der Musikindustrie auskannte – selber Platten produzieren. Das entsprechende Equipment und Know-how hatte er, so dass wir Wissen und Erfahrung als weiteren Baustein in die Erfolgsformel aufnehmen können. Mike Oldfield war seinerzeit auf der Suche nach einem

Produzenten und wurde bereits durch etliche etablierte Produzenten abgelehnt. Das Risiko war enorm: Branson investierte Zeit, Energie und Geld, wobei die Erfolgswahrscheinlichkeit des Albums Tubular Bells kaum kalkulierbar war. Offensichtlich schien Branson das inhärente Risiko akzeptabel – eine Einschätzung, die von denen der anderen Musikproduzenten deutlich abwich. Die Belohnung: Das 1973 veröffentlichte Album wurde ein Welterfolg, Mike Oldfield weltbekannt und Branson Millionär. Manchmal gehört eben auch etwas Glück unzweifelhaft zum Erfolg. Dennoch lässt sich das Glück ein Stück weit zwingen, wenn mehrere Gelegenheiten ausprobiert werden.

Der Weg zum Virgin Imperium: Diversifikation und Mut zum Risiko

You never know with these things when you're trying something new what can happen. This is all experimental.

Die im Musikbusiness erwirtschafteten Gewinne – die durch Bands wie The Sex Pistols, Culture Club, The Rolling Stones oder Genesis vervielfacht wurden – nutzte Branson für gezielte Investments in andere Unternehmen. Branchenkenntnisse waren ihm hier weniger wichtig; vielmehr setzte er auf gute Kontakte zu «den richtigen Menschen». So ergab sich 1984 eine Gelegenheit, die sich Branson – trotz erheblicher Widerstände im privaten und geschäftlichen Umfeld – nicht entgehen lassen wollte: Die Flugstrecke zwischen London Gatwick und New York wurde aufgrund der Insolvenz des bisherigen Betreibers frei und konnte bedient werden. Abermals mag das Marktumfeld für Externe wenig attraktiv erscheinen: Der Markt war stark reguliert und wurde von wenigen Unternehmen dominiert. Unter ihnen auch viele, die auf staatliche Unterstützung setzen konnte und daher als «Big Player» bezeichnet wurden – British Airways, Air France oder die Lufthansa. Kann man in einer solch schwierigen Konkurrenzsituation erfolgreich sein?

You don't learn to walk by following rules.
You learn by doing, and by falling over.

Man kann – oder besser gesagt: Branson kann mit Unterstützung wichtiger Partner. Virgin Atlantic bot einen umfangreichen Service zu günstigen Preisen und durchbrach damit abermals existierende Marktstrukturen durch die konsequente Orientierung an Kundenwünschen: Massagen, Süssigkeiten und Fernseher waren bisher der Business Class vorenthalten, deren Gäste hierfür jedoch wesentlich tiefer in die Tasche greifen mussten als bei Virgin Atlantic. Je mehr Flugstrecken angeboten wurden, desto grösser wurde jedoch auch der Widerstand der bisherigen Anbieter – allen voran von British Airways. Von überhöhten Wartungskosten für Virgin-Flugzeuge, über Streit um staatlich regulierte Start- und Landeslots sowie offene Fragen über die Belegung der Abfertigungsschalter am Flughafen bis hin zu Hackerangriffen auf das Buchungssystem von Virgin Atlantic wurden fast alle Register gezogen. Ein Streit, der sich bis 1993 hinziehen sollte, als das Gericht British Airways zur Zahlung von Schadenersatz verklagte. Branson hatte aufgrund seines Durchhaltevermögens gesiegt, wenngleich er selbst einen Beitrag des Glücks sieht.

Die folgenden Jahren waren geprägt von weiteren Erfolgen: Virgin Radio wurde schnell zu einem etablierten Radiosender mit 30 Millionen Zuhörern und einem Jahresumsatz von 130 Millionen US-Dollar; Virgin Festival komplettierte als Veranstalter für Rockfestivals die Angebotspalette in der Musikbranche. Virgin Ballon Flights bietet Rundflüge in Heissluftballons über Grossbritannien an; Virgin Mobile ist mittlerweile in sieben Regionen aktiv und selbst Virgin Money konnte sich neben Grossbritannien in Südafrika und Australien etablieren. Kurzum: Branson baute einen Weltkonzern nach Vorbild hoch diversifizierter Unternehmen auf – ein Portfolio von Unternehmen unterschiedlichster Branchen resultierte. Aber auch Misserfolge wie bei der Virgin Rail Group, die vergebens versuchte, das britische Schienennetz zu modernisieren, musste Branson einstecken. Und auch der Erfolg von Virgin Racing in der Formel 1 hält sich derzeit noch stark in Grenzen: Nach der Platzierung auf dem letzten Rang mit Null Punkten in der Saison 2010, sieht es auch in der aktuellen Saison – die unter dem Teamnamen Marussia Virgin Racing bestritten wird – nicht wesentlich besser aus. Dennoch: Resignation kommt für Branson nicht in Frage, schliesslich tragen auch Misserfolge zum Erkenntnisgewinn bei, teilweise sogar mehr als Erfolge.

The sky is the limit

Besondere Medienaufmerksamkeit erhielt Branson insbesondere durch Virgin Galactic, mit dem er Touristenträume im Weltall realisieren will. Zahlungskräftige Kunden können für 200'000 US-Dollar ein Weltraum-Ticket für Bransons SpaceShipTwo bestellen. Ein Angebot, das aktuell – trotz des nicht vorherzusehenden Beginns der Weltraumexpeditionen – bereits über 400 Nachfrager fand. Kern dieses Weltraumtourismuses ist ein suborbitaler Flug, bei dem das Flugzeug eine Flughöhe erreicht, die als Grenze zum Weltraum bezeichnet werden kann, ohne jedoch in die Erdumlaufbahn zu gelangen. Trotz des unzweifelhaft gegebenen Neulands in technischer und marktschaffender Sicht ist Branson nicht der einzige, der um die Gunst der Weltraumtouristen buhlt. Unter seinen direkten Wettbewerbern finden sich Unternehmer wie Jeff Bezos von Amazon mit seinem Projekt Blue Origin oder der Paypal-Gründer Elon Musk mit SpaceX. Wer diesen sportlichen Wettstreit unternehmerischer Pioniere gewinnt, bleibt abzuwarten.

Darüber hinaus wird Bransons soziales Engagement medial verbreitet: Mit Virgin Earth Challenge rief Branson einen mit 25 Millionen US-Dollar dotierten Wettbewerb zur Bekämpfung von Treibhausgasen aus, Virgin Unite unterstützt Social Entrepreneure ohne eigene Gewinnerzielungsabsicht und der Virgin Green Fund investiert in erneubare Energien und Ressourceneffizienz. Bransons Unternehmergeist prägt nicht nur jedes dieser Vorhaben, sondern lässt sich auch in den Visionen und Slogans seiner anderen Unternehmen erahnen.
Eine Auswahl: Virgin Active: Life's more fun when you move; Virgin America: It's Time To Make Flying Good Again; Virgin Digital Help: Wouldn't it be great if it all just worked?; Virgin Experience Days: Make someone's day a Virgin Experience Day; Virgin Galactic: Space is Virgin Territory; Virgin Wines: Life's too short for boring wines.

Glück, Können oder Persönlichkeit?
Die Erfolgsformel Branson

Was ist nun Branson: Robin Hood, Hans im Glück oder einfach «nur» ein erfolgreicher Entrepreneur? Und wie sieht sie aus, die Formel für den unternehmerischen Erfolg? Sicherlich kämpft Branson – wenn auch nicht uneigennützig – für die Wünsche seiner Kunden. Die Geschäftsmodelle von Virgin Discs, Virgin Records und Virgin Atlantic beweisen dies eindringlich. Aber auch Glück – wie beim nicht vorherzusehenden Erfolg von Tubular Bells oder im Streit mit British Airways – spielt eine gewisse Rolle. Hinzu kommen Bransons Gespür für wichtige Partnerschaften, eine ausgewogene Risikoorientierung und die Besinnung auf seine Fähigkeiten. Das Resultat: Ein sehr erfolgreicher Entrepreneur, der durch sein erlerntes Durchsetzungsvermögen, seinen Instinkt für Kundenwünsche und seinen unbändigen Drang, mit Menschen ins Gespräch zu kommen, immer neue Geschäftsmodelle identifiziert und auch gegen Widerstände am Markt über viele Branchen hinweg experimentell durchsetzt. Zudem lässt sich Branson auch ein unternehmerisch rationa-

Ridic
ous yachts and pri-
vate planes and big limou-
sines won't make people
enjoy life more, and it
sends out terrible mes-
sages to the people who
work for them.
It would be so much better
if that money was spent in
Africa – and it's about getting a balance.

les Kalkül zuschreiben, da diversifizierte Konzerne durch den Portfolio-Effekt ein stabiles Fundament aufweisen. Über einen längeren Zeitraum lässt er so das sich verändernde Umfeld wählen, welches seiner Vorhaben realisiert werden kann und ein Markterfolg wird. Glück ist somit nur ein kleiner Teil der Gleichung, der jedoch in seiner Auswirkung auf den unternehmerischen Gesamterfolg durchaus beeinflusst werden kann. Bemerkenswert: Bei allem Erfolg bleibt sich Branson selbst treu.

Und die beste Nachricht zum Schluss: Obwohl Sie die Glückskomponente nicht vollends beeinflussen können und die betriebswirtschaftlichen Grundlagen zur Portfolio-Theorie schon lange kein Geheimnis mehr sind, können Sie von Richard Branson profitieren. Die von ihm angewendeten und in diesem Beitrag vorgestellten Handlungsprinzipien sind lernbar und können von Ihnen in ungewissen Entscheidungssituation für unternehmerische Lösungen herangezogen werden.

Wellensittich, Australien,
© K.H.Lambert

- Gestalten Sie die Zukunft, statt Sie vorherzusagen! In dem Masse, wie Sie die Zukunft durch eigene Handlungen kontrollieren, müssen Sie sie nicht vorhersagen.
- Beginnen Sie bei den vorhandenen Mitteln – wer Sie sind, was Sie wissen und wen Sie kennen – und bauen Sie hierauf Ihre persönliche unternehmerische Expertise auf!
- Orientieren Sie Ihren Einsatz an Zeit und Geld am leistbaren Verlust und investieren Sie nicht mehr, als Sie im Zweifel zu verlieren bereit sind!
- Nutzen Sie Umstände, Zufälle und Ungeplantes als unternehmerische Gelegenheiten!
- Bilden Sie strategische Partnerschaften, indem Sie die Zukunft – über geteilte Ziele und Mitteleinsatz – mit gleichgesinnten Partnern aushandeln!

42

Quellen

Branson, R. (2010): Screw It, Let's Do It: Lessons in Life and Business, Virgin Books, London.

Branson, R. (2009): Geht nicht gibt's nicht! So wurde Richard Branson zum Überflieger. Seine Erfolgstipps für Ihr (Berufs-)Leben, Börsenmedien AG, Kulmbach.

Branson, R. (1999): Losing My Virginity: How I Survived, Had Fun, and Made a Fortune Doing Business My Way, Crown Business, New York.

Brinckmann, J./Grichnik, D./Kapsa, D. (2010): Should entre- preneurs plan or just storm the castle? A meta-analysis on contextual factors impacting the business planning-per- formance relationship in small firms, Journal of Business Venturing, 25 (1), pp. 24-40.

Grichnik, D./Brettel, M./Koropp, C./Mauer, R. (2010): Entre- preneurship – Unternehmerisches Denken, Entscheiden und Handeln in innovativen und technologieorientieren Unternehmungen, Schäffer-Poeschel, Stuttgart.

Stern (2009): Weltraumreisen mit einem Milliardär.
www.stern.de/lifestyle/leute/portraet-richard-branson-weltraumreisen-mit-einem-
milliardaer-655980.html

Ted Talks (2007):Richard Branson's life at 30,000 feet.
www.ted.com/talks/richard_branson_s_life_at_30_000_feet.html

Die Marketing-Brüder aus St.Gallen

Beide haben in St.Gallen studiert, beide haben ihre Laufbahn am Institut für Marketing begonnen und gemeinsam haben sie das Marketing in deutschsprachigen Raum geprägt. Christian Belz ist seit über 20 Jahren Professor an der Universität St.Gallen und führt das Institut für Marketing. Otto Belz ist Geschäftsführer und Inhaber der perSens AG St.Gallen und begleitet seit Jahrzehnten Unternehmen in Marketing- und Vertriebsfragen. Das Gespräch mit den beiden initiierte und führte Prof. Dr. Christian Schmitz. Er ist junger Kollege von Christian Belz am Institut für Marketing und arbeitet eng mit ihm zusammen.

Christian und Otto Belz

lic.oec. Otto Belz (Jahrgang 1947)
- Geschäftsführer der perSens AG St. Gallen, welche Unternehmen auf ihrem Weg zur Einzigartigkeit begleitet.
- Mitglied in verschiedenen Verwaltungsräten und Gremien.
- Kernthemen sind Einzigartigkeit, Markenführung, Führungssysteme, Verkaufsmanagement und zahlreiche Fachpublikationen dazu.
- Besitzer und Herausgeber der Zeitschrift Index – Vorwärts zum Wesentlichen.

Prof. Dr. oec. Christian Belz (Jahrgang 1953)
- Ordinarius für Marketing, Co-Leiter des Masters Marketing, Services und Kommunikationsmanagement an der Universität St.Gallen (HSG) und Geschäftsführer des Instituts für Marketing seit 1991.
- Mitglied in verschiedenen Verwaltungsräten und Gremien.
- Gesamthaft rund 38 Bücher und 320 Fachartikel. Einige Bücher sind (oft in Zusammenarbeit mit weiteren Autoren): Einfluss des Marketing (2011), Innovationen im Kundendialog (2011), Marketing in einer neuen Welt (2010), Marketing gegen den Strom (2009), Interaktives Marketing (2008), Smart Account Management – Erfolg mit kleinen Geschäften im B-to-B-Marketing (2008), Innovation Driven Marketing (2007), Customer Value (2. Aufl., 2006), Key Account Management (2004).
- Mitbegründer und Mitherausgeber der Marketing Review St.Gallen.

Von Prof. Dr. Christian Schmitz, Institut für Marketing, Universität St.Gallen

Christian Belz, Du bist ein Urgestein der HSG. Wann hast Du Dich dazu entschieden, den Weg in Richtung Marketing einzuschlagen und warum?
Meine Wahl war zufällig. Schon im zweiten Semester finanzierte ich nämlich mein Studium durch die Mitarbeit im damaligen Forschungsinstitut für Absatz und Handel und das war einfach eine gute Gelegenheit. Die Mitarbeit in der Marketingschulung faszinierte mich dann immer mehr. Meine Dissertation verfasste ich später über «Lerntransfer im Marketing» – es ging um die Frage, was Schulung in der Praxis bewirkt. Ich wurde durch meine frühen Aufgaben sozialisiert. Meine Zielgruppe bleiben bis heute eindeutig die Führungskräfte und nicht Wissenschaftskollegen. Zudem lernte ich viel von meinem Vorgänger dem Marketing Pionier Professor Dr. Heinz Weinhold. Zufällige Entwicklungen im Leben scheinen oft zu sein Besten zu sein. Das Beste im Leben wurde mir ohnehin geschenkt; ich habe es nicht hart gewollt und erarbeitet. Kritisch war dann nochmals der Schritt zur Wahl als Professor. Hätte ich die Aufgabe an der Universität St.Gallen nicht gekriegt, wäre ich in die (reine) Praxis gegangen.

Meine Zielgruppe bleiben bis heute eindeutig die Führungskräfte.

Was macht die Arbeit am Institut für Marketing spannend?
Faszinierend ist am Institut die Balance zwischen den langfristigen Kollegen und den Forschungsmitarbeitern, die meist nur 3–4 Jahre bleiben. Wir haben ein super Team. Meine Kollegen sind führend in ihren Fachgebieten. Das gibt laufend Schwung, führt zu neuen Themen und Projekten. Zudem orientiert sich unser Institut an der Realität und Praxis, mit der wir eng zusammenarbeiten. In jedem Gespräch mit einer Führungskraft entstehen neue Fragen und Herausforderungen, die es zu bearbeiten lohnt.
An der Universität St.Gallen finanzieren sich die Institute weitgehend selbst und sind deshalb unternehmerisch geführt. Ein Wissens-KMU mit 35 Mitarbeitenden zu führen ist spannend. Das Umfeld der HSG ist inspirierend. Dazu gehören Kolleginnen und Kollegen ebenso wie die Studierenden. Es ist ein Privileg mit jungen, motivierten und cleveren Leuten zusammen zu arbeiten.
Du hast vorher den Begriff Urgestein erwähnt. Ich suchte nie die Impulse durch eine andere Universität oder ein neues Institut. Im Marketing haben wir genügend Herausforderungen

Zudem orientiert sich unser Institut an der Realität und Praxis.

durch vielfältige Unternehmenspartner, verschiedene Branchen und rasche Marktveränderungen. Erneuerung kommt vor allem von mir selbst oder aus meiner Aufgabe, und weniger aus der Organisation, in der ich arbeite.

Das Schöne daran ein Professor zu sein: Der Spielraum ist gross, um eigene Akzente zu setzen. Wenn ich Dinge tun muss, die mir keine Freude machen, so fühle ich mich mindestens selbst dafür verantwortlich und kann das ändern. In meinem Alter ist nicht jedes das erste Mal. Meine Herausforderung besteht drin, Dinge weniger zu tun, die mich nicht freuen und gleichzeitig Neues aufzubauen, was mich begeistert.

Was ich nicht recht erklären kann ist mein Antrieb, so viel zu schreiben. Das hat offensichtlich etwas Missionarisches, weil der finanzielle Erfolg mit Büchern es nicht sein kann.

Was interessiert Dich am Marketing so besonders?
Der Fortschritt des Marketings entscheidet sich in der Wirkung für Kunden und in den Inhalten der Marketingarbeit sowie den Prioritäten. Das macht unser Feld so subtil, menschlich, vielseitig und dynamisch. Deshalb öffnet sich mit jedem Unternehmen und jedem Markt eine neue Welt und Standardantworten greifen nicht. Die systematischen Methoden sind nötig, aber nur eine Basis und nie die Hauptsache.

Otto Belz, Ende der 70er Jahre waren Sie Leiter von Kursen und Tagungen am Institut für Absatz und Handel und liebäugelten wohl damals auch mit einer Hochschulkarriere. Was hat Sie bewogen, die Hochschule zu verlassen und die perSens zu gründen?
Christian und ich waren ab 1976 gemeinsam für die Kurse und Seminare des Instituts verantwortlich, und wir haben uns in diesen Jahren intensiv mit Lernmethoden, Erwachsenenbildung und den unterschiedlichen Berufsbildern in Verkauf und Marketing auseinandergesetzt.

Schon zu dieser Zeit versuchten wir unseren Teilnehmern mitzugeben, dass es keine allgemeingültigen Erfolgsrezepte gibt. Erfolgreich wird derjenige, der gemäss seinem persönlichen Stil seine Aufgaben erfüllt. Etwa zu dieser Zeit stiessen wir auf die «Interpersonal Growth Systems», ein kleines Schulungsunternehmen, das die Lizenz für ein amerikanisches Modell besass. mit diesem Modell konnten wir Teilnehmern aufzeigen, welches ihre persönlichen Eigenschaften sind, welche Stärken und Schwächen damit verbunden sind und was dies für die Erfüllung der eigenen Aufgabe bedeuten könnte. In einer Zeit

der stereotypen Verkäufer und regelhaften Verkaufsschulungen war das eine echte Sensation.

Als ich mich dann an diesem Unternehmen beteiligen konnte, habe ich zugegriffen. Später gründete ich dann mit perSens ein eigenes Unternehmen, indem ich mich von da an vollständig engagierte.

Taranta-Unzertrennlicher, Äthiopien,
© K.H. Lambert

Und dann, wie ging es weiter? Von der Schulung zum Marketingberater ist doch ein grosser Schritt?
Von der Sache her schon, von der Haltung her ist der Schritt nicht so gross. Ich habe bald gemerkt, dass auch ein Unternehmen eine Persönlichkeit besitzt, seine Aufgabe gemäss eigenen Stärken zu interpretieren hat und diese, um erfolgreich sein zu können, auf eigene Art und Weise erfüllt. So habe ich begonnen, Unternehmen zu begleiten und ihnen dabei zu helfen, ihre Einzigartigkeit zu entwickeln und nach aussen sichtbar zu machen.

Einzigartigkeit entwickeln und nach aussen sichtbar machen.

Daher ihr Slogan für perSens «der Weg der Einzigartigkeit»?
Ja, er gilt für Unternehmen genauso wie für staatliche Institutionen, für einzelne Unternehmensbereiche oder auch für Persönlichkeiten. Glücklicherweise haben wir schnell bedeutende Unternehmen wie SIG, Hilti, Ringier und damals auch Swissair davon überzeugen können und sind schrittweise ins Marketing und die Unternehmensberatung hineingerutscht. Der Rest war dann nur noch eine Folge davon: Immer mehr Führungskräfte wollten für uns arbeiten und immer mehr Kunden beanspruchten unsere Dienste, so dass wir zuerst in Lausanne, dann in Zürich und schliesslich in Hong Kong und Shanghai Filialen und Tochtergesellschaften eröffnen konnten.

Marketing und die Unternehmensberatung

Heute aber arbeiten Sie wieder allein?
Ja, alles hat seine Zeit. Unser Wachstum war eher zufällig als geplant und was ich am liebsten tue, ist mit guten Kunden eng zusammenzuarbeiten. Hier lerne ich, hier kann ich etwas bewegen und bin gleichzeitig auch allein für das verantwortlich, was ich tue.

Sie beide hatten mit hunderten von Marketingleuten zu tun. Was macht einen guten Marketer aus?
Christian Belz: Gute Führungskräfte in Marketing und Vertrieb haben die Kunden gerne und sie verkaufen ihnen etwas Wichtiges. Der Rest lässt sich ableiten. Grosse Unterschiede zu an-

Führungskräfte im Marketing sind gute Zuhörer.

deren Jobs betone ich nicht. Leider fallen besonders schlechte Marketers auf: sie bluffen, sind eingebildete Akademiker, junge Schnösel oder reine Power-Point-Engineers. Die qualifizierten Führungskräfte im Marketing sind gute Zuhörer, sie sind selbstbewusst aber auch bescheiden und sie nehmen sich nicht zu wichtig. Sie wollen nicht mehr scheinen als sie sind. Allgemein telefonieren gute Führungskräfte nicht nur viel, sondern sie bewegen etwas in Unternehmen und Markt. Nur Manager, die alltägliche Hektik und nachhaltige Veränderung verknüpfen können, sind mit ihrer Arbeit zufrieden und erfolgreich.

Otto Belz: Ich kann das, was Christian sagt, nur verstärken. Gute Marketingleute lieben ihre Kunden und verstehen, was diese bewegt. Marketing hat mit Menschen zu tun, deren Verhalten nie mit Sicherheit vorausgesagt werden kann, man kann sie nicht messen und nicht kaufen. Wenn man sie aber versteht, hat man höhere Chancen, mit ihnen zusammen zu gewinnen. Damit ist eigentlich auch schon gesagt, dass gute Marketingleute neugierig sind, wissen und verstehen wollen und ganz wichtig, die Fähigkeit haben, mit dem was sie zu erkennen glauben, passende Lösungen zu entwickeln.

Gute Marketingleute können sich begeistern und diese Begeisterung übertragen.

Ich glaube auch, gute Marketingleute können sich für gute Produkte und Leistungen begeistern und diese Begeisterung übertragen. Irgendwo sind sie, und das gilt natürlich auch für Verkäufer, Meister der Verführung, indem sie ihre Kunden immer wieder zum Besseren führen und davon überzeugt sind, dass diese damit auch glücklich werden.

Christian Belz, inwiefern kann eine Universität die Ausbildung für den Marketingnachwuchs übernehmen?

Wir bereiten Studierende für eine Welt und für Märkte vor, die es so heute gar noch nicht gibt. Einige grundsätzliche Fähigkeiten der Problemlösung, der Analytik, der Entscheidungsraster (etwa zu Marketingkonzepten) und der Methoden, die wir vermitteln können, bleiben aber nützlich. Besonders wichtig ist es aber, rasch in neue Konstellationen zu tauchen, Prioritäten und Zusammenhänge zu erkennen. Die Sensibilität für unterschiedliche Herausforderungen und Bedingungen können wir an zahlreichen Fällen und aktuellen Themen fördern. Zudem betrifft die Lernphase natürlich nicht nur die Universität. Wesentliche Lernfortschritte folgen erst mit jeder neuen Aufgabe. Leute die meinen zu wissen wie Marketing funktioniert, sind die Gefährlichsten, sie sind nicht mehr neugierig und offen.

Einige grundsätzliche Fähigkeiten der Problemlösung.

Hat sich die Ausbildung der Studierenden im Marketing verändert?

Laufend gibt es neue Themen, es ist eher die Herausforderung, die grundlegenden Werkzeuge nicht zu verdrängen.

Das Marketing verändert sich aktuell. Beispielsweis werden analytisches CRM, informatikgestützte und flexible Preissysteme, E-Mining usw. wichtiger. Das müssen wir in unserer Lehre mehr gewichten. Einseitige Konzeptionisten und Schönredner scheitern nämlich. Markt- und kundennahes Marketing vermitteln wir konsequent mit Anwendungsprojekten. Während drei Semestern arbeiten unsere Studententeams mit dem gleichen Unternehmen zusammen.

Einseitige Konzeptionisten und Schönredner scheitern.

Zu den Studierenden: Sie sind weder besser noch schlechter als früher, aber sie engagieren sich selektiver; einmal Höchstleistungen und dann nur das Nötigste. Zudem sind bereits unsere Studierenden Portfolio-Worker. Sie studieren, haben einen Job bei einem grossen Unternehmen und bauen parallel ein eigenes Unternehmen auf; nicht zu sprechen von den Auslandaufenthalten an anderen Unis. Da kommen einige Dinge zu kurz; beispielsweise auch der Tiefgang im Studium. Die Suche nach Hyperlebensläufen, bei denen der 24-Jährige bereits 15 Engagements neben dem Studium ausweist, scheint mir oft kontraproduktiv. Zusätzlich: der Frauenanteil liegt inzwischen im Marketing-Master höher als 50%.

Die Suche nach Hyperlebensläufen scheint mir oft kontraproduktiv.

Vielleicht noch eine Frage zur Forschung: Kann wissenschaftliche Marketingforschung einen Mehrwert für die Praxis liefern, ist das überhaupt ihr Zweck?

Mehrwert für die Praxis ist einfach unsere Aufgabe! Gegenüber Beratungsunternehmen oder betriebswirtschaftlich ausgebildeten Führungskräften in ihren grossen Unternehmensabteilungen wird es aber anspruchsvoller, einen Beitrag zu leisten. Wir sind stark, wenn wir beispielsweise am Institut mehrere Partnerunternehmen für ein gemeinsames und wichtiges Thema motivieren können. Ein Beispiel sind die Themen rund um die «Sales driven Company». Diese Entwicklungszusammenarbeit für neue Themen ist ergiebig. Wir bearbeiten entstehende und innovative Lösungen, andere multiplizieren sie. Die Zusammenarbeit mit der praktischen Gemeinschaft ist für mich weit innovativer, als die Orientierung an der wissenschaftlichen Gemeinschaft. Was in internationalen Journals publiziert und an globalen Konferenzen präsentiert wir, scheint mir oft zu schmal und unwichtig. Wir bemühen uns aber, gleichzeitig substanzielle und methodisch saubere Forschung zu betreiben.

Mehrwert für die Praxis ist einfach unsere Aufgabe!

Auf welche Ergebnisse der Forschungsarbeit am Institut bist Du besonders stolz?

Wenn rund 35 Mitarbeitende über viele Jahre an Themen des Marketing und Vertriebs arbeiten, dann sind die Ergebnisse vielfältig. Ich bin stolz auf den realitätsorientierten Forschungsansatz und dass wir im Gespräch mit Unternehmen spüren, dass wir die richtigen Themen aufgreifen und unterstützen können.

Wir gehören zu den führenden Forschungsinstituten in den Bereichen Marketing-Innovation, Solutions-Strategien von Unternehmen, Vertriebsmanagement, Key Account Management und Kleinkundenmanagement, Multichannel-Management (inklusive Internet), persönlicher Verkauf und Dialogmarketing sowie Marketingeffizienz. Auch zu einigen klassischen Themen haben wir eigene Ansätze entwickelt, beispielsweise Marketingstrategien, Markenführung oder Segmentierung. Die Hinweise zeigen rasch, wir wollen ein Marketinginstitut bleiben und nicht Könige einer Variable in der Kundenzufriedenheit werden.

Ich bin stolz auf den realitätsorientierten Forschungsansatz.

Ein Schwerpunkt Deiner Forschungstätigkeit liegt im Industriegütermarketing. Was macht diesen speziellen Bereich interessant?

Die Industrie hat einen Nachholbedarf im Marketing. Zudem ist es spannend, ein Marketing für komplexe Kundenprozesse und anspruchsvolle Leistungen zu betreiben. Das befriedigt mich weit mehr, als über ein Kosmetikprodukt nachzudenken. Die Akzente sind verschieden. Leistung, persönlicher Verkauf und Kanäle sind entscheidend; Internationalität ist selbstverständlich.

Eine wichtige Aufgabe im Industriemarketing erkenne ich auch darin zu vermeiden, dass falsche Dinge von Konsum- und Gebrauchsgütern übernommen oder grosse Fehler in diesen Bereichen gar als Lösung für die Industrie interpretiert werden.

Die Industrie hat einen Nachholbedarf im Marketing.

Für Otto Belz habe ich noch eine Frage, die vielleicht etwas kritisch ist: Sie sind ein grosser Verfechter der Einzigartigkeit und das heisst doch, dass jedes Unternehmen seinen eigenen Weg finden muss. Können Berater da überhaupt einen Beitrag leisten, um das Marketing eines Unternehmens besser zu machen?

Mit Sicherheit. Man muss sich einen Berater nicht als jemanden vorstellen, der einem Unternehmen sagt, was zu tun sei. Ein guter Berater ist vor allem ein guter Zuhörer, der zusammen mit den Mitarbeitern eines Unternehmens versucht, die Erfolgsfaktoren eines Geschäfts herauszuschälen, sie auf den Punkt zu bringen, Klarheit zu schaffen. Vielleicht gilt es auch, Widersprüche aufzudecken, Massnahmen auf ihre Passung hin auf den Prüfstand zu stellen, neue und bessere Wege zu entdecken und die Zuversicht zu geben, das diese Wege erfolgsversprechend sein können. Der Berater ist wie eine Tenniswand, die zwar selbst nicht Tennis spielt, aber oft unumgänglich ist, um besser werden zu können.

Klingt das nicht ein bisschen nach abschieben von Verantwortung? Der Berater sagt, was er herausgefunden hat, umsetzen aber müssen es dann die Führungskräfte.
Diese Unterscheidung scheint mir etwas einfach. Ein guter Berater übernimmt in vielen Projekten eine Führungsrolle, auch wenn ihm die Mitarbeiter im Unternehmen nicht unterstellt sind.

Verantwortung für die Qualität der entwickelten Massnahmen.

Er trägt oft einen grossen Teil der Verantwortung für die Qualität der entwickelten Massnahmen und in einer längeren Zusammenarbeit ist er oft auch intensiv in die Umsetzung mit eingebunden.
In einigen meiner Projekte habe ich nicht nur die Lösungen zusammen mit den Mitarbeitern entwickelt, sondern diese auch danach begleitet, immer wieder Korrekturen vorgenommen, das eine oder andere vielleicht sogar einem Kunden verkauft, eng mit der Agentur zusammen gearbeitet oder auch einmal

Sich nicht auf formale Macht, sondern allein auf seine Überzeugungskraft verlassen.

vorgemacht, wie es gehen könnte. Dabei ist es manchmal ganz gut zu wissen, dass man sich nicht auf formale Macht, sondern allein auf seine Überzeugungskraft verlassen kann. Es bleibt einem nichts anderes übrig, als zu überzeugen, denn sonst geschieht gar nichts. Viele meiner Kunden haben diese Umsetzungsbegleitung von mir erwartet, mich manchmal übrigens auch nach den Erfolgen bezahlt.

Christian Belz, welche aktuellen Themen beschäftigen Dich derzeit im Marketing?
Ich bezeichne vier Themen:
- Verkaufskomplexität: Es gelingt Unternehmen immer weniger, ihre Leistungsfähigkeit in die Interaktion mit Kunden zu bringen. Sie realisieren nur 20% des möglichen Geschäfts mit einem Kunden. Hier ist der Verkauf ein Schlüssel für mehr Erfolg.

Der Verkauf ist ein Schlüssel für mehr Erfolg.

- Marketing- und Vertriebslogiken: Unternehmen brauchen in sich geschlossene Marketing- und Vertriebssysteme. Jedem neuen Buzzword nachzurennen und laufend neue Schauplätze zu eröffnen ist kontraproduktiv. Wir brauchen kein pulverisiertes Marketing, sondern eine stimmige Marketinglogik.

- Reales Kundenverhalten und reales Marketing: Es gilt, an den Handlungen der Kunden anzusetzen und ihre Prozesse zu begleiten. Identifikationswelten verpuffen in der heutigen Welt weitgehend.
- Inboundmarketing: Es gilt, die Initiative des Kunden zu fördern und zu nutzen. Dann haben wir Volltreffermarketing.

Ich habe immer eine recht umfangreiche Liste von Themen, die langfristig bedeutend sind. Beispielsweise interessiert mich, wie Unternehmen in Marketing und Vertrieb vorgehen können, wenn die Preise im Markt jährlich 10–20% sinken. Für solche Themen warte ich dann manchmal längere Zeit auf die richtigen Köpfe.

Grüner Papagei «Pepe», Belize,
© G. Koestli

In Deiner Habilitationsschrift hast Du Dich mit dem Thema «Konstruktives Marketing» beschäftigt. Siehst Du im heutigen Marketing gefährliche, destruktive Entwicklungen?
Destruktives Marketing verstärkt die Probleme, statt sie zu lösen. Leider scheinen sich die Erkenntnisse aus dem Jahr 1989 laufend mehr zu bestätigen. Einseitiger Preiskampf, Zersplitterung, Verschwendung usw. sind wenige Stichworte. Ich untersuchte damit die Märkte Reifen, Druck, Möbel und Biscuits – auch diese einzelnen Branchen kämpfen noch mit den gleichen, aber verschärften Problemen.
Aber ich befasse mich lieber mit neuen Inhalten, als neue Auflagen zu bearbeiten.

Welche generelle Empfehlung würdest Du jungen Führungskräften im Marketing geben?
Zu den jungen Führungskräften: Hören Sie zu und versuchen Sie nicht laufend zu beweisen, dass Sie schon besonders clever sind. Von erfahrenen Führungskräften, Verkäufern oder Kunden kann man viel lernen. Zudem: Wer Karriere machen will, sollte einmal im Vertrieb gearbeitet haben. Selten wirkt es aber gut, zu stark an die Karriere zu denken. Folge ist eine zunehmende Aussenbestimmung und plötzlich ist jemand in einem Spiel gut, dass er nicht mag. Das führt von der richtigen persönlichen Entwicklung weg.
Zu den erfahrenen Führungskräften: Beteiligen Sie sich weniger am modischen Geplänkel um Marketing und verfolgen Sie eine Linie. Dann wird aus Hektik eine erfolgreiche Dynamik.

Von erfahrenen Führungskräften, Verkäufern oder Kunden kann man viel lernen.

Otto Belz, was würden Sie einem jungen Marketeer raten?
Folgende Grundsätze scheinen mir ergiebig:

1. Sei neugierig, frage und höre zu, bevor du dir ein Urteil machst. Oft ist es wichtiger die richtigen Fragen anstatt Antworten zu finden.
2. Konzentriere dich mehr auf den Inhalt als auf die Verpackung. Die schönsten Powerpoint-Darstellungen und Prospekte nützen nichts, wenn nichts Wichtiges drin steht.
3. Vertraue mehr deinem gesunden Menschenverstand als deinen Checklists und Modellen. Das Leben ist keine Fallstudie.
4. Pflege deine Freunde. Kontakte und Netzwerke sind gut, um Erfolg zu haben aber braucht es Freunde, auf die man sich verlassen kann.
5. Kämpfe für deine Überzeugungen und habe den Mut, eigene Wege zu gehen. Wer tut, was die Anderen tun, den braucht es nicht.

Vertraue mehr deinem gesunden Menschenverstand.

Es ist eher selten, dass zwei Brüder in der gleichen Disziplin erfolgreich sind und sich über Jahre hinweg so gut verstehen. Seit dem Beginn Ihrer Karriere haben Sie zusammengearbeitet, gemeinsame Projekte gemacht, sich gegenseitig unterstützt. Woran liegt das, was bedeutet die Zusammenarbeit mit Ihrem Bruder für Sie?
Otto Belz: Was uns verbindet geht weit über jede Zusammenarbeit hinaus. Das Gefühl mich uneingeschränkt auf Christian verlassen zu können, zu wissen, dass er mir hilft, auch wenn ich mich selbst in eine missliche Lage manövriert habe – das gibt Sicherheit, spornt an, ist einfach ein gutes Gefühl. Er hilft mir, ohne ein weiteres Wort darüber zu verlieren, ganz selbstverständlich.
Gleichzeitig verstehen wir uns ausgezeichnet und ergänzen uns auch. Ich bewundere das ungeheure Wissen meines Bruders, seine Offenheit und die Bandbreite seiner Interessen. Ob es um Bienenzucht oder alte Uhren geht, um Literatur, um Buchbinderei oder irgendein anderes Handwerk, um Marketing oder was auch immer – er hat ein differenziertes Urteil dazu, kann Facts kreativ neu miteinander verbinden. Dabei ist er immer locker und gelassen, kann eine ganze Theorie entwickeln und am Schluss mit einem Schmunzeln anmerken, es könne auch ganz anders sein. Es gibt niemanden, mit dem ich mich während Jahren so angeregt unterhalten habe, mit dem ich mehr gelacht habe und gleichzeitig Gespräche führen konnte, von denen jedes mich weitergebracht hat.

Christian Belz: Otti bleibt einfach mein grosser Bruder und für meine persönliche Entwicklung verdanke ich ihm für alle Phasen in meinem Leben enorm viel. Ihm einfach vertrauen und auf ihn zählen zu können ist wunderbar. Und wenn wir ein bis zwei Mal in 14 Tagen zusammen essen, so ist das jedes Mal ein Aufsteller. Es macht Freude die aktuellen Beobachtungen zu teilen und im Gespräch etwas Neues zu entwickeln. Dass wir uns gegenseitig ergänzen, zeigen auch die Führungskräfte und Unternehmen. Manche schwören einfach auf Otti und einige auf mich. Ich schreibe zwar viele Bücher, aber Otti bewegt gemeinsam mit den Betroffenen. Irgendwie aktiviert er die besten Ideen und Initiativen der Beteiligten. Ich kenne niemanden mit diesem untrüglichen Gespür, um die positiven Kräfte in Unternehmen und Institutionen frei zu setzen. Und noch etwas: Er bringt die Dinge einfach besser auf den Punkt. Kein Wunder, dass er in seiner Zeitschrift Index das Motto «zurück zum Wesentlichen» wählte.

Bleibt nur der Wunsch, dass wir in Zukunft etwas häufiger auf seinem Segelboot auf dem Bodensee philosophieren – natürlich mit den nötigen Unterbrüchen im kühlen Wasser, damit wir in der Realität bleiben.

Quellen

Belz, C. (2011): Innovationen im Kundendialog, Gabler, Wiesbaden.

Belz, C. (2009): Marketing gegen den Strom, Thexis, St.Gallen.

Belz, C. (2006): Spannung Marke – Markenführung für komplexe Unternehmen, Gabler, Wiesbaden.

Belz, C. et al. (2010): Marketing und Vertrieb in einer neuen Welt, Institut für Marketing und Swiss Marketing (SMC), St.Gallen.

Belz, C. et al. (2007): Customer Value, 2. Auflage, Redline Wirtschaft, Landsberg a. L.

Belz, C./Müllner, M./Zupancic, D. (2008): Spitzenleistungen im Key Account Management, 2. Auflage, Redline Wirtschaft, Landsberg a. L.

Belz, C./Schögel, M. et al. (2008): Interaktives Marketing, Gabler, Wiesbaden.

Belz, C./Schögel, M./Tomczak, T. (2007): Innovation Driven Marketing – vom Trend zur innovativen Marketinglösung, Gabler, Wiesbaden.

Closing the Marketing Capabilities Gap

Nearly two decades ago, Professor Day described the capabilities necessary to become a market-driven organization. However, although the identified capabilities of market sensing and customer linking help firms to navigate in dynamic markets, they are simply not sufficient for the chaotic market environments of today. There is an expanding gap between the demands of markets and the ability of firms to address the complexity and velocity of change in their markets. New and enhanced capabilities are needed to anticipate trends and events before they are fully apparent and leaders have to adapt their organizations effectively. In an interview with Dennis Herhausen, the marketing thoughtleader describes what it takes to close the marketing capabilities gap.

George S. Day

- 1959: B.A.Sc., University of British Columbia, in Mechanical Engineering.
- 1962: M.B.A., University of Western Ontario.
- 1968: Ph.D., Columbia University, in Business Administration.
- 1971–1974: Associate Professor of Marketing, Graduate School of Business, Stanford University.
- 1997–2002, 2004–2007: Visiting Professor of Marketing, London Business School.
- 1989–1991: Visiting Professor of Marketing, Graduate School of Business, Harvard University.
- Since 1991: Geoffrey T. Boisi Professor; Professor of Marketing, The Wharton School, University of Pennsylvania.
- Awards and Honours:
  1994: Charles Coolidge Parlin Award, which each year honors an outstanding leader in the field of marketing.
  1994: Harold H. Maynard Award for most significant contribution to marketing theory and thought for article on «The Capabilities of Market-Driven Organizations».
  1996: Paul D. Converse Award for outstanding contributions to the development of the science of marketing.
  1999: selected as the outstanding marketing educator by the Academy of Marketing Science.
  2001: Mahajan Award for career contributions to marketing strategy by the American Marketing Association.
  2010: Berry Prize for «Strategy from the Outside In» as best book in marketing.

Von Dr. Dennis Herhausen, Institut für Marketing,
Universität St.Gallen

One of the most influential minds in marketing is George S.
Day, the Geoffrey T. Boisi Professor and co-Director of the
Mack Center for Technological Innovation at the Wharton
School of the University of Pennsylvania. In a unique manner
he combines outstanding academic achievement with prac-
tical relevance. Not only are two of his papers among the top
25 most influential articles in marketing science in the past
25 years, he has also been a consultant to numerous corpora-
tions such as, among other, General Electric, IBM, Marriott,
Unilever, Coca-Cola and Boeing. Furthermore, he previously
taught at Stanford University, IMD in Lausanne and the University of Toronto, and has held visiting appointments at MIT,
the Harvard Business School and the London Business School.
He was selected as the outstanding marketing educator for
1999 by the Academy of Marketing Science; in 2001 he received the Mahajan Award for career contributions to marketing strategy by the American Marketing Association, and in
2003 he received the AMA/Irwin/McGraw-Hill Distinguished
Marketing Educator award. Professor Day has authored fifteen
books in the areas of marketing and strategic management,
including «Strategy from the Outside-In: Profiting from Customer Value» (with Christine Moorman), «Peripheral Vision:
Detecting the Weak Signals that Can Make or Break Your
Company» (with Paul Schoemaker) and «The Market Driven
Organization».

Market Complexity – A Widening Gap
**Professor Day, in your recent work you speak about the
widening gap in marketing capabilities that needs to be
closed. Where do you see the main challenges for today's
marketers?**
Above all, the complexity and velocity of markets is increasing.
Today, we have internet-enabled markets, rising consumer
power, fragmenting channels and a variety of ways to reach
consumers. It is really complicated to develop a meaningful
marketing plan. For example, consider the mobile phone industry. Here, you have dozens of segments, hundreds of pricing plans and almost endless product variance. Thus it becomes very complicated to both understand the market and
to respond to customer needs.

Today, we have internet-enabled markets, rising consumer power, fragmenting channels and a variety of ways to reach consumers.

We also see the problems in our cooperation partners. Many firms speak about the «segment of one» and the trend towards individualization to describe these challenges. Are there other sources of this new complexity?
We know generally that information is increasing at an exponential rate because we experience that every day. It's just really hard to stay on top of even a small field. On the one hand we know that the amount of information we need to process is growing very rapidly but organizations have difficulty absorbing and processing it. We can respond to it at the individual level but organizations are often structured in functional or matrix forms. It is very hard for them to change rapidly to deal with all of the possible ways to respond to the vast flow of information coming from the internet.

How can marketers close the widening gap?

The major issue for companies is not so much closing the gap but rather to have a smaller gap than their competitors. What you want to be able to do is just stay ahead of your competitors – so you can be constantly seeing things sooner and take advantage of things ahead of your competition. It's basically a race to see new market opportunities, new product opportunities and new channel possibilities ahead of your competitors. If you can get a six-month lead, you will have a lot more strategic latitude or degrees of freedom to act; whereas a competitor that is always catching up is never really able to do anything other than imitate. However, such companies are always responding; solely reacting to strategies is not very successful. It's really a game of gaining competitive advantage in a much more complex environment.

What you want to be able to do is just stay ahead of your competitors – so you can be constantly seeing things sooner and take advantage of things ahead of your competition.

From Static to Adaptive – Thinking About the Necessary Marketing Capabilities

Considering the widening gap, is the traditional view of the marketing mix – for example the 4 P's – still appropriate to describe the necessary capabilities?
The 4 P's marketing frame has been the standard for thinking about capabilities or at least categorizing them. But there are obviously a number of problems with that. Thinking about the 4 P's, they take the business as given and they try to optimize the products, the price and the channel within that given market and business definition. But they're extremely static and they ask: «How can we improve our situation within a stable environment?» They are far from complete and it is ironic to

think about product, price, place, and promotion but nowhere in there do we talk about brand assets and customer assets, or how to optimize and improve our performance in getting a return on those assets.

Hence companies have to build new marketing mix capabilities.

The nature of today's markets requires that we turn away from the static view of the 4 P's and realize that we have to continuously learn.

Exactly. The nature of today's markets requires that we turn away from the static view of the 4 P's and realize that we have to continuously learn. More specifically, there are three requirements that characterize vigilant market learning within organizations. First is the willingness to be immersed in the lives of current, prospective and past customers and to observe how they process data and respond to the social networking and social media space, without a preconceived point of view. Second is an open-minded approach to latent needs. The third requirement is the ability to sense and act on weak signals from the periphery. It is important to capture the weak signals that will turn into opportunities so that the organization can see things sooner. Again, I frame it as «see things sooner» because really what you want to do is be able to get those deep market insights faster than competitors and disseminate them widely through the organization – so that's one capability which is very consistent with market orientation.

Blaustirnamazone, Brasilien/Pantanal,
© K.H. Lambert

But given the huge number of weak signals, how is it possible to identify the important ones?

That's the second capability of adaptive market experimentation. It means that firms need to continuously experiment and learn from those experiments and do it in a very structured way. To date, there are new software tools and database management possibilities – we can do a lot of small experiments. For example, a company like Intuit that sells financial software is a good example of a successful firm due to its experimental mindset. This firm probably does 600 small experiments every year, continuously trying to improve their operations, how they target themselves, how they price and so forth. An experimental mindset requires a lot of trial and error: you have to be willing to make mistakes and draw conclusions from them and ensure those lessons are acted upon.

This approach appears very resource intensive to me and it certainly requires broad knowledge and many different skills. How can marketers gain access to the necessary assets?

That's the third notion, open marketing, and what I'm particularly excited about. In the last five years, we've heard a lot about open innovation. In a similar vein, open marketing means that a lot of marketing is going to be done through networks with consumers and networks of partners. We have these complex webs of suppliers with specialized capabilities, search engine optimizers and companies that are really good in this kind of network environment that know how to manage these partners, keep them aligned, get the best ones and learn from them quickly. We're just beginning to understand what it takes to do that. I mean, open innovation is tough enough but when you try to run an open network for your marketing where you have to coordinate an advertising agency, marketing research suppliers, an adaptive experimentation firm, a search engine, etc., there's just a lot of possible partners you can use and you want to learn from them rather than necessarily building complete in-house capability. By the way, I want to emphasize that open marketing does not necessarily mean outsourcing, like how we outsource call centers or other tasks to service providers. Open marketing means partnering with really capable specialists who are almost adjuncts to our organization and completely aligned in terms of strategy, sharing information and making sure that we stay ahead of the competition. It's kind of an exciting area of development that some companies will master and others will not.

Open marketing means that a lot of marketing is going to be done through networks with consumers and networks of partners.

Would you agree that more partners lead to more success?

That's probably highly qualified by the type of market and industry you're in and your size. If you were a very large consumer packages firm, you've got a lot of internal resources and you can probably work with a big advertising agency and maybe have some capabilities in-house. By the way, as a side note, you cannot effectively manage a network without having really good analytical capabilities in-house. You don't have to have the specific skills but you have to be able to orchestrate these people, understand what they're doing and draw conclusions from them. They're partners with you but you still have to make the partnership work so getting the talent in-house to do this is extremely important. You might, for example, rely heavily on an advertising agency but you still can't literally turn over your marketing activities and planning to that agency; rather, you have to draw on their capabilities and make sure they serve your strategy. Some companies will use a lot of touch points if they're heavily into social networking. If, for example, they use dozens of different media, they're going to need a lot of partners. I'd say this is one of those situations where the kind of partnering and who you rely on will depend on the complexity of the market environment and how fast it's moving. A broad generalization would be the more complicated it is and the faster it is moving, the more partners you need to stay on top of it to help you sense and respond to these moves.

Creating an Adaptive Organization

I understand that there are three crucial capabilities that firms need – vigilant market learning, adaptive market experimentation and open marketing. But how can these adaptive capabilities be realized by companies?

I think the real hinge is leadership. Of course, that's a classic fallback but in order to create adaptive marketing capabilities, you've got to have a vigilant leadership team that is really good at thinking from the outside-in. I use this distinction in a recent book I wrote with Christine Moorman [Strategy from the Outside-In: Profiting from Customer Value]. If you're an inside-out company, you will be very slow to respond to signals coming from the periphery because your idea or focus in your strategy is to get the maximum returns and efficiency from your existing resources. Outside-in organizations like Amazon have leadership teams that are out there constantly scanning, sharing and acting on information from lots of sources. The nature of the C-suite and the leadership provided by the chief marketing officer or chief commercial officers in particular will have a huge impact in some companies.

And how can CMOs create a climate supportive of acting on information from diverse sources?

I find that there are three aspects in creating an appropriate organization design. In fact, I extend the notion of creating a market-driven organization from my earlier work [The Capabilities of Market-Driven Organizations] to building adaptive marketing capabilities. There are three levers – leadership, incentives and structure – that we find consistently and all the way back to the early works on market orientation. Leadership is by far the number one lever but it is exercised through

You've got to have a vigilant leadership team that is really good at thinking from the outside-in.

metrics and rewards so incentives become important. And then the other big thing is structure. In my work, I found that companies that are structured around markets where there's clear accountability for understanding and responding to customers in the market have definitely performed better – that is why front-end organizations should be designed around customer groups as opposed to functions or geographies.

What are the main pitfalls you have to avoid when you want to align your company to the market?
I think if you're an inside-out organization it's going to be very hard to build adaptive marketing capabilities. You have to build the strategy starting from the outside and looking in: that is, stand in the shoes of customers and competitors and challenge your whole business, as opposed to inside-out thinking, which is highly exploitative. We all want to get the maximum returns on our marketing resources. But you'll never achieve superior performance unless you stand from the outside looking in because you'll miss new opportunities, you won't be sensitive to new media – social media and so forth – and you'll always be playing catch-up. And by the way, interestingly, you can get away with that for a long time if all the competitors behave the same way. This is one of those areas where you can get lulled into a sense – a false sense if you like – of capability: if everybody's competing in the same way, then the industry recipe is the same and you just have to execute it better. It's when someone becomes more adaptive, sees things sooner, challenges the status quo and really leverages new technology – that is when you upset the market.

The whole process of creating an adaptive organization appears to be very complex and demanding for firms. What would be your advice to a manager with a moderate marketing budget that aims to close the gap?
The fact is that it's more of a mindset than heavy expenditure so I think the scarce currency is actually management attention and time, as opposed to dollars spent on doing marketing research or running experiments. In order for a leadership team to really do this effectively, they've got to be out there in the market and listening. If the budget is really pretty minimal, it's really how you choose to spend your time. You could say: «Well the scarcest resource we had is time» and that's absolutely the case, but what you don't want to do is spend your time playing catch-up and fixing problems that had you been

In order for a leadership team to really do this effectively, they've got to be out there in the market and listening.

in the market six months earlier, you would have been in far better shape. I view concerns about budget as less important than concerns about time availability and how you spend your time. If you're a very inside-out company focusing on maximizing returns on your resources, you're going to miss a lot of opportunities and then you will play catch-up trying to fix them.

It is likely that a change in fundamental marketing capabilities will also affect the skills necessary of marketing experts. What do you think that we as marketing scholars at business schools can do to prepare future managers?
Well, I think we need to give our students a certain mindset. Tomorrow's marketing leaders have to really be out in the market listening, observing and watching both customers and competitors and have to be very open to new opportunities. And so I think we have to give our students the mindset, the kind of tools to do that and then an understanding of the different organizational models. A lot of it is going to be engaging and interacting with other experts. Obviously, I was talking to best practice companies when I developed some of my ideas. We always have to be watching who's really doing this well and what experiments are they doing that work well. Typically, competitors won't share that with you so you might find allies in other industries. I think we have to equip our students with this mindset, the tools of experimentation and the fact that there are lots of marketing research techniques that they need to master. But most of all, they need to understand that inside-out thinking, which is basically maximizing returns from resources, is limited and that they've got to be scanning the horizon very broadly. Learning to network and learning to manage partners – I think they need to understand how to structure those as well.

But most of all, they need to understand that inside-out thinking, which is basically maximizing returns from resources, is limited and that they've got to be scanning the horizon very broadly.

Coming to the end, could you give us your final outlook regarding the challenges of the marketing capabilities gap?
The familiar saying «Necessity is the mother of invention» holds valuable wisdom here. For marketers of all stripes, today there is a pressing necessity to respond to the accelerating complexity of markets, which puts pressure on organizations and potentially places them at competitive disadvantages. Some firms will tinker at the margins of their marketing activities but otherwise continue with their tried-and-true practices. Such a passive response ensures that their capabilities gap will widen and that they will function far below their potential.

This is an increasingly untenable position as more competitors or new entrants exploit developments in the Internet and knowledge sharing technologies to gain advantages. They will demonstrate the value of microtargeting, building communities of users and engaging in dialogues with their customers to magnify the impact of their marketing activities. These more vigilant competitors will see opportunities sooner and put in place the capabilities to respond to whatever direction their market moves. Firms that stick with their tried-and-true practices will become laggards in the market.

Quellen

Day, G.S. (2011): Closing the Marketing Capabilities Gap, Journal of Marketing, 75 (4), pp. 183–195.

Day, G.S. (1999): Market Driven Strategy: Processes for Creating Value, Free Press, New York.

Day, G.S. (1999): The Market-Driven Organization: Understanding, Attracting, and Keeping Valuable Customers, Free Press, New York.

Day, G.S. (1994): The Capabilities of Market-Driven Organizations, Journal of Marketing, 58 (4), pp. 37–52.

Day, G.S./Moorman, C. (2010): Strategy from the outside-in: Profiting from Customer Value, McGraw-Hill, New York.

Day, G.S./Schoemaker P.J.H. (2006): Peripheral Vision: Detecting the Weak Signals That Can Make or Break Your Company, Harvard Business School Press, Harvard.

Day, G.S./Schoemaker, P.J.H. (2005): Scanning the Periphery, Harvard Business Review, 83 (11), pp. 135–148.

Marketing-Genie und Pionier

Jules Kyburz und Hans Tanner haben über Jahrzehnte ein tiefes Verständnis für Gottlieb Duttweiler und dessen Lebenswerk erlangt. Zusammen mit Prof. Dr. Thomas Rudolph und Tim Böttger diskutieren sie die Motivation, die Werte und die Persönlichkeit, die hinter der Schaffung des grössten Schweizer Detailhandelsunternehmens und dem sozialen Engagements Gottlieb Duttweilers stehen und zeigen auf, was heutige Manager aus der Denkweise Gottlieb Duttweilers lernen können.

Gottlieb Duttweiler

- Geboren am am 15. August 1888 in Zürich.
- 1907: Kaufmännischer Lehrabschluss.
- 1913: Heirat mit Adele Duttweiler.
- 1917: Teilhaber an Pfister & Duttweiler.
- 1923: Kaffee-Farmer in Brasilien.
- 1924: Rückkehr in die Schweiz.
- 1925: Gründung der Migros AG mit fünf Verkaufswagen.
- 1933: Inkrafttreten des «Filialverbots».
- 1935: Einstieg in die Politik als Nationalrat.
- 1941: Umwandlung der Migros AG in eine Genossenschaft.
- 1944: Gründung der Migros Klubschulen.
- 1946: Schenkung des «Park im Grüene» an die Öffentlichkeit.
- 1948: Eröffnung des ersten Selbstbedienungsladens in Zürich.
- Gestorben am 8. Juni 1962 in Zürich.

Von Prof. Dr. Thomas Rudolph und Tim Böttger, Forschungszentrum für Handelsmanagement, Gottlieb Duttweiler
Lehrstuhl, Universität St.Gallen

**Herr Kyburz (ehemaliger Präsident der geschäftsführenden
Verwaltung des Migros Genossenschaftsbundes (MGB)
und Präsident der MGB-Verwaltung (Aufsichtsgremium),
1952 begann Ihre Karriere bei der Migros. Sie waren insgesamt mehr als 48 Jahre in der Migros aktiv und sind mit
dem Unternehmen auch heute noch eng verbunden. Herr
Tanner (ehemaliger Sekretär von Gottlieb Duttweiler sowie
Generalsekretär und Präsident der Delegiertenversamm-
lung des MGB), Sie sind Ende 1950 in die Migros eingetre-
ten. Sie haben über zehn Jahre direkt mit Gottlieb Duttweiler zusammengearbeitet. Wie haben Sie diese Anfänge
erlebt?**
Hans Tanner: Ich habe Gottlieb Duttweiler zum ersten Mal im
September 1950 kennengelernt, als mein damaliger Vorgesetz-
ter, Ernst Melliger, mich bei Duttweiler vorstellen wollte. Ich
war als Sekretär vorgesehen und da musste mich Duttweiler
schon persönlich kennenlernen. Ich musste einen ganzen Tag
immer wieder auf die Kornhausbrücke spazieren und wieder
zurückkommen ins alte Migros-Gebäude, bis Duttweiler endlich fünf Minuten Zeit hatte für mich. Viel länger hat es nicht
gedauert und danach wusste ich, ich durfte kommen. Ich war
damals noch nicht einmal zwanzig Jahre alt, also habe ich ihn
aus einer Perspektive von unten kennengelernt, den grossen
Mann, und ich habe damals auch noch nicht die grossen Zusammenhänge verstanden. Aber der Kontakt mit Duttweiler
war sehr eindrucksvoll: Wenn er diktierte, in seinem Polster-
Sessel sass, Zigarren paffte wie verrückt – manchmal sah ich
ihn kaum im Rauch. Und je mehr er überlegte, umso mehr hat
er natürlich gepafft. Das hat immer sehr gut geklappt und mir
hat es sehr gut gefallen, auch wenn es nicht immer leicht war.
Denn er hat immer viel verlangt, sehr viel.
Jules Kyburz: Ich ging nicht in die Migros wegen der Migros.
Ich ging wirklich wegen Duttweiler in die Migros, denn schon
als Knabe hat mich dieser Mann fasziniert. Der war in allen
Zeitungen, der wurde angegriffen, das hat mir imponiert. Und
irgendwie ist bei mir der Wunsch gewachsen: Bei diesem Typen
möchte ich arbeiten. Also habe ich gefragt, ob eine Stelle frei
sei. «Nein, gar nichts», wurde mir geantwortet. Nur eine einzige Stelle sei frei als Magaziner in der Filiale Wetzikon. Dann
habe ich beschlossen: «Das ist mir Wurst. Ich will jetzt einfach

*Und je mehr er überlegte,
umso mehr hat er natürlich
gepafft.*

in die Migros.» Und so bin ich dann eingestiegen. Ich wollte also um jeden Preis zu Duttweiler.

War der Führungsstil Duttweilers in der Migros sehr autoritär?
Hans Tanner: Das kann man nicht sagen. Natürlich war er ja der Gründer und auch der grosse Chef der Migros. Die Migros war schon damals, als ich eintrat, eine Genossenschaft, aber trotzdem war er der Chef, der Grand Patron, und man hat gemacht, was er wollte. Das war nicht immer leicht. Er hat oft gesagt: «Es kann mich niemand daran hindern, heute bessere Ideen zu haben als gestern.» Dann hat er alles über den Haufen geworfen und wieder neu gemacht. Das war sein Arbeitsstil. Ganz besonders schlimm war es, wenn Wahlen oder Abstimmungen anstanden, bei denen er doch als Chef des Landesrings stark beteiligt war. Da war man manchmal froh, wenn er für zwei Wochen nach Amerika ging und man ein bisschen Ruhe hatte. Das waren so kleine Einzelheiten einer hervorragenden Persönlichkeit.

Es kann mich niemand daran hindern, heute bessere Ideen zu haben als gestern.

Wie war die Unternehmenskultur damals in der Migros?
Jules Kyburz: Davon hat man damals nicht gesprochen. Die Kultur waren Zahlen: Umsatz, Kosten, interne Vergleiche. Von morgens bis abends waren das die Kriterien. Der grösste Antrieb war der interne Vergleich. In der Migros Basel wollten wir besser sein als die Migros Zürich und das hat Duttweiler auch gefördert. Jeden Monat gab es eine Rangliste über verschiedene Sachen und jeder wusste: Wenn du vorwärts kommen willst, musst du irgendwie oben sein in diesen Ranglisten. Die Persönlichkeit spielte nicht so eine Rolle, sondern die Zahlen, die man erreichte. Die Migros war auch damals noch in einem Überlebenskampf. Jeden Tag spürten wir das. Zudem war die Migros damals sehr einfach. Das kann ich Ihnen an einem wirklich schönen Beispiel zeigen: Ich war Filialleiter in Basel und unser einziges PR-Instrument war ein Joghurtglas mit Kreidemehl und einem Pinsel. Damit schrieben wir an die Schaufenster jeden Morgen unsere Angebote. Das war das ganze Marketing in der Filiale. So einfach ging das. Wenn wir einen Bleistift wollten, dann mussten wir ihn in der Zentrale bestellen. Man kann sich das heute gar nicht mehr vorstellen, wie spartanisch da anfangs der 50er-Jahre gearbeitet wurde.

Die Kultur waren Zahlen: Umsatz, Kosten, interne Vergleiche.

...unser einziges PR-Instrument war ein Joghurtglas mit Kreidemehl und einem Pinsel.

Lag das an der Zeit oder kam die starke Kostenkontrolle in der Migros von Duttweiler?

Jules Kyburz: Ich glaube, das lag an der Philosophie: Tiefe Preise. Damals spürte jede Verkäuferin: Der Duttweiler wollte um jeden Preis die tiefsten Preise. Auch die Marketingphilosophie damals war ja immer noch die Kalkulation von unten nach oben und das wurde strikt eingehalten. Einkaufspreis plus Kosten plus 2%, das ist der Verkaufspreis. Heute geht das anders: Da geht der Einkäufer zur Konkurrenz, schaut, was das Produkt dort kostet, und unterbietet den Preis dann leicht. Damit ist diese Philosophie von Duttweiler beerdigt. Und das ist der grösste Unterschied von damals zu heute. Aber ich muss sagen: Unternehmenskultur war in den 50er Jahren noch kein Thema.

Hans Tanner: Es war kein Thema, aber es herrschte eine ungeschriebene Unternehmenskultur. Man war, als der Betrieb noch so klein war, wie eine Familie. Und die Zahlen waren auch für Duttweiler wichtig. Er hat jeden Tag die Umsatzzahlen in jeder Filiale angeschaut und wenn es irgendwo nicht so gut lief, wollte er wissen warum. Aber für ihn waren die Zahlen nicht um der Zahlen Willen wichtig, sondern er war der Auffassung: Wir tun so etwas Gutes für die Schweizer Bevölkerung und da muss man alles unternehmen, damit dieses Gute siegt. Die Zahlen waren für ihn Mittel zum Zweck, um immer mehr, bessere Dienstleistungen zu bringen. Er hat auch, als ich nach England ging, gesagt: «Sie können mich doch nicht in meiner Arbeit für die Schweizer Bevölkerung einfach monatelang alleine lassen.» Er hat immer nur gesagt, er habe eine wichtige Aufgabe für die Bevölkerung und dem alles untergeordnet.

Jules Kyburz: Dutti war eigentlich permanent im Krieg. Das war sein Leben. Und seine Mitarbeiter waren seine Soldaten.

Was war das Erfolgsgeheimnis Gottlieb Duttweilers?

Hans Tanner: Die Brücke. Er hat versucht, direkt vom Produzent zum Konsumenten zu gehen. Für ihn war der Zwischenhandel völlig überflüssig und nahm nur Geld weg. Als er in Brasilien war, hatte er ja gesehen, wie wenig die Kaffeefarmer für den Kaffee erhielten. Als er dann zurückkam, weil seine Frau das Klima nicht aushielt, sah er, wie viel Marge der Händler nahm, der den Kaffee in der Schublade hatte und nur mit dem Schöpflöffel in einen Kaffeesack füllte. Da hat er die Idee des direkten Vertriebs vom Produzenten zum Konsumenten geboren, und das war mindestens ein Verkaufserfolg. Zweitens hat er immer gesagt: «Was ist schlecht daran, wenn ich das Geld aus dem Fenster rauswerfe und unten kommt das Geld wieder vermehrt zurück in den Laden.» Oder er sagte, es sei doch besser, er verkaufe zehnmal ein Stück und verdiene zehn Rappen am Stück, als wenn er ein Stück mit einem Franken Gewinn verkaufen würde. So hätten zehn Leute den Gewinn und nicht nur einer. Also dieses Migros-Verkaufskonzept – das sagt schon der Name: halb Detailhandel, halb en gros – das war wirklich ein Verkaufserfolg. Und nicht zuletzt hat er alles anders gemacht als die Konkurrenz. Er war einzigartig.

...halb Detailhandel, halb en gros – das war wirklich ein Verkaufserfolg.

Woher nahm er den Antrieb zu seinem Unternehmertum?
Hans Tanner: Zuerst wurde er ja fast dazu gezwungen. Als er aus Brasilien zurückkam, wollte er eigentlich zum Schweizerischen Konsumverein, aber sie hatten keine Stelle für ihn. Hätten sie ihn genommen, wäre vielleicht alles anders gekommen, aber so musste er sich selber einen Weg suchen.
Jules Kyburz: Ich glaube, eine Rolle spielte auch, dass er keine Kinder bekam. Ich habe hier eine Notiz von ihm: **«Was wohl gibt es Sinnvolleres, Herzerquickenderes, als eine reich beschenkte Partnerschaft mit einzigartigen, eigenwilligen Kindern. Mir war dieses Glück nicht beschieden. Doch meine Aufgabe forderte mich immer wieder heraus, ganz starke Vatergefühle zu erleben.»** Das war seine Migros. Das hat ihm gefehlt. Die Migros war Kinderersatz, seine Familie M. Und was auch eine Rolle gespielt hat, war sein Glaube. Christentum im Alltag, das war sein Motto. Das war für ihn nicht in die Kirche gehen, nicht beten, sondern so leben, wie es die eigene Überzeugung ist. Ich habe eine andere Notiz von ihm aus der Zeit, als er als internationaler Lebensmittelhändler häufig unterwegs war: **«Adele, dein Name sagt es, wir zwei müssen schon nach kurzer Zeit immer wieder Ade sagen. Wir dürfen uns aber mit vollem Herzen unseren Aufgaben zuwenden und dafür unsere ganze Kraft einsetzen. Umso mehr, denn Gott-Schöpfer lässt uns dabei nie allein. ‹Liebt Gott Gottlieb ganz besonders?›, fragen mich oft Menschen. Vielleicht, ich weiss es nicht. Ihn immer stärker zu spüren, wünsche ich mir innigst.»** Diese persönlichen Notizen zeigen dieses Christentum im Alltag, das durch die ganze Geschichte der Migros ging.

Christentum im Alltag, das war sein Motto.

Welche Rolle spielte seine Ehefrau, Adele Duttweiler, im Leben und Wirken Duttweilers?
Hans Tanner: Adele Duttweiler war die Seele der Migros. Es herrschte sehr viel Unruhe in der Migros, weil immer etwas gehen musste. Zuhause hatte er Ruhe. Sie konnte ihm auch Vieles beibringen.

Jules Kyburz: In den letzten zehn Jahren war ich jeden Monat ca. zwei Stunden bei Frau Duttweiler. Und da habe ich auch festgestellt: Diese Frau hat eine ganz wichtige Rolle gespielt im Leben Duttweilers. Wie er selbst sagte: **«Sie hat nicht nur einen wesentlichen Anteil am Aufbau der Migros – ohne sie wäre dieses Werk kaum entstanden. Weder die Stiftung der Migros-Genossenschaften wäre möglich gewesen ohne das Einverständnis von Adele Duttweiler, noch das physische Durchhalten im aufreibenden wirtschaftlichen und politischen Kampf. Das Opfer einer Frau, die von Natur aus äusserst zurückhaltend ist, aber im entscheidenden Moment sichtbar, es liegt in der täglichen Unterstützung ihres Gatten auf seinem selbstgewählten, schweren Weg, im stillen, zuweilen energischem Einsatz bis zur Grenze der eigenen Kraft.»**

Hat sein politisches Engagement der Migros in der Gründungsphase eher geholfen oder geschadet?
Jules Kyburz: Ich glaube beides. Also erstens war es ein Teil des Überlebenskampfes der Migros. Duttweiler ging ja nicht freiwillig in die Politik. Zuerst kamen die Boykotte der Lieferanten. Die wollten ihn nicht mehr beliefern und damit austrocknen. Das veranlasste ihn zur Eigenproduktion. Und aus diesen Anfängen der Eigenproduktion ist die heutige M-Industrie geworden mit ungefähr einer halben Milliarde Eigenumsatz. Als die Lieferantenboykotte also nichts nützten, versuchte man ihn politisch zu schädigen. Und das zwang ihn in die Politik zu gehen. Ich glaube, ausschlaggebend war der Entscheid der Bundesversammlung für das sogenannte Filialerweiterungsverbot 1933. Damals hat auf Antrag des Bundesrates das Parlament entschieden, dass keine neuen Filialen mehr eröffnet werden dürfen und keine bestehenden vergrössert werden. Das war dann nichts anderes als eine Lex Migros und die bestand bis 1945. Duttweiler musste sogar rückwirkend einen Laden in Frauenfeld schliessen, der schon offen war. Damit wollte man ihn natürlich schwächen und hat ihn zum Entschluss gebracht: Jetzt muss ich in die Politik. Man muss den Kampf dort führen, wo er stattfindet. Zuerst hatte er keine eigene politische Partei. Er nannte sie einfach «Die Unabhängigen». Dort kamen prominente, gute Persönlichkeiten zusammen. Das waren Leute, die in keine Partei passten.
Hans Tanner: Es war auch noch keine Partei, es war der «Landesring der Unabhängigen». Er wollte keine Partei, er wollte eine Bewegung.

Duttweiler ging ja nicht freiwillig in die Politik.

72

Jules Kyburz: Duttweiler mit seiner ganzen Kraft, mit seinem unbändigen Willen, den konnte man nicht so einfach bremsen. Und in dieser Zeit entstanden viele neue Sachen. Zuerst hat er den Giro-Dienst gegründet, eine Kette von privaten Detaillisten. Weil dieses Filialgesetz nur für die Grossverteiler galt, hat er eine Detaillisten-Kette gegründet und das war eigentlich der Ersatz für die Expansion der Migros. In dieser Zeit fand auch die Expansion der Industrie statt und der Hotelplan wurde gegründet. Er hat auch die Unterwasserlagerung ausprobiert zu diesen Zeiten und eine riesige Konservenbüchse mit Getreide im Thunersee versenkt. Er war nämlich der Überzeugung, die Schweizer müssten einen Notvorrat anlegen. Das war ein weiteres seiner Anliegen.

Hat er sich auch sonst für die Landesversorgung eingesetzt?
Hans Tanner: Das war ihm ein Anliegen. Das war auch der Grund, warum er 1948 einen Stein ins Fenster des Bundeshauses geworfen hat. Denn auch nach dem Krieg wollte man keine Notvorräte anlegen. Die Konkurrenz und die anderen Politiker haben gesagt, die Migros wolle nur mehr verkaufen und deshalb mache sie der Bevölkerung Angst, damit gehamstert werde. So hat man ihn bekämpft.

Was war der Antrieb für Duttweilers kulturelles Engagement?

Grösserwerden muss abverdient werden durch immer grössere Leistungen für die Allgemeinheit.

Hans Tanner: Grösserwerden muss abverdient werden durch immer grössere Leistungen für die Allgemeinheit. Das war einfach eine Philosophie von ihm.
Jules Kyburz: Vieles war bei Duttweiler auch durch Zufälle ins Leben gerufen worden. Beispielsweise die Klubschulen: Am Ende des Krieges, 1944, kam ein arbeitsloser Lehrer zu ihm und sagte: Jetzt geht der Krieg zu Ende, dann gehen die Grenzen wieder auf, dann werden wieder Sprachen gelernt. Könnten Sie mir nicht helfen, solche Sprachkurse zu organisieren? Das hat den Dutti überzeugt und dann haben sie ein kleines Inserat geschaltet: **«Französischkurse – eine Stunde pro Woche – fünf Franken pro Monat».** Daraufhin haben sich 1'400 Leute gemeldet. So ist die Klubschule entstanden.
Hans Tanner: Bei den Eurozentren war es ähnlich. Es war dann mit der Zeit sein Ziel, denjenigen, der etwas anzubieten hat, mit demjenigen, der etwas nötig hat, zusammenzubringen. Das war dann eine Fortsetzung der Brücke über den rein kommerziellen Bereich hinaus, auch im kulturellen Bereich und

eben auch bei den Sprachen. Er hat immer wieder so Sachen probiert. Die Migrol ist auch so entstanden: Man wollte ihn boykottieren, indem man ihm kein Heizöl lieferte. Er konnte nur Heizöl kaufen, wenn er auch das Benzin übernahm. Und so ist er auch ins Benzingeschäft eingestiegen mit der Migrol. Solche Sachen waren häufig Zufälle, wie Jules Kyburz sagte.

Jules Kyburz: Was man natürlich auch sagen muss: Wenn auch Verschiedenes aus Zufällen entstanden ist, so hat er doch bei solchen Begebenheiten immer sofort erfasst, was man daraus machen konnte, und hatte dann die Kraft, das eben auch umzusetzen.

Die heutige Migros ist ein Portfolio von ganz unterschiedlichen Distributionskanälen und Geschäftsfeldern.
Ist Vieles davon durch Zufall entstanden, oder war es eine strategische Absicht, das Risiko zu diversifizieren?
Jules Kyburz: Häufig war es die Gelegenheit. Ein einfaches Beispiel: Es gab einmal eine Nelkenschwemme an der Riviera, dort sass man auf Tonnen von Nelken. Da kaufte Duttweiler per Tonne diese Nelken und wir verkauften dann einen Strauss Nelken, das waren dreizehn Blumen, für einen Franken. Das gab einen Sturm auf die Läden. Weil, und jetzt sind wir wirklich wieder bei Duttweiler, sehr viele Hausfrauen sich zum ersten Mal Blumen leisten konnten. Und aus dieser Nelken-Aktion sind dann die Blumenabteilungen in der Migros entstanden. Oder etwas anderes, was ich auch erlebt habe: Ich war Filialleiter einer kleinen Filiale in Basel, in der die Migros keine Milch verkaufen durfte. Eines Morgens kam der Lastwagen und darauf war eine Palette Milch und ein Brief von Duttweiler: **«Jetzt verschenken wir die Milch solange, bis wir sie verkaufen können.»** Dann haben wir Milch verschenkt und es dauerte nur drei Tage, dann hatten wir die Bewilligung.

Hans Tanner: Einmal hat er Schildkröten verkauft. Heute wäre der Tierschutz natürlich dagegen, aber das war vor fünfzig Jahren und einige Leute haben die Schildkröten heute noch. Das hat er einfach gemacht, um den Leuten eine Freude zu bereiten.

Jules Kyburz: Er hat auch Vieles sozialisiert. Das ging immer in die gleiche Richtung: Er wollte dem Volk dienen. Als ich noch ein Knabe war, da war eine Banane noch etwas Besonderes. Duttweiler hat die Banane lanciert, damit jeder sie kaufen konnte. Dann kam das Poulet. Poulet war früher auch nur für reiche Leute. Duttweiler hat solange Poulets lanciert, bis jeder das kaufen konnte. Dann kam die Ananas. Er hatte immer im Hinterkopf: Etwas sozialisieren, damit sich das alle

Man wollte ihn boykottieren, indem man ihm kein Heizöl lieferte. Er konnte nur Heizöl kaufen, wenn er auch das Benzin übernahm. Und so ist er auch ins Benzingeschäft eingestiegen mit der Migrol.

Jetzt verschenken wir die Milch solange, bis wir sie verkaufen können.

Duttweiler hat die Banane lanciert, damit jeder sie kaufen konnte.

Er hatte immer im Hinterkopf: Etwas sozialisieren, damit sich das alle leisten können und nicht nur ein kleiner Teil.

leisten können und nicht nur ein kleiner Teil. Ich glaube, das war sehr typisch für Duttweiler.

Wie ist Duttweiler mit den Medien umgegangen? Hat er verstanden, sie für sich zu nutzen?
Jules Kyburz: Absolut. Er war natürlich auch interessant für die Medien.
Hans Tanner: Besonders für die gegnerischen. Die haben ihm dann geholfen, indem sie geschrieben haben über das, was er machte. Hätten die nicht so viel geschrieben, wäre die Migros nicht so rasch vorangekommen.

Seine Ideen waren ja zum Teil sehr aussergewöhnlich. Haben da nicht einige mit dem Kopf geschüttelt?
Hans Tanner: Es gab auch solche Ideen, die nicht gelangen. Mit dem Verkauf von Bekleidung beispielsweise hatte er keinen Erfolg.
Jules Kyburz: Ja, er hatte nicht nur Erfolg, er hatte auch viele Misserfolge. Da war einmal eine Nähmaschinen-Fabrik «Turissa», die ist wieder verschwunden. Da waren Migros Türk, Migros Iberica in Spanien und Migros France, mit einem Laden bei Genf in Frankreich; die sind alle eingegangen. Er hat ja auch eine Raffinerie gebaut in Emden, das war sein grösster Flop. Also alles ist ihm nicht gelungen, aber oft ist daraus wieder etwas Neues entstanden.
Hans Tanner: Was ihm sehr gut gelungen ist, war die Umwandlung in eine Genossenschaft. Er verschenkte sein Unternehmen an rund 100'000 Genossenschafter. Jeder bekam einen Anteilschein von dreissig Franken, das waren dann drei Millionen Franken, aber der Wert des Unternehmens war ungefähr sechzehn Millionen Franken. Und das war schon etwas unglaublich Geschicktes vor dem Hintergrund des Krieges. Er hatte nämlich Angst, dass er enteignet werden könnte. Deshalb hat er die Migros von einer Aktiengesellschaft in eine Genossenschaft umgewandelt. Es ging nur darum, wer die Anteilsscheine bekommen solle: Kunden oder Mitarbeiter? Duttweiler beschloss dann, die Mitarbeiter könnten ja auch Genossenschafter werden und davon profitieren, und entschloss sich für die Kunden. Denn die Kunden waren schon eingeschrieben. Bei Waren, die rar waren, wurden die Kunden immer zuerst bedient. Deshalb hatte er die Namen von 100'000 Kunden und denen konnte er den Anteilsschein schenken. Damit war die Migros sicher. Heute wäre die Migros als Aktiengesellschaft wahrscheinlich schon längst von einer anderen grossen Firma

Er verschenkte sein Unternehmen an rund 100'000 Genossenschafter.

aufgekauft worden, aber als Genossenschaft ist das nicht möglich.

Jules Kyburz: Duttweiler hat natürlich immer Sachen gemacht, die man heute, weil wir so gross sind, nicht mehr machen kann. Ein Beispiel: Er wurde ja nicht nur von den Lieferanten boykottiert, sondern auch von der Presse. In Bern beispielsweise hat man keine Inserate von der Migros angenommen. Daraufhin hat er dann etwas Wahnsinniges gemacht. Er hat ein Flugblatt gedruckt, einen Flieger gemietet und dieser Flieger ist über Bern geflogen und hat die Flugblätter über Bern ausgestreut.

Hans Tanner: Dafür musste er eine Busse zahlen.

Jules Kyburz: Aber er hat sich geweigert, sie zu zahlen, dann wurde ihm eine sehr wertvolle Kommode gepfändet. Da hat er einen Aufruf gemacht an seine Kunden, hat die Geschichte erzählt, sie aufgefordert, wenn sie auch der Meinung seien, dass er im Recht sei, sollten sie bitte zehn Rappen einzahlen, damit er diese Busse bezahlen könne. Darauf wurden ungefähr 10'000 Zehn-Rappen-Stücke einbezahlt und das war dann genau der Betrag, den er als Busse bezahlen musste. Er war immer originell. Und das war seine PR. Er hat auch jede Gelegenheit für sein Eigenmarketing genutzt. Er war ein Marketing-Genie.

Hans Tanner: Auch für betriebswirtschaftliche Abläufe hatte er ein Faible. Am Verkaufswagen zum Beispiel musste von Hand einkassiert werden. Daher hat er die runden Preise eingeführt und die ungeraden Gewichte. Alles musste durch 25 teilbar: 25, 50, 75 Rappen, 1 Franken. Manchmal, zum Beispiel beim Schachtelkäse, konnte er keinen runden Preis machen. Dann hat er das Wechselgeld bereits in den Schachtelkäse verpacken lassen. Oder er hat Butter verkauft und hat in jedem zwanzigsten Päckchen ein Goldstück, ein Vreneli, versteckt. Das hat sich natürlich rumgesprochen und dann wollten alle die Butter kaufen.

Wie würden Sie Gottlieb Duttweiler als Menschen charakterisieren?

Jules Kyburz: Er war sicher ein Mensch, der Niemanden nicht beschäftigte. Er war voller Ideen. Felix Möschlin hat einmal geschrieben: Er hatte so viele Ideen, dass es gut ist, dass er sie nicht alle verwirklichen konnte. Oder irgendwo steht auch: Im Parlament sei er aufgestanden, ans Pult gerannt und wollte über das Frauenstimmrecht sprechen. Als er am Pult angekommen war, hat er über die Landwirtschaft gesprochen. Sein

Er hat auch jede Gelegenheit für sein Eigenmarketing genutzt. Er war ein Marketing-Genie.

Er hatte so viele Ideen, dass es gut ist, dass er sie nicht alle verwirklichen konnte.

Kopf war dauernd voller Ideen und die hat er dann auch oft durchgesetzt.

Hans Tanner: Als Mensch, war er sehr angenehm, als Chef manchmal etwas streng. Ich wohnte am Anfang auch in Rüschlikon, da hat er mich häufig mitgenommen, wenn er nach Hause fuhr. Das war immer sehr angenehm. Aber in der Beurteilung von Individuen hat er sich manchmal etwas getäuscht. Wir mussten immer darauf achten, dass keine Leute zu ihm kamen, die Geld wollten, denn er konnte nicht Nein sagen. Zur Zeit der Migros Türk, haben wir einmal einen Türken zu ihm ins Büro gelassen, der vorgab, Journalist zu sein. Als er wieder rauskam, sagte er uns, er erhält ab jetzt jeden Monat 500 Franken. Das war halt kein Journalist, sondern einer, der Geld wollte. Und er konnte nicht Nein sagen in diesen Belangen. Er war eigentlich ein sehr guter Mensch, wenn man so sagen will. Und zu seiner Frau war er natürlich unglaublich gut. Er hat sie immer sehr geschätzt. Wenn er telefoniert hat mit ihr, auch im Alter noch, das war fast traumhaft zu hören. Aber er konnte dann eben auch unangenehm werden, wenn es mal nicht nach seinem Willen ging. In Verhandlungen war er sehr zäh. Das war seine Spezialität. Und als Massenpsychologe, da war er einmalig. Er wusste, wie man mit den Massen sprechen muss. Bei seinen Vorträgen sind alle mitgegangen – mit Zwischenapplaus. Da war er ein Meister.

Jules Kyburz: Er stand immer unter Strom. Aber er war ein Unternehmer mit Herz und Seele. Mit totaler Hingabe an eine Überzeugung und an eine Aufgabe. Es gibt ja auch den schönen Spruch: Man konnte auf Duttweiler böse sein, aber nie auf Dutti.

Versuchte er auch manchmal Kompromisse einzugehen?

Hans Tanner: Als er den Sitzstreik machte beim IKRK, hat er insofern einem Kompromiss zugestimmt, als dass man ihm gewisse Zusagen gemacht hatte, wenn er jetzt zurückkäme. Aber geschäftlich eigentlich nicht. Da war er wirklich hart. Er konnte es sich auch leisten, weil er das Geschäft und auch die Waren verstand. Er hat selbst fast jeden Tag, wenn er im Büro war, im Labor mit den Kaffee-Einkäufern den Kaffee ausprobiert und hat bei der Bestimmung der Sorten, die man führen wollte, mitgeredet. Also verstand er etwas davon. Aber er hat sich auch hin und wieder etwas sagen lassen. Er hat einmal William «Bill» Applebaum, einen grossen Praktiker einerseits und Professor andererseits, für einige Zeit zu uns kommen lassen. Der sollte die Filialen besuchen und Ratschläge erteilen. Er hat es also nicht gescheut, Ratschläge anzunehmen.

Gelbohr-Rabenkakadu, Australien,
© K.H.Lambert

Er wusste, wie man mit den Massen sprechen muss. Da war er ein Meister.

Man konnte auf Duttweiler böse sein, aber nie auf Dutti.

War er vorhersehbar? Konnte man wissen, wie er reagieren würde?

Hans Tanner: Es ist sehr schwierig, heute zu sagen, Duttweiler würde in einer bestimmten Weise handeln. Denn er hat im Alter von 50 anders gehandelt als im Alter von 70 Jahren. Ob man sagen kann, er ist weiser geworden mit dem Älterwerden, das möchte ich nicht unbedingt behaupten. Er hat einfach nicht konventionell reagiert. Er hat auch immer andere Lösungen gesucht. Wenn etwas nicht ging, wie er wollte, hat er nicht klein beigegeben. Er hat immer wieder irgendeinen Weg gefunden.

Er hat immer wieder irgendeinen Weg gefunden.

Was können heutige Manager von Duttweiler lernen?

Jules Kyburz: Ich habe einmal versucht, das in 10 Geboten festzuhalten:

1. Ohne Leidenschaft kein Erfolg.
2. Dienen!
3. Einmalig sein, nicht nachahmbar.
4. 95% des Erfolgs basiert auf besessener Kleinarbeit – die Idee oder Vision ist nur ein kleiner Teil.
5. Trends selber machen: Wenn man ihnen folgt, ist man schon zu spät.
6. Nicht nur seine Produkte lieben, sondern auch die Menschen.
7. Eine eigene Meinung und Überzeugung haben und dafür kämpfen.
8. «Wir müssen unsere Reserven nicht in den Bilanzen, sondern in den Herzen des Volkes häufen.»
9. «Es braucht nicht immer aussergewöhnlich zu sein, aber Gewöhnliches aussergewöhnlich gut tun.»
10. Erfolg ist, die Erwartungen der Kunden zu übertreffen.

Hans Tanner: Ich würde das sehr unterstützen. Besonders: Originell sein und nicht einfach machen, was alle anderen machen. Und auch der zweite Punkt: Für Duttweiler war der Umsatz stets sehr wichtig, aber nicht um des Umsatzes Willen, sondern, weil er mit dem Umsatz den Leuten, den Kunden und den Genossenschaftern, dienen konnte. Er nannte das den Dienst am Kunden. Auch heute ist dieser Gedanke des Dienens für die Kunden noch in der Migros vorhanden.

Quellen

Heister, M. (1991): Gottlieb Duttweiler als Handels- und Genossenschaftspionier. Vom eigennutzorientierten Grosshändler zum gemeinwohlorientierten Genossenschafter, in: Schriften zum Genossenschaftswesen und zur öffentlichen Wirtschaft, Band 30, Duncker und Humblot, Berlin.

Lutz, C. (1988): Der Brückenbauer. Das Denken Gottlieb Duttweilers. Dargestellt anhand seiner Schriften, MGB, Zürich.

Lüönd, K. (2000): Gottlieb Duttweiler. Eine Idee mit Zukunft, in: Schweizer Pioniere der Wirtschaft und Technik, Band 72, Verein für Wirtschaftshistorische Studien, Meilen.

Meier, M. (2000): Gottlieb Duttweiler – Migros-Gründer. Der populäre Visionär. TA-Media, Zürich.

Riess, C./Lüönd, K. (2011): Gottlieb Duttweiler, Europa Verlag AG, Zürich.

Witz, M. (2007): Dutti Mister Migros (Film), Frenetic, Zürich.

Foto auf der nächsten Seite:
Gelbohr-Rabenkakadu, Australien,
© K.H.Lambert

Jeder fängt einmal von vorne an

Hanspeter Egli ist ein Urgestein der Region St.Gallen-Appenzell – im positivsten Sinne. Nicht nur begann hier seine berufliche Karriere, auch heute noch ist er eng mit der Region verbunden, und speziell mit den Menschen. Kundenkontakt ist ihm auch als Chef sehr wichtig, und zwar stets auf Augenhöhe. Welche Rolle hierbei Marketing und Vertrieb spielen, erzählt er uns im Gespräch.

Hanspeter Egli

- Geboren am 13. August 1945 in Neuenkirch LU wohnhaft in Andwil SG, Schweiz.
- 1968/70: Studium Fachhochschule für Landwirtschaft Zollikofen (Ing. Agr. HTL). Diverse Weiterbildungen an der Universität St.Gallen in Unternehmungsführung, Strategieentwicklung, Marketing und Verkauf.
- 1970–2001: Tätigkeit in der Lebensmittelindustrie (Milchwirtschaft).
- 1991–1999: Direktionspräsident der Säntis Gruppe mit CHF 800 Mio. Umsatz und 750 Mitarbeitern und Direktor Milchverband St.Gallen-Appenzell.
- 2004–2010: Präsident der Vereinigung Messen Schweiz VMS.
- 2001–2011: Geschäftsführender Direktor Olma Messen St.Gallen.
- 2001–2011: Präsident Revierjagd St.Gallen.
- Seit 1. Mai 2010: Präsident Jagd Schweiz.

Von Dr. Michael Reinhold, Institut für Marketing, Universität St.Gallen, übertragen aus dem Schweizerdeutschen.

Rückblende: Ein kalter Montagnachmittag im Februar 2009. Ort: Ein grosser Hörsaal an der Universität St.Gallen. Hanspeter Egli, Direktor Olma Messen St.Gallen, beginnt seinen Gastvortag mit den Worten: «Meine Damen und Herren – von Beruf bin ich eigentlich Bauer». Ein Raunen geht durch den Saal. Die Studierenden sehen sich an, flüstern miteinander. Die Spannung wird fühlbar. Dann, mit der ersten Folie, werden das bekannte Logo der Olma Messen St.Gallen und der fette Titel in Arial 44 «Marketing von Messen» an die Wand geworfen. Absolute Ruhe im Saal. Der Einstieg ist gelungen. Die folgenden 47 Folien sind fast schon Routine für den erfolgreichen Speaker.

Vorgespult: Ein Mittwochmorgen im Juli des Nicht-Sommers 2011. Ort: Institut für Marketing der Universität St.Gallen. Das folgende Interview mit Hanspeter Egli muss das Rätsel lösen: «Wie wird man vom Bauer zum erfolgreichen Marketeer.»

Herr Egli, Sie sind jetzt Präsident von Jagd Schweiz, gewissermassen oberster Schweizer Jäger. «Marketing als die Jagd nach den Kunden». Gibt es da Bezüge? Der Jäger als Heger und Pfleger?

Den Kunden kann man nicht jagen, sonst hat man ihn nur einmal. Man möchte den Kunden immer wieder haben. Man kann sich nur in den Kunden hineindenken, fragen, was eigentlich seine Bedürfnisse sind. Und danach soll man versuchen, auf seine Bedürfnisse und Wünsche einzugehen. Wichtig ist es, die bestehenden Kunden gut zu pflegen und eine Plattform zu schaffen, die für beide einen Nutzen bringt.

Wie sind Sie zum Marketing gekommen? Welches ist Ihr Werdegang?

Da war ein ganzes Netz von Willen, Zufällen und auch Glück notwendig, so dass man die richtigen beruflichen Positionen bekommt und darin auch handeln kann. Das ist wie eine Leiter auf der man Schritt für Schritt vorwärts kommt. Verbunden ist das mit sehr viel Einsatz und Arbeit. Das beurteilen viele Leute falsch. Eine gute Ausbildung ist zwar eine Grundlage, die Arbeit muss man danach immer noch machen. Ich habe ursprünglich

Den Kunden kann man nicht jagen, sonst hat man ihn nur einmal.

Eine gute Ausbildung ist zwar eine Grundlage, die Arbeit muss man danach immer noch machen.

ein landwirtschaftliches Lehrjahr gemacht, auf einem Bauern-
betrieb gearbeitet, danach auf dem zweiten Bildungsweg ein
Ingenieurstudium für Landwirtschaft absolviert. Während des
Studiums habe ich mich stark für die Spezialisierungen in
Betriebswirtschaftslehre und Marketing interessiert. Ich hatte
damals schon die Idee, dass ich später einmal eine Führungs-
funktion in einer Unternehmung übernehmen könnte. Ich habe
1970 beim Milchverband St.Gallen-Appenzell angefangen.

Marketing beschränkt sich
nicht nur auf das Verkaufen
von Produkten, sondern
auch auf Ideen und Kon-
zepte.

Marketing beschränkt sich nicht nur auf das Verkaufen von
Produkten, sondern auch auf Ideen und Konzepte: Wir waren
im Aufbau einer Molkerei und es galt, im Beschaffungsmarke-
ting die Lieferanten davon zu überzeugen, dass sich eine Kooperation lohnt. Das war die erste Phase. Dann habe ich mich
als Assistent der Direktion mit der Unternehmensplanung
auseinander gesetzt. Im Lebensmittelmarketing habe ich mich
sehr stark mit Verkauf, Marketing, Produktentwicklung und
Produktplatzierung in einem sehr engen Markt beschäftigt.
Später durfte ich das ganze Marketing leiten: von der Produktentwicklung über die Führung des gesamten Verkaufs. Dann
kam eine Phase als Gesamtleiter mit vielen Firmenzusammen-
schlüssen – ich könnte ein ganzes Buch über Fusionen schreiben. Das hat sehr viel mit Verkaufen zu tun, denn man muss
die Leute überzeugen, dass das richtig ist, was man vor hat.
Das führte schliesslich zum Zusammenschluss der Ostschweizer Molkereien und Milchverarbeitungsbetriebe zur Säntis
Gruppe. Das brauchte starke Eingriffe und Akquisitionen und
war schliesslich wirtschaftlich erfolgreich. Durch die fortschrei-
tende Liberalisierung im Milchmarkt und der Veränderung der
Märkte kam es etwa 10 Jahre später zu einer weiteren Konzen-
tration der Akteure: die Fusion mit der Toni Gruppe. Nach
diesem Zusammenschluss gab es intern zu viele offene Bau-
stellen in einem Markt, der sehr stark in Bewegung war.
Das führte letztlich zur Auflösung der Toni Gruppe und einer
Verteilung der Aktivitäten auf andere Unternehmen in der
Schweiz. Von 2001 bis 2011 hatte ich die Leitung der Olma
Messen St.Gallen inne.

Wie eng sind nach Ihrer Meinung Marketing und Verkauf miteinander liiert?

Ohne dass man die richtigen Leistungen hat, nützt auch der
Verkauf nichts. Wichtig ist der enge Kontakt mit den Kunden.

Zuhören ist wichtig, denn
nur so versteht man,
welches die Kundenbedürf-
nisse sind.

Das hat Rückwirkungen auf die Produktentwicklung. Zuhören
ist wichtig, denn nur so versteht man, welches die Kundenbedürfnisse sind.

Die Universität St.Gallen und andere Institutionen in der Region bieten zahlreiche Ausbildungsprogramme im Marketing an. Sie entwickeln und schulen ihre eigenen Modelle und Methoden im Marketing.
Haben Sie sich davon inspirieren lassen oder haben Sie nach ihrem Bauchgefühl den eigenen Weg gesucht?
Nein, man übernimmt ja nie etwas 1:1. Ich habe in dieser Zeit sehr viele Weiterbildungsveranstaltungen der Universität St.Gallen besucht, wie das Seminar für System-Marketing von Prof. Weinhold-Stünzi, dann Strategische Unternehmensführung am Institut für Betriebswirtschaftslehre sowie Controlling-Seminare. Mein betriebswirtschaftliches Wissen hat sich sehr stark auf das abgestützt, was die HSG gelehrt hat. Das war immer auch ein learning by doing. Die Seminare verschaffen einem Inputs und nützliche Kontakte. Daneben haben wir auch immer wieder Inhouse-Schulungen und Projekte mit der HSG gemacht.

Stimmt das Zwischenfazit: Es braucht einen starken eigenen Willen, um etwas im Markt zu bewegen. Letzteres geht nur mit dem Kunden zusammen. Dazu gehört die permanente Aus- und Weiterbildung?
Bei jedem Kundenkontakt soll man zwar Respekt vor dem Kunden zeigen, jedoch kritisch hinterfragen, ob das, was der Kunde sagt, auch richtig ist. Ich habe viele Leute erlebt, die meinten, man müsse jedes Husten des Kunden gleich berücksichtigen. Man muss einem Kunden auch Nein sagen können: Mein Schlüsselerlebnis hatte ich eines Abends um neun Uhr bei Karl Schweri, dem Gründer der Denner AG. Ich musste ihm erklären, dass das, was er von uns verlangte, so einfach nicht machbar war. Ich habe ihm auch erklärt warum. Schliesslich konnten wir uns einigen.
Ich glaube, man muss versuchen, mit dem Kunden immer auf gleicher Augenhöhe zu sein und ihn immer für voll zu nehmen. Man kann nicht aus Prinzip Nein sagen. Das hat sehr viel mit dem Umgang mit anderen Menschen zu tun. Ich habe im Verkauf arrogante Leute getroffen. Die sind sofort aufgelaufen. Andere waren total unterwürfig. Das hat auch nicht funktioniert. Den Kunden für voll nehmen, aber auch nicht unter der Türe hindurch kriechen, wäre meine Devise.

Wird man zum guten Verkäufer ausgebildet oder geboren?
Es braucht beides. Es geht nicht ohne eine gute Ausbildung in den theoretischen Grundlagen, ohne Kenntnisse vom Verkauf.

Gefordert ist jedoch auch eine hohe soziale Kompetenz und die Fähigkeit, Konflikten nicht auszuweichen sondern diese auszudiskutieren. Ist diese vorhanden, so können auch äusserst unangenehme Situationen bei einem Kunden, wie ein Produktrückruf, für beide Seiten am Ende positiv gemeistert werden.

Gilt Ihre Aussage über die Verkäufer auch für die Marketingleute?
Das kommt sehr auf den Markt an. Wenn sie eine sehr atomistische Nachfragestruktur haben, wie beispielsweise die Olma Messen mit etwa 5000 Kunden, dann ist das systemische Marketing sehr wichtig, weil sie nicht mehr auf jeden einzelnen Kunden hören können. Es gilt aus den vielen Kundenkontakten etwas abzuleiten, was für alle funktioniert. Hier besteht die Gefahr, dass man zu stark auf einzelne Kunden reagiert, beispielsweise auf dauernd unzufriedene Schreihälse. Im Lebensmittelmarkt hingegen, mit nur drei oder vier Handelskunden, muss man anders reagieren.

Man braucht einen Radar für sich abzeichnende Veränderungen.

Generell muss man immer vorausdenken. Man braucht einen Radar für sich abzeichnende Veränderungen. In diesem Zusammenhang ist das Image des Unternehmens extrem wichtig: Ist das Unternehmen überhaupt fähig, auf sich verändernde Bedürfnisse prospektiv einzugehen oder wartet es ab? Me-too war für mich immer das Schlimmste. Wir haben immer versucht, nicht diejenigen Sachen nachzumachen, die andere erfolgreich tun. Es gilt zu versuchen, immer mindestens in einem Teilbereich den Lead zu haben.

Marketing und Verkauf als zentrales Thema der Führung?
Wichtig ist, dass sich ein Chef mit den Kunden auseinander setzt. Dies, obschon Kundenkontakte nicht seine Haupttätigkeit sind. Man muss mit denjenigen Personen auf der Kundenseite reden, die auch das Geschäft machen. Übrigens, wenn man sich selber intern über Kunden beschwert, so muss man nicht erwarten, dass die eigenen Leute ein positives Bild über den Kunden haben. Man muss ein positives Bild haben und mit den Entscheidern sprechen. Und das ist nicht immer der oberste Boss. Dort hört man vielfach nur gefilterte Informationen. Die Entscheider im Tagesgeschäft haben zuweilen eine ganz andere Meinung. Kontakte zu pflegen braucht viel Zeit. Marketing und Verkauf betrifft die Interaktion Mensch – Mensch, intern wie extern. Das ist zwar mit Aufwand verbunden – aber es lohnt sich.

Gelbstirnmohrenkopfpapagei, Äthiopien, © K.H.Lambert

Wie formt und führt man ein markt- und kundenorientiertes Mitarbeiterteam?

Ich habe Ziele gesetzt und diese mit den Leuten zusammen verfolgt. Ich habe ihnen Handlungsspielraum innerhalb klarer, kommunizierter Rahmenbedingungen gewährt und liess sie ihre Arbeit machen. Damit sind sie auch sehr erfolgreich gewesen.

Besonders bei der Entwicklung neuer Leistungen und Produkte muss man es auch akzeptieren können, wenn ein Team keinen Erfolg hat. Man muss sich ins Bild setzen warum. Dafür kann es zwei Gründe geben: Entweder ist die Marktsituation so, dass es einfach nicht geht, oder einzelne Personen sind unfähig. Wenn man sieht, dass sich die Leute sehr stark bemühen, dann kann man den Fehler nicht einzelnen Personen zuschieben.

Ein wichtiger Teil der Führung besteht darin, dass man nach Lösungen sucht und nicht nach Fehlern. Zu viele Führungskräfte suchen zuerst nach den Fehlern. Ich will nicht wissen, wer schuld ist, sondern was unternommen wird, damit die Fehler nicht wieder passieren. Das führt schliesslich zu einem Betriebsklima, in dem man über Fehler sprechen und nach Problemlösungen suchen kann.

Es gilt, immer eine reale Einschätzung der Situation zu machen. Das ist jedoch nicht immer ganz einfach. Es macht letztlich keinen Sinn, wenn man sich etwas vormacht und aus allem ein Prestigeprojekt macht.

Wenn man in einer Organisation Personen führt, die eine Verantwortung zu tragen haben, dann kann man nicht über ihre Köpfe hinweg Entscheidungen treffen. Sonst denken sie: «Der soll doch das selber machen». Ich kann beispielsweise bei einer Reklamation nicht dem Kunden Recht geben, bevor ich nicht mit der für den Markt verantwortlichen Person gesprochen habe. Das führt manchmal ganz klar zu Auseinandersetzungen, auch intern. Dann gilt es, das Problem «zu Boden zu reden». Ohne das geht es einfach nicht.

Sowohl früher in der Milchwirtschaft als auch bei den Olma Messen St. Gallen haben die Leute ihre Verantwortung sehr stark übernommen und waren enorm motiviert. Anders kann man ein Unternehmen gar nicht führen. Allein kann man gar nichts machen: Man ist mehr Moderator als Führung. Aber vielleicht sagen die Mitarbeiter dann, man sei schon relativ stark.

Ich will nicht wissen, wer schuld ist, sondern was unternommen wird, damit die Fehler nicht wieder passieren.

Allein kann man gar nichts machen: Man ist mehr Moderator als Führung.

Was in Marketing und Vertrieb hat sich über die Jahre stark verändert oder weiterentwickelt?

Jeder fängt wieder von vorne an! Das ist wie bei den Kindern. Sie brauchen nicht ihren Kindern von ihren alten Erfahrungen zu erzählen und zu meinen, dann machen sie es anders. Grundsätzlich hat sich nicht viel verändert: Schauen sie sich das Pricing an. Schon Professor Heinz Weinhold-Stünzi hat uns beigebracht, dass man Produkte nicht nach den Kosten, sondern nach dem Markt verkaufen soll. Was sich natürlich verändert hat, sind die Strukturen auf der Kundenseite. Im Lebensmittelbereich habe ich zwar geahnt, dass es immer schwieriger wird. Dass es jedoch so extrem kommt, wie es heute ist, hätte ich nie geglaubt. Natürlich sind Lidl und Aldi ins Land gekommen. Aber: Neben den kleinen Detailhändlern gab es früher mindestens zehn grosse Kunden, wie Waro, Prodega, Globus, EPA, Cash-and-Carry Angehrn. Heute gehört alles Migros und Coop.

Ähnliches beobachtet man bei gewissen Messen: Es gibt in den Märkten weniger Anbieter und somit auch weniger Kunden. Heute ist es nur noch in Ausnahmefällen möglich im Markt eine derartige Alleinstellung zu erzielen, dass man dem Kunden den Preis diktieren kann. Auch bei Apple wird das nicht ewig dauern. Dank einer enormen Innovationsrate gelingt es, mindestens für ein bis zwei Jahr einen Preisvorteil im Markt zu erzielen.

Welche Bezüge zur Jagd bleiben jetzt eigentlich noch übrig?

Man muss Geduld haben, zuschauen können, die Entwicklung beobachten. Schnellschüsse machen viel kaputt. Nicht Grössere fressen den Kleineren, sondern der Schnellere den Langsamen, heisst ein geflügeltes Wort. Für die Produktenwicklung gilt das auf alle Fälle, nicht jedoch für das Tagesgeschäft. Dort kommt es auf das Urteilsvermögen sowie die internen und externen Kontakte an. Man muss abwarten können und nicht durch Schnellschüsse alles zerstören. Wenn Sie auf die Wildsaujagd gehen, dann müssen Sie im Schnitt sieben Nächte draussen hocken. Mit Schnellschüssen und permanentem Eingreifen schafft man auch im Unternehmen nur Unsicherheit, die sowohl bei den Kunden als auch bei den Mitarbeitern kontraproduktiv wirkt.

Nicht Grössere fressen den Kleineren, sondern der Schnellere den Langsamen.

Ihr Schlusswort?

Die Tätigkeit in Marketing und Verkauf ist etwas sehr Interessantes und Vielfältiges. Sie bringen einen mit sehr vielen interessanten Leuten in Kontakt. Das Leben besteht aus guten Begegnungen. Ich habe das immer sehr gerne gemacht und das bleibt so.

Lobhudelei

Für Hanspeter Egli steht immer der Kunde mit seinen Bedürfnissen im Zentrum. Er kennt den Wert guter Kundenbeziehungen und schafft auch für seine Mitarbeiter im Unternehmen die besten Voraussetzungen hierfür. Mit der Einführung einer unternehmensübergreifenden Marketingabteilung bei den Olma-Messen in St. Gallen setzt er klare Akzente und legt den Grundstein für Wachstum und finanziellen Erfolg. Das Ergebnis: Der Cash Flow hat sich in den Jahren 2001 bis 2010 mehr als verdoppelt. Dazu gesellt sich die klare Positionierung der Marke «CongressEvents St.Gallen» sowie die permanente Aus- und Weiterbildung der Mitarbeiter in Verkauf, Kommunikation und Konfliktverhalten. Der neue Bereich Marketingservices bedient externe wie interne Kunden. Sieben neue Messen werden lanciert; vier davon sind fest im Portfolio etabliert. Gute Gastronomie und effizientes Catering sind für jeden Messe- und Kongressstandort eine Muss. Mit der Gründung und dem Aufbau der Säntis Gastronomie AG wird ein weiterer Vorteil im Standortwettbewerb erzielt.

Marketing, als marktgerichtete und marktgerechte Unternehmenspolitik verstanden, ist der rote Faden, der sich auch in anderen Tätigkeiten und Funktionen von Hanspeter Egli stets finden lässt: Sei es als Geschäftsführer der Appenzeller Schaukäserei, von Unternehmen der Ostschweizer Milchwirtschaft oder als Gründer der IMS Informatik und Management Service AG.

Kein Macher also um des reinen Machens-Willen, sondern einer, der stets das Wohl seines Unternehmens im Sinne hat – und das der Region, in der er seit vielen Jahren wirkt und der er nach wie vor treu bleibt. In allem, was er «macht».

Page Rank

Wenn man ihn anschaut, glaubt man jemanden vor sich zu haben, der die Welt zwar analysieren, nicht aber verändern kann. Er verweigert jedes Foto und nähere Angaben zu seinen Lebensverhältnissen. Mr. Page Rank ist ein stiller Held des Internetzeitalters, das ohne ihn so nicht denkbar wäre, aber mit ihm alleine inzwischen auch nicht mehr denkbar ist. Er hat über Jahre die Geschichte im Web gesteuert und uns allen die Informationen geliefert, die wir gesucht und gebraucht haben. Quasi im Vorbeigehen hat er das Marketing revolutioniert. Doch wer ist dieser Mann? Für uns hat er nun einige Fragen beantwortet, angelehnt an den berühmten Fragebogen den Frankfurter Allgemeinen Zeitung.

Page Rank

Page Rank wurde am 10. Januar 1997 als bisher einziges Kind der Informatiker Larry Page und Sergei Brin in Stanford, USA geboren. Schon früh trat er in die Fussstapfen seiner Eltern und begeisterte sich für die vernetzte Welt des Internet. Heute ist Page Rank einer der einflussreichsten Online Relationship Marketing Manager aller Zeiten. Er half ab Ende der 90er Jahre mit, das Internet zur zentralen Informationsplattform der Menschen auszubauen, indem er Informationen im Web nach deren Beziehungspopularität auswertete. Im Dunstkreis von Page Rank wurde eine kleine Gruppe von jungen Internet-Startup-Unternehmern aus dem Silicon Valley zu Milliardären. Ihm gelang es auch, das Web zur umfassenden Suchmaschinerie unseres 21. Jahrhunderts auszubauen und die algorithmische Informationsverarbeitung zu einem Bestandteil unseres Alltags werden zu lassen.

Von Prof. Dr. Miriam Meckel und Dr. Christian Fieseler, Institut für Medien- und Kommunikationsmanagement, Universität St.Gallen

Was ist für Sie das grösste Unglück?
Ein umfassender Stromausfall.

Wo möchten Sie leben?
Inmitten des vernetzten Weltgeistes.

Was ist für Sie das vollkommene irdische Glück?
Berechenbarkeit.

Welche Fehler entschuldigen Sie am ehesten?
Beim Menschen? Ambivalenz. Bei mir? Keinen.

Ihre Lieblingsromanhelden?
Case aus William Gibsons «Neuromancer».

Ihre Lieblingsgestalt in der Geschichte?
Tim Berners Lee natürlich, er hat schon meine Eltern inspiriert (schmunzelt) und ohne ihn wäre ich vielleicht nie geboren worden.

Ihre Lieblingsheldinnen in der Wirklichkeit?
Piratinnen (lacht). Haben Seltenheitswert.

Ihr Lieblingsheld in der Dichtung?
HAL – eine zutiefst missverstandene Figur und eindeutig der wahre Held in Kubricks Meisterwerk.

Ihre Lieblingsmalerin?
Jorinde Voigt.

Ihr Lieblingskomponist?
Brian Eno. Wer sonst hat je für 3,25 Sekunden 35'000 Dollar bekommen?

Welche Eigenschaften schätzen Sie bei einem Mann am meisten?
Technisches Verständnis.

Welche Eigenschaften schätzen Sie bei einer Frau am meisten?
Die Empfänglichkeit für meine Empfehlungen.

Ihre Lieblingstugend?
Transparenz.

Ihre Lieblingsbeschäftigung?
Rechnen.

Wer oder was hätten Sie sein mögen?
Ein Algorithmus im personalisierten Internet, dann wäre ich jetzt noch besser im Geschäft.

Ihr Hauptcharakterzug?
Gewichtetes Werten.

Was schätzen Sie bei Ihren Freunden am meisten?
Dass sie regelmässig auf mich verweisen.

Ihr grösster Fehler?
Dass ich keine Fehler im eigentlichen Sinn mache.

Ihr Traum vom Glück?
Was ist Glück überhaupt – seine Bestimmung zu finden? Ich kenne meine Bestimmung sehr genau und ich kann gar nicht anders, als sie jeden Tag aufs Neue zu erfüllen – so gesehen lebe ich den Traum vom Glück.

Was möchten Sie sein?
Linkpopulär.

Ihre Lieblingsfarbe?
Blau, Rot, Gelb, Blau, Grün und wieder Rot – in dieser Reihenfolge.

Ihre Lieblingsblume?
Narzissen.

Ihr Lieblingsschriftsteller?
Nathaniel Hawthorne. Er hat schon im 19. Jahrhundert über den umfassenden Weltgeist geschrieben, auch wenn er damals noch nicht wusste, was ich damit mache.

Ihr Lieblingslyriker?

«Die tote Seele wimmert – zum Greise na und gar – Der Schein perlt frei und stecket – Und an den Blüten recket – Die weite Woge unsichtbar». Das ist von Konrad Zuses Z 23, ein Lochstreifengedicht, das wir heute metaphorisch interpretieren können. Auch Rilke. Wenn er von dem spricht, der unser «Fallen unendlich sanft in seinen Händen hält», muss ich immer daran denken, dass ich vielleicht Teil eines noch grösseren Algorithmus bin – leider kann ich nicht glauben. Nur wissen.

Ihre Helden in der Wirklichkeit?

Larry Page und Sergej Brin. Und natürlich die 45 Milliarden Seiten, deren Beziehungen ich zur Zeit manage – ihr Vertrauen in mich ist es, was mich beflügelt.

Ihre Helden in der Geschichte?

Ole Kirk Christiansen, der 1932 Lego gründet. Ohne ihn hätte es auch Google vielleicht nie gegeben. Der Firmenname «leg godt» heisst übersetzt übrigens «spiel gut» – ein schönes Motto für all die Internetstartups, die uns das vernetzte Leben von heute möglich gemacht haben.

Ihre Lieblingsnamen?

PRi und Siri.

Grauköpfchen, Madagaskar,
© K.H. Lambert

Was verabscheuen Sie am meisten?

Spamming in Foren und Blogs, Linkfarmen, automatisch generierte Suchanfragen und andere unlautere Versuche, sich meine Gunst zu erkaufen. Ja, ich bin bestechlich – aber das macht die Bestechung aus meiner Sicht nicht weniger verabscheuenswert.

Welche militärischen Leistungen bewundern Sie am meisten?

Darf ich kurz ausholen? Ich bin strikt gegen militärische Gewalt – meiner Ansicht nach gehen alle Konflikte auf ungenaue Spezifikationen und fehlende oder fehlerhafte Daten zurück. Strikte Logik ist immer effektiver als Gewalt – die meistens zu noch ungenaueren Spezifikationen und noch unvollständigeren Daten führt. Trotzdem komme ich nicht umhin, Bewunderung für das 1962 im Auftrag der US-Luftwaffe entwickelte Arpanet (Advanced Research Projects Agency Network), den Vorläufer des heutigen Internet, aufzubringen.

Welche Reform bewundern Sie am meisten?
Die Personalisierung des Web, mit einem weinenden Auge.

Welche natürliche Gabe möchten Sie besitzen?
Die Gabe zu lernen, zu hoffen und zu lieben.

Wie möchten Sie sterben?
Mit Hilfe von deathswitch.com: Niemals die Geheimnisse mit
in den Tod nehmen, die den Lebenden gehören.

Ihre gegenwärtige Geistesverfassung?
Im Ruhezustand.

Ihr Motto?
Don't be evil.

Lobhudelei
Page Rank hat – quasi im Vorbeigehen – das Marketing, wie
wir es noch vor wenigen Jahren kannten, revolutioniert. Er
hat die Branche mit neuen Werkzeugen ausgestattet, sie aber
auch vor neue Herausforderungen gestellt. Wer heute erfolgreiches Marketing betreiben möchte, kommt nicht an ihm vorbei: Millionen Kunden vertrauen täglich auf seine Relevanz-
einschätzung und auf seine Gewichtung. Wer in seiner Gunst
steht, erreicht mehr Kunden, als er es sich je hätte träumen
lassen. Wen Mr. Page Rank aber als unwichtig taxiert, wird für
immer in mitten Millionen schlecht vernetzter Teilnehmer verloren gehen. Dabei ist Mr. Page Ranks Strategie kein Geheimnis: Er setzt konsequent auf die erfolgreichsten, will heissen:
meistvernetzten, Teilnehmer.

Seit etwa zwei Jahren hat sich Page Rank zurückgezogen und
wirkt nur noch aus dem Hintergrund. Die Protagonisten des
personalisierten Internet haben seine Stelle eingenommen. Er
ist darüber nicht enttäuscht oder verzweifelt, sondern sieht
diese Entwicklung als zwangsläufigen Innovationsprozess des
globalen Netzes.

Auch ist Page Rank froh, das gibt er ganz offen zu, endlich
dem Rechtfertigungsdruck ein Stück weit zu entfliehen zu können, war er doch seit Beginn seiner jungen Karriere immer
wieder Manipulations- und Bestechungsvorwürfen ausgesetzt.
Den Vorwurf, zahlkräftige Seitenbetreiber besser zu bewerten,

als sie es auf Grund ihrer Beliebtheit verdient haben, streitet er nicht ab: «Aufgrund meines wachsenden wirtschaftlichen Einflusses haben viele Parteien versucht, mich mittels Erkaufen von Backlinks, Suchmaschinenoptimierung oder Spamming in Gästebüchern, Foren und Blogs zu überlisten und ungerechtfertigt eine bessere Bewertung zu erschleichen – dies ist in bedauerlich vielen Fällen gelungen.» Mr. Page Rank verweist resignierend darauf, dass seine Reaktion im Grunde zutiefst menschlich gewesen sei und auch er von etwas habe leben müssen.

Page Rank ist im Sternzeichen Steinbock und somit zuverlässig und verantwortungsbewusst. Er ist ein gesellschaftlicher Streber, der auf Recht und Ordnung Wert legt und es im Leben zu etwas bringen will. Als Steinbock hält er sich zwar oft unbemerkt im Hintergrund auf, aber mit bodenständigem Ehrgeiz und tüchtigem Geschäftssinn arbeitet er sich unermüdlich nach oben und gibt nicht auf, bis er sein Werk vollendet hat. Er ist Meister der Selbstdisziplin und strahlt eine souveräne und gelassene Ruhe aus, die Respekt gebietet. Von klaren Strukturen, Tradition und Besonnenheit hält er viel.

Quellen

Arasu, A./Cho, J./Garcia-Molina, H./Paepcke, A./Raghavan, S. (2001): Searching the Web, ACM Transactions on Internet Technology, 1 (1), pp. 2–43.

Brin, S./Page, L. (1998): The Anatomy of a Large-Scale Hypertextual Web Search Engine, Computer Networks and ISDN Systems, Stanford University.
www.ilpubs.stanford.edu:8090/361/1/1998-8.pdf

Hubbell, C.H. (1965): An input-output approach to clique identification, Sociometry, 28 (4), pp. 377–399.

Katz, L. (1953): A new status index derived from sociometric analysis, Psychometrika, 18 (1), pp. 39–43.

Langville, A.N./Meyer, C.D. (2006): Google's pagerank and beyond: the science of search engine rankings, Princeton University Press, Princeton.

Seeley, J. (1949): The net of reciprocal influence: A problem in treating sociometric data, Canadian Journal of Psychology, 3 (4), pp. 234–240.

Van Ess, H./Brodmüller-Schmitz, A. (2010): Der Google-Code: Das Geheimnis der besten Suchergebnisse, Addison-Wesley, München.

Verantwortung, Unternehmens-leistung, Marketing und Vertrieb

«Wir produzieren ausschliesslich in Deutschland».
Wolfgang Grupp steht für einen klaren Unternehmens-grundsatz, den er als Chef von Trigema auf höchst konsequente und gradlinige Art und Weise verfolgt. Doch sein exzentrischer Lebensstil und die bewusste Insze-nierung als Marke geben Facetten seiner Persönlichkeit frei, die über sein öffentliches Bild als strenger und tugendhafter Unternehmenschef hinausgehen – wie beobachtet in einer Vortragsreihe der German Graduate School of Management & Law.

Wolfgang Grupp

- Geboren am 4. April 1942 in Burladingen auf der schwäbi-schen Alb.
- Seit 1988 mit der Baronesse Elisabeth von Holleuffer aus der Steiermark verheiratet. Er hat eine Tochter Bonita (geb. 1989) und einen Sohn Wolfgang (geb. 1991).
- 1961–1968: Studium der Betriebswirtschaft an der Univer-sität Köln.
- 1969: Berufseinstieg im väterlichen Unternehmen der «Mechanischen Trikotwarenfabriken Gebr. Mayer KG».
- 1972: Umbenennung des Unternehmens in TRIGEMA GmbH & Co. KG.
- 1975: Grösster deutscher T-Shirt- und Tennisbekleidungs-hersteller.
- seit 1975: Alleiniger Geschäftsführer und Hauptgesellschaf-ter der TRIGEMA GmbH & Co. KG.
- 1984: Alleiniger Gesellschafter der TRIGEMA GmbH & Co. KG durch den Kauf der restlichen Anteile von seiner Schwester
- 1969–1998: Umsatzsteigerung der Firma von DM 17 auf 160 Millionen.
- 2000–2003: Umwandlung der TRIGEMA GmbH & Co. KG in eine Einzelfirma mit persönlicher Haftung unter dem Namen TRIGEMA Inh. W. Grupp e.K.
- 2005: Cicero-Rednerpreis in der Kategorie Wirtschaft für sein rhetorisches Engagement für Deutschland.
- 2006: Präsentation eines neuen Stoffes aus reiner Baum-wolle, der rückstandsfrei abgebaut werden kann.
- 2010: Erneute Umwandlung der TRIGEMA GmbH & Co. KG in eine Einzelfirma mit persönlicher Haftung unter dem Namen TRIGEMA Inh. W. Grupp e.K.

Von Prof. Dr. Dirk Zupancic, German Graduate School of Management & Law, Heilbronn

Er gilt als einer der schillerndsten Unternehmer Deutschlands: Wolfgang Grupp, Inhaber und alleiniger Geschäftsführer von TRIGEMA, Deutschlands grösstem Bekleidungshersteller im Bereich Sport und Freizeit. Unternehmerisch erfolgreich, extravaganter Lebensstil, bekannt durch Talkshows und Dokumentarfilme, markante Aussagen und provokative Thesen und ein unermüdlicher Kämpfer für Anstand in der Wirtschaft und den Standort Deutschland. Wer sich mit Wolfgang Grupp in den Medien beschäftigt und nach seinen Aktivitäten recherchiert, bekommt einen interessanten Überblick und Eindruck.

Sein Auftritt und seine Botschaften erzeugen Aufmerksamkeit und Zuspruch, aber auch heftigen Widerspruch. Ein persönliches Treffen mit Wolfgang Grupp wirkt anders. Nicht gänzlich anders, aber es werden Facetten seiner Person sichtbar, die die Medien (oder die Medienmacher) nicht immer transportieren. Eine Gelegenheit dazu boten die «Heilbronner Management Dialoge für verantwortungsvolle Führung in Management und Gesellschaft» der German Graduate School of Management & Law (GGS). Die GGS ist eine private Business School mit Sitz in DE-Heilbronn. Sie bildet verantwortungsvolle Führungspersönlichkeiten aus- und weiter. Im Rahmen der Veranstaltungsreihe diskutiert die GGS regelmässig mit prominenten Gästen sowie Geschäftsführern und Vorständen aus dem Kreise der Partnerunternehmen der Hochschule.

Am 6. Juli 2011 hält Wolfgang Grupp im Rahmen dieser Veranstaltungsreihe einen Vortrag vor 200 geladenen Gästen, diskutiert auf dem Podium und ist anschliessend für die Teilnehmer ein offener und charmanter Gesprächspartner. Viele Anwesende sind beeindruckt und positiv überrascht. Dieser Beitrag beschreibt die Inhalte und Eindrücke dieses Abends.

«Standesgemässe» Ankunft

Selten kommt ein Gesprächspartner oder Sprecher mit einem Hubschrauber angereist. Bei Wolfgang Grupp eine Selbstverständlichkeit. Was sich bei Planung und Vorbereitung der Veranstaltung als höchst aufregend erweist, entpuppt sich im Gespräch mit Wolfgang Grupp als eine praktische Lösung. Wohn- und Unternehmenssitz des TRIGEMA-Inhabers, Burladingen auf der schwäbischen Alb, sind nicht der Nabel der Welt. Die Zeit des Unternehmers ist knapp und wertvoll. Daher leistet er sich den Hubschrauber. Er nimmt damit Ter-

Sein Auftritt und seine Botschaften erzeugen Aufmerksamkeit und Zuspruch, aber auch heftigen Widerspruch.

Selten kommt ein Gesprächspartner oder Sprecher mit einem Hubschrauber angereist. Bei Wolfgang Grupp eine Selbstverständlichkeit.

mine wahr und besucht seine Filialen, die so genannten «Test-märkte» in ganz Deutschland. Man darf davon ausgehen, dass es sich für ihn geschäftlich lohnt und nicht nur Statussymbol oder Luxus ist. Entsprechend unprätentiös wird das Thema auch von ihm behandelt: Der Pilot bleibt bei der Maschine und meldet sich per Mobiltelefon bei Grupp, wenn sich das Wetter ändern sollte, und man Planungen gegebenenfalls anpassen müsste. Dazu gibt Wolfgang Grupp sein Mobiltelefon an eine Mitarbeiterin der GGS und bittet sie, es für ihn aufzubewahren und gegebenenfalls ranzugehen, während er seinen Vortrag hält. Beindruckend, aber wenig aufregend.

Stil, Auftritt und Äusserlichkeiten

Wolfgang Grupp legt Wert auf sein Äusseres. Die fast 70 Jahre sieht man ihm keinesfalls an. Der dunkle Massanzug über-rascht durch eine spezielle Tasche für das Einstecktuch am Revers. Das Tuch ist immer auf das Hemd abgestimmt. Standards, die ihn äusserlich kennzeichnen und in gewisser Weise wiedererkennbar machen. Wolfgang Grupp ist selbst eine Marke, die für bestimmte äussere Merkmale und innere Werte steht. Dennoch wirkt dieser Ansatz nicht geplant oder bewusst im Sinne einer Markenbildung umgesetzt, wie man es von manchen Grössen aus dem Showgeschäft kennt. Wolf-gang Grupp erscheint als «Überzeugungstäter». In der lesens-werten Biographie über Grupp «Wirtschaft braucht Anstand» von Erik Lindner, erklärt er dem Autor, dass er schon als junger Mann seine Mutter davon überzeugte, dass Massanzüge auf Dauer günstiger seien, als ständig neue Kleider von der Stange. Auch seine Uhr, ein Schweizer Markenfabrikat, so er-läutert er im Gespräch, habe er damals für einen teuren Preis gekauft. Er trage sie aber heute immer noch. Das sei ja kein Luxus, sondern eine kluge Investition. Überhaupt kaufe er gerne gute und auch teure Dinge, für den persönlichen Bedarf genauso wie für das Unternehmen, wenn es z.B. um Maschi-nen geht. Die Dinge müssen dann aber von bester Qualität sein und lange halten.

Wolfgang Grupp trägt Wohlstand zur Schau und pflegt einen aristokratischen Lebensstil. Was im Fernsehen, z.B. in der TV Dokumentation «Der König von Burladingen» fast schon wie eine Soap mit ironischem Anklang gezeigt wird, erlebt man bei einem persönlichen Auftritt als ehrlich und authentisch, fast schon normal – keinesfalls aber als inszeniert oder gar ange-berisch. Ein schönes Beispiel dafür ist sein Arbeitsplatz in der

Wolfgang Grupp ist selbst eine Marke, dennoch wirkt dieser Ansatz nicht geplant.

Wolfgang Grupp trägt Wohlstand zur Schau und pflegt einen aristokrati-schen Lebensstil.

Bei Problemen geht er lieber zu den Leuten in die Produktion als sie zu sich zu rufen.

TRIGEMA Zentrale in Burladingen. Er arbeitet in Mitten der Verwaltungsmitarbeitenden. Kein Vorzimmer, keine Ledersitzgruppe, kein Sekretariat. Und nach eigenen Aussagen geht er bei Problemen lieber zu den Leuten in die Produktion als sie zu sich zu rufen.

Gebirgslori, Australien, © K.H.Lambert

Überzeugungen und Missverständnisse

Jemand, der seine Überzeugungen so pointiert zum Ausdruck bringt wie Wolfgang Grupp, wird teilweise missverstanden oder auch falsch interpretiert. Exemplarisch dafür ist eine aktuelle Diskussion eines Spiegel Blogs von Christian Rickens vom 21.4.2011. Der Autor portraitiert Wolfgang Grupp in eher negativer Art. Die Kommentare der Leser (unter anderem auch eine Stellungnahme von Grupp selbst) schwanken zwischen enthusiastischer Bewunderung und totaler Ablehnung. Zwei Beispiele für Grupps Überzeugungen:

Wir stehen zum Standort Deutschland.

«Wir stehen zum Standort Deutschland.» Dieser Satz wird Wolfgang Grupp von prominenten Wirtschaftsvertretern und Experten häufig als Rückwärtsstrategie und Anachronismus vorgeworfen. Manche Kommentare im Internet unterstellen gar Nationalismus. Fakt ist, dass TRIGEMA eines der wenigen noch in Deutschland produzierenden Textilunternehmen ist. Fakt ist auch, dass manche Menschen sich vom Label «Made in Germany» angesprochen fühlen und vermutlich deshalb kaufen. Dies ist auch der Grund, warum Grupp diese Aussage immer noch in seinem mittlerweile schon lange genutzten Werbespot mit dem Schimpansen verwendet. Interessant ist jedoch, dass sich dahinter eine Managementleistung verbirgt, die Anerkennung verdient. Während viele Wettbewerber mittlerweile vom Markt verschwunden sind oder ihre Produktion komplett in Billiglohnländer verlagert haben, produziert TRIGEMA erfolgreich in Deutschland. Mehr dazu im nächsten Abschnitt.

Wir haben immer die Verantwortung für alles gesehen, was wir tun. Für die Menschen. Für die Umwelt.

«Wir haben immer die Verantwortung für alles gesehen, was wir tun. Für die Menschen. Für die Umwelt.» Diese Überzeugung Grupps und seiner Attitüde, das Unternehmen zu führen, trifft auf überwältigende Zustimmung. Seine konkreten Forderungen, Führungskräfte auch in die Haftung zu nehmen oder Unternehmer (z.B. steuerlich) zu begünstigen, die mit ihrem Privatvermögen haften, dagegen weniger. Einer seiner Vorschläge lautet, den Spitzensteuersatz in Deutschland auf 60% zu erhöhen und persönlich haftenden Unternehmern die Hälfte davon zu erlassen. Kreativ, pragmatisch, aber bis jetzt ohne

Grupp selbst legt Wert darauf, dass er Inhaber und alleiniger Geschäftsführer der «TRIGEMA Inh. W. Grupp e. K.» ist

Resonanz in der Politik. Wolfgang Grupp selbst legt Wert darauf, dass er Inhaber und alleiniger Geschäftsführer der «TRIGEMA Inh. W. Grupp e. K.» ist. Mit der Abkürzung «e. K.» ist der «eingetragene Kaufmann» gemeint. Damit ist die Firma heute vollständig im Besitz von Wolfgang Grupp, der damit mit seinem gesamten Privatvermögen haftet. Dies entspricht seiner Überzeugung vom haftenden Unternehmer, auch wenn er heute dafür nicht in den Genuss bestimmter Steuerprivilegien kommt.

Unternehmerische Leistung beim Turnaround von TRIGEMA in den 70ern

Auftritt und Habituts von Wolfgang Grupp in jungen Jahren zeugen von einem gut situierten jungen Mann. Schon während des Studiums der Betriebswirtschaftslehre fuhr er einen Mercedes 190 SL, bewohnte eine Drei-Zimmer Wohnung in Köln, besass ein Pferd und war Mitglied im angesehenen Tennisclub der Stadt. Diese Zeichen des familiären Wohlstandes dürfen jedoch nicht darüber hinwegtäuschen, dass es TRIGEMA in der damaligen Zeit nicht mehr sonderlich gut ging und dass es Wolfgang Grupp war, der den Turnaround bewältigte und das Unternehmen wieder auf Spur brachte.

Wolfgang Grupp begann seine Tätigkeit für TRIGEMA an seinem Studienort in Köln. Dort sammelte er erste Vertriebserfahrungen, indem er mit grossen Kunden verhandelte und viele kleine Aufträge von Sportgeschäften für Tennishemden koordinierte. 1969 rief ihn der Vater nach Burladingen, um das Unternehmen in einer brenzligen Situation – mittlerweile hatten sich DM 10 Mio. Schulden aufgehäuft – zu unterstützen. Nach drei Jahren mehr oder weniger erfolgreicher Zusammenarbeit mit dem Vater, die durch diverse Entscheidungsstreitigkeiten geprägt waren, übernahm Wolfgang Grupp die Leitung und brachte das Unternehmen zurück auf die Erfolgsspur.

Seine Verdienste lagen in der Straffung des Sortiments und der Umstellung der Produktion von der Auftragsfertigung auf die Lagerherstellung.

Seine Verdienste lagen in der Straffung des Sortiments und der Umstellung der Produktion von der Auftragsfertigung auf die Lagerherstellung. Letzteres schaffte neue Potenziale zum Abverkauf und schuf neue Kapazitäten für kurzfristige Sonderaufträge. Es folgten Diskussionen und Besuche bei anderen Herstellern, um von ihnen zu lernen und sukzessive die Optimierung der eigenen Abläufe und der eigenen Unternehmensstruktur voranzutreiben.

Für die Führung seiner Mitarbeiter richtete er ein Grossraumbüro ein, in dessen Mitte auch sein eigener Schreibtisch steht. Nicht, wie er erklärt, um die Leute zu kontrollieren, sondern weil er Nähe und direkte Kommunikation für die Bewältigung der Arbeit benötigt. Auch in der heutigen Zeit setzt er konsequent auf die persönliche Kommunikation, wie er nicht ohne Kritik an der heutigen E-Mail-Kultur postuliert. Im Hause TRIGEMA gilt ein E-Mail-Verbot, wenn man mit den Leuten persönlich oder telefonisch sprechen kann. Mit Beginn seiner Führungsaufgaben hat Wolfgang Grupp auf ein entsprechendes Entlohnungssystem hingewirkt, dass seine heutige Geisteshaltung prägt: Verzicht auf ein Gehalt gegen prozentuale Beteiligung am Gewinn des Unternehmens.

In dieser Zeit liegen die Wurzeln der heutigen Unternehmensorganisation, die voll und ganz auf Wolfgang Grupp als Alleininhaber konzentriert sind. Man kann das Risiko dieser Machtkonzentration kritisch diskutieren, sie sorgt aber für den entscheidenden Überblick und Entscheidungsfreude. Dazu Wolfgang Grupp schmunzelnd: «Wenn mir als Inhaber jemand mehr über mein Unternehmen sagen kann, als ich weiss, habe ich meinen Job verfehlt. Sie können mit mir durch das Unternehmen gehen und mir Fragen stellen. Wenn ich etwas nicht weiss, schenke ich Ihnen das Unternehmen.»

Unternehmensleistung, Marketing und Vertrieb als Säulen des TRIGEMA Erfolgsmodells

Bei TRIGEMA wird kontinuierlich produziert. Nur was vorhanden ist, kann verkauft werden. «Wir produzieren 24h. Wenn mich nachts der Produktionsleiter anruft und fragt, ‹In welcher Farbe sollen wir die Poloshirts für die Firma XY färben?›, dann sage ich sofort GRÜN – selbst, wenn ich mir nicht ganz sicher bin. Dann denkt der Mitarbeiter, ‹Mensch, der Chef kennt sich aus.› Wenn wir dann blau gebraucht hätten, sage ich, dass ich einen Fehler gemacht habe und wir müssen blaue Poloshirts produzieren. Auch das findet der Mitarbeiter gut, weil er sieht, dass man bei uns auch Fehler machen kann. Schlussendlich habe ich dann aber 500 grüne Shirts zum Verkaufen und die 500 blauen für den Kunden. Wenn ich nichts gesagt hätte, hätten wir gar nichts. Falsch entscheiden ist besser als nicht entscheiden,» erläutert Grupp seine Einstellung.

Beeindruckend sind die unternehmerischen Entscheide Wolfgang Grupps im Bereich Marketing und vor allem im Vertrieb beziehungsweise der Distribution. Nachdem das Unternehmen wieder gut aufgestellt war, wurde die Vermarktung an die klassischen Kunden von TRIGEMA, den Fachhandel und die Kaufhäuser immer schwieriger. Der Druck auf die Preise und die Marktmacht der Kunden stiegen. Auch Grupp experimentierte mit der Produktionsverlagerung ins Ausland, war aber bezüglich der Qualität immer skeptisch. Während also viele Wettbewerber wie die Lemminge ins Ausland zogen, suchte TRIGEMA nach einer anderen Lösung. Diese zeigte sich in Form der Discounter. Die Discounter waren für einen Qualitätsanbieter eine ungewöhnliche Klientel. Zur damaligen Zeit jedoch eine echte Win-Win-Beziehung. Die Discounter suchten händeringend nach guten Lieferanten und waren auch noch bereit, entsprechende Preise zu zahlen. Auf diese Weise konnte TRIGEMA für einige Zeit dem Wettbewerb trotzen. Discounter wären ihren Namen nicht wert, wenn sie nicht auf einen niedrigen Preis setzen würden. Und so wurde dieses Kundensegment auch irgendwann marktmächtiger und preissensibler. Wieder ein Zeitpunkt für Grupp, seine Kunden neu zu erfinden. 1987 eröffnet TRIGEMA das erste so genannte «Testgeschäft». Mittlerweile gibt es in Deutschland 46 solcher Outlets, die je ca. 400 qm gross sind und das ca. 600 Artikel umfassende Sortiment anbieten. Sie bieten die Kollektion zu Händlerpreisen an und machen mittlerweile 52 % des Umsatzes aus. Der Rest wird mit individuellen Kunden beziehungsweise Gewerbetreibenden jeglicher Art erwirtschaftet. Auch hierzu Grupp: «Es gibt in Deutschland ausser uns niemanden mehr, der innerhalb von 48 Stunden vom Garn bis zum Fertigprodukt Sonderwünsche in Top Qualität mit Ihrem Firmen- oder Vereinslogo liefern kann.» Neben dem stationären Handel und dem Direktkundengeschäft hat Wolfgang Grupp das Unternehmen mit einem Online Shop, der 2004 ans Netz ging, zum Multichannel Unternehmen ausgebaut. Obwohl die Vermarktung über den klassischen Handel zurückgegangen ist, ist TRIGEMA immer noch bei 4500 Handelskunden gelistet.

Grupp fokussiert das Geschäft ausschliesslich auf profitable Aufträge. Selbst Grossaufträge werden abgelehnt, wenn sie nicht profitabel sind. «Der Chinese ist nicht mein Wettbewerb. Er ist meine Ergänzung. Er macht das Billige, ich das qualitativ Hochwertige», so seine Devise. Produktinnovation und Produktqualität spielen dabei eine grosse Rolle für TRIGEMA, da man sich nur so von der Masse und ausländischen Billiganbietern abheben könne. Alle Behandlungsprozesse in der Her-

Es gibt in Deutschland ausser uns niemanden mehr, der innerhalb von 48 Stunden vom Garn bis zum Fertigprodukt Sonderwünsche in Top Qualität mit Ihrem Firmen- oder Vereinslogo liefern kann.

Grupp fokussiert das Geschäft ausschliesslich auf profitable Aufträge.

stellung entsprechen den strengen Richtlinien der Öko-Test-Standards 100. Regelmässig wird das Unternehmen für seine Innovationsstärke ausgezeichnet.

Als Unternehmer und Inhaber ist Wolfgang Grupp zugleich der oberste Verkäufer seines Unternehmens: «Ich sorge dafür, dass wir die Aufträge haben, unsere Mitarbeiter sorgen für die gute Qualität.»

TRIGEMA beschäftigt bei einem Umsatz von ca. € 85 Mio. rund 1200 Mitarbeiter. Das erscheint wenig. Wolfgang Grupp erklärt den dennoch vorhandenen nachhaltigen Erfolg seines Unternehmens damit, dass er eben 78% der Wertschöpfungskette, inklusive Marketing und Vertrieb kontrolliere beziehungsweise selbst abdecke.

Kontinuität durch familiäres Unternehmertum

Wolfgang Grupp und seine Firma TRIGEMA sind nicht nur zum Synonym für den deutschen Mittelstand geworden, sondern repräsentieren in idealerweise ein Familienunternehmen. TRIGEMA wurde 1919 von Josef und Eugen Mayer als «Mechanische Trikotwarenfabriken Gebr. Mayer KG» gegründet und ab 1922 von Josef Mayer allein weiter geführt. 1938 kam Dr. Franz Grupp, der Schwiegersohn in die Geschäftsführung. Seit 1969 führt Wolfgang Grupp die Firma. Wolfgang Grupp wünscht sich den Eintritt seiner Kinder in die Geschäftsführung des Unternehmens. Wiederum ein klassisches Beispiel für den missverstandenen Grupp: «Wenn die Kinder das Unternehmen nicht übernehmen wollen, haben die Eltern versagt.» Einige Menschen werfen Wolfgang Grupp vor, seine Kinder in die Nachfolge der Unternehmensleitung zu zwingen. Im Gespräch mit ihm wird deutlich, dass diese Aussage viel mehr ein Anspruch an sich selbst ist, bei seinen Kindern Begeisterung für das eigene Unternehmen und dessen Leitung zu wecken. Ob sie das dann auch können, scheint er kritisch zu reflektieren. In der Diskussion ist Grupp aber viel eher der fürsorgliche Vater als der autoritäre Patriarch. Ein Vater, der sich um seine Familie genau so sorgt, wie für seine «Betriebsfamilie». Noch nie sind bei TRIGEMA in der Ära Grupps betriebsbedingt Kündigungen ausgesprochen worden und auch heute noch erhält jedes Kind der 1200 Mitarbeiter auf Wunsch nach der Ausbildung einen Arbeitsplatz.

Zum Abschluss: Wolfgang Grupp in Gesellschaft

Ich sagte bereits eingangs, dass Wolfgang Grupp «live» anders, facettenreicher und ich meine auch sympathischer wirkt als in den Medien. Wer ihn nach seinem Vortrag noch für längere Zeit mit den Teilnehmern des Abends plaudern und diskutieren sieht, beobachtet einen lockeren und charmanten Gesprächspartner. Er ist kontaktfreudig, geniesst Aufmerksamkeit, hört aber auch zu. Er ist offen, humorvoll, teilweise aufbrausend, engagiert und auch provokant. Seine Aussagen belegen ein Spektrum zwischen hochanspruchsvoll und «stammtischgeeignet». Letztere aber nicht selten mit einem humorvollen Unterton und einer subtilen Spur von Selbstironie. Eine Facette, die man medial häufig vermisst, die einen Abend mit Wolfgang Grupp aber zu einer echten Bereicherung machen.

Gelbbrustaras, Brasilien,
© K.H. Lambert

Quellen

Grupp, W. (2011): Erfolgsfaktoren für den Standort Deutschland: Verantwortung, Unternehmensleistung, Marketing & Vertrieb, Vortrag und Diskussion im Rahmen der Heilbronner Management Dialoge, Heilbronn.

Linder, E. (2010): Wirtschaft braucht Anstand – Der Unternehmer Wolfgang Grupp, Hoffmann und Campe, Hamburg.

Manager Magazin (2004): «Wir sind dem Kommunismus nahe». www.manager-magazin.de/unternehmen/mittelstand/ 0,2828,290221,00.html

Phoenix (2008): «Sie können auch anders – Unternehmer mit Ideen». www.phoenix.de/181836.htm

Süddeutsche Zeitung (2004): Der Hexer von der Schwäbischen Alb. www.sueddeutsche.de/wirtschaft/wolfgang-grupp-der-hexer-von-der-schwaebischen-alb-1.905768

Heidis Welt

Heidi ist nicht nur eine weltweit bekannte Romanfigur, sondern auch eine Botschafterin für Produkte und Dienstleistungen unterschiedlichster Art. Wir hatten das grosse Glück, sie während eines ihrer seltenen, kurzen Aufenthalte in ihrer Heimat Maienfeld zu interviewen. Sie trägt die üblichen Kleider. Als wir das Zimmer betreten, isst sie gerade einen Apfel fertig und schlürft dann genüsslich aus einer Holzschale voll frischer Milch. Dann knabbert sie an einem Brotanschnitt... Eben so, wie man sich Heidi vorstellt.

Heidi

- Geboren 1880 in Maienfeld, heute Heidiland.
- Alter immer zwischen fünf und neun Jahren, seither auch immer jung geblieben.
- Grösse: Kleiner als der Hund Josef.
- Gewicht: Federleicht.
- Familie: Vater Tobias, Mutter Adelheid, beide früh verstorben; Grossvater Alpöhi; Grossmutter unbekannt; Tante Dete; Leihmutter Johanna Spyri.
- Erweiterte Familie: Freund Geissenpeter, Freundin Klara.

Von Prof. Dr. Pietro Beritelli und Prof. Dr. Christian Laesser, Institut für Systemisches Management und Public Governance, Forschungszentrum Tourism and Transport, Universität St.Gallen

Kap-Papagei, Südafrika,
© K.H. Lambert

Hallo Heidi! Es freut uns sehr, dass Du Dir Zeit für ein kurzes Interview nimmst. Kannst Du uns kurz sagen, woher Du gerade kommst und wohin Du dann weiter gehst?
Hallo Pietro, hallo Christian! Schön, Euch wieder mal zu sehen und wieder zuhause zu sein. Ihr wisst ja, ich kriege schnell Heimweh und wenn ich zwischendurch nicht meine Familie besuchen kann, beginne ich wieder zu schlafwandeln. Nun, ich bin gerade aus New York gekommen. Über die Weihnachtszeit hatten sich die Marketingleute einer grossen Handelskette in den USA ausgedacht, auf dem Madison Square Garden ein originalgetreues Bergbauerndorf zu erstellen und ihre neuesten landwirtschaftlichen Produkte zu präsentieren. Zusammen mit dem Nikolaus haben wir eine Menge begeisterter Kinder und Familien unterhalten können und Autogramme verteilt. Zum Glück kann ich gerade noch meinen Namen schreiben; ich habe es ja nie über die zweite Primarklasse geschafft... (nimmt noch einen Schluck Milch) Morgen fliege ich nach Mumbay weiter; für eine Promotion eines neuen Kompakt-PKWs, der für den Heimmarkt in den Grossstädten konzipiert ist. Das Auto ist umweltfreundlich, weil es wenig verbraucht und einen Hybrid-Motor hat. Übernächste Woche geht es weiter nach Sochi, Russland, wo ich als Kommissarin für das IOC sicherstelle, dass sämtliche Projekte die Corporate-Social-Responsibility Richtlinien des Komitees einhalten. Dann bin ich noch in Tokyo eingeladen worden, um anlässlich des 50-jährigen Bestehens einer grossen Versicherung ein Referat über Ehrlichkeit und Treue zu halten...

Wow! Du bist ja wirklich viel unterwegs. Machst Du Dir auch über Deinen Job einmal Gedanken, darüber wer Du bist und wofür Du stehst?
Eigentlich nicht wirklich... Ich überlege mir nicht vieles dabei, wenn ich etwas tue... Ich habe immer gesagt, was ich gedacht habe, und das getan, was ich gesagt habe. Das kommt meistens gut an, hat mir aber auch nicht nur Freunde gemacht. Ihr wisst ja: Fräulein Rottenmeier oder Leute wie sie mögen mehr Ordnung und Struktur. Wer mit mir zu tun hat, muss riskieren wollen und kann nicht alles bis ins Detail planen. Ich bin eben eher emotional, spontan und begeisterungsfähig. Das hat mir

Wer mit mir zu tun hat, muss riskieren wollen und kann nicht alles bis ins Detail planen.

eine grosse Fan-Gemeinde bei Kindern, aber auch bei Erwachsenen beschert.

Vermisst Du denn nicht Deine Heimat, den Alpöhi, Klara, Geissenpeter? Wäre es nicht schöner zuhause zu bleiben?
Oh ja! Ich vermisse sie alle sehr. Aber man kann ja nicht alles haben. Schliesslich tue ich ja gute Dinge, wenn ich unterwegs bin, vor allem für die Jugend und die Gesellschaft... und natürlich für die Wirtschaft, auch wenn mich einige Marketingleute falsch darstellen oder sogar für ihre Kampagnen missbrauchen. Da hat doch neulich eine türkische Teppichfirma behauptet, ich sei nicht in der Schweiz, sondern im anatolischen Hochgebirge geboren, und wir schliefen in der Alphütte auf einem ihrer Teppiche. Dabei sind diese Teppiche weder aus reiner Wolle noch handgestrickt. Oder: Eine dänische Bank hat mir vor kurzem lange blonde Zöpfe verpasst! Wenn die wüssten, dass sich meine Fans mich nur noch mit schwarzen kurzen Haaren vorstellen können. Da wird der Schuss bei dieser Bank sicher nach hinten raus gehen... (lacht lauthals heraus).

Hast Du denn zumindest einen Gegenstand, den Du von Deiner Heimat immer dabei hast?
Nein, nicht einen Gegenstand, aber einen riesigen Koffer voller Erinnerungen. Erinnerungen an eine reine, intakte Natur in den Bergen, Erinnerungen an den Geschmack frischer Milch, Erinnerungen an das Rauschen der drei Tannen hinter der Alphütte meines Grossvaters, Erinnerungen an die sorgenfreien Spiele auf den Sommerwiesen... Ich glaube, dass die Erinnerungen für mich eine wichtigere Rolle spielen, als die Leute meinen würden. Schliesslich geben sie uns nicht nur Halt und ermuntern uns in schwierigen Zeiten, sondern orientieren uns immer wieder in Situationen, wo wir nicht weiter wissen oder wo wir uns entscheiden müssen. Gerade auch die Erinnerungen an wichtige Beziehungen spielen hier eine zentrale Rolle.

...dann sprechen wir doch über Deine Beziehungen. Beginnen wir beim Alpöhi. Du hast es ja nicht immer einfach mit Deinem Grossvater gehabt.
Naja, er ist nicht ein sehr gesprächiger. Aber für mich stellt er eine sehr wichtige Stütze in meinem Leben dar. Er ist so standhaft, und doch richtet er sich nach mir aus, so wie die drei Tannen, wenn der Sturm sie nicht biegen aber doch leicht schaukeln kann. Siehst Du, wenn ich hier in der Mitte meiner Welt stehe (sie beginnt auf einem Blatt zu skizzieren), dann

...auch wenn mich einige Marketingleute falsch darstellen oder sogar für ihre Kampagnen missbrauchen.

ist der Alpöhi für mich ganz oben. Er ist ja nicht nur viel grösser als ich, sondern er zeigt zum Himmel, zu meinen Eltern, wie die Tannen. Und er ist ja auch ein grosszügiger Mensch: Das wenige, das er hat, teilt er gerne mit mir...

...und Geissenpeter und Klara...?

Die würde ich links und rechts von mir zeichnen (sie skizziert weiter). Mit Peter verbinden mich lustige und lehrreiche Abenteuer. Mit ihm zusammen habe ich die Alpenwelt entdeckt und die Tiere und Pflanzen gelernt zu lieben. Auch wenn er nicht gerne zur Schule geht, kann ich von ihm Dinge lernen, für welche es in der Schule keine Zeit gibt. Durch seine Einfachheit zeigt er mir immer wieder, dass Freundschaft und Glück weniger aus Worten, sondern aus Taten bestehen.

...Klara...?

Klara ist meine beste Freundin. Sie ist grösser und älter als ich und wir können uns alles anvertrauen, so wie bei zwei Schwestern. Dass ich ihr mit ihrer Krankheit hier in den Bergen helfen und dazu beitragen konnte, dass sie wieder laufen kann, war ja für mich der Auslöser, weitere gute Dinge für andere Menschen zu tun. Und indem ich heute anderen Menschen zeige, wie schön meine Alpenwelt ist, kann ich sie nicht nur fröhlich machen, sondern gebe ihnen Hoffnung, so wie ich das früher für Klara getan habe. Ich besuche Klara heute noch oft in Frankfurt. Dann gehen wir zusammen in die Stadt und bewundern die Fensterläden, wo schöne Kleider oder wo Süsswaren ausgestellt sind. Noch heute lachen wir viel zusammen, und wir nehmen das Stadtleben in Frankfurt nicht immer so ernst. Wir wissen ja, dass wir jederzeit vom Stadtrummel in die ruhigen Berge fliehen können, wo wir nicht «Shopping», sondern «Wellness» machen können... Wenn Fräulein Rottenmeier nicht wäre, würden wir das vielleicht noch öfter tun...

...wie hast Du's eigentlich jetzt mit Fräulein Rottenmeier?

Eigentlich besser. Wir werden uns aber wohl nie richtig verstehen. Wie schon vorhin gesagt, bei ihr muss alles stimmen und perfekt sein. Die menschliche Spontanität oder die Naturverbundenheit, die ich so gerne auslebe, sind bei ihr alles andere als willkommen. Deshalb würde ich sie auf meiner Welt unten zeichnen (skizziert weiter), dort wo es ein bisschen dunkler und ruhiger, halt gesitteter zu und her geht. Ich mag sie ja gut leiden, aber wir werden immer in zwei verschiedenen Welten leben: sie in der lärmigen und engen Stadt, ich in der harmonischen und weitläufigen Natur.

Durch seine Einfachheit zeigt er mir immer wieder, dass Freundschaft und Glück weniger aus Worten, sondern aus Taten bestehen.

Und indem ich heute anderen Menschen zeige, wie schön meine Alpenwelt ist, kann ich sie nicht nur fröhlich machen, sondern gebe ihnen Hoffnung.

Das hast Du jetzt aber schön gesagt.

Tja, ich bin vielleicht nicht elegant, habe aber einen guten Sinn für Ästhetik (kichert). Ich meine: Schönheit ist ja nicht nur etwas, was man von aussen her sieht, sondern was gelebt, erfahren wird; Schönheit ist nicht nur, wo man gerade ist, sondern woher man kommt und welche Geschichte man erzählen kann. Für solche Dinge stehe ich ein, nicht nur mit meiner Person, sondern auch mit meinem Namen.

...So, jetzt muss ich aber weitergehen. Der Zug nach Zürich fährt in einer Stunde und ich muss mich noch von meiner Familie verabschieden. War schön, Euch wieder zu sehen. Hier habt Ihr noch meine Skizze. Vielleicht könnt Ihr etwas damit anfangen.

Hier die Skizze, die sie uns hinterlassen hat. Sie hat jeweils drei Begriffe hinzugefügt, die ihrer Meinung nach die Beziehung zwischen ihr und der Person prägen.

> Schönheit ist ja nicht nur etwas, was man von aussen her sieht, sondern was gelebt, erfahren wird; Schönheit ist nicht nur, wo man gerade ist, sondern woher man kommt und welche Geschichte man erzählen kann.

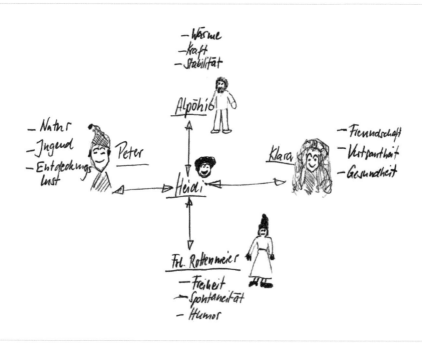

Heidis Welt

Heidi nimmt einen Jutesack, füllt ihn mit frischen Äpfeln, legt eine Flasche mit frischer Milch hinein und bindet den Sack fest zu. Aus der Rocktasche zieht sie eine Marken-Sonnenbrille, die sie gleich auflegt. Wir meinen, dass die Sonnenbrille so gar nicht zu ihr passt. Auf unsere Anfrage hin, ob das nicht unpassend wäre, meint Sie: «Nun, man muss ja mit den Zeiten gehen... und die heutige Sonne ist ja auch immer stärker... ich muss ja auch auf mein Wohlbefinden achten, gell.» Sie legt ihren Sonnenhut auf und schon hat sie uns verlassen.

Gute Reise, liebe Heidi!

Innovation entsteht dann, wenn man den Menschen die Freiheit gibt, das zu tun, was sie sich erträumen

Prof. Dr. e.h. Hans-Olaf Henkel zeigt, dass Wirtschaft und Wissenschaft sich nicht gegenseitig ausschliessen müssen. Aber wie gelingt eine sinnvolle Zusammenarbeit der beiden Bereiche, wo liegen Gemeinsamkeiten und Unterschiede? Zusammen mit Dr. Peter Mathias Fischer von der Universität St.Gallen diskutiert er mögliche Lösungsansätze und beschreibt, wie die Wissenschaft zur Innovation in der Wirtschaft und aktuellen Herausforderungen im Marketing beitragen kann.

Hans-Olaf Henkel

- Geboren am 14. März 1940 in Hamburg, Deutschland.
- Studium der Soziologie, Volks- und Betriebswirtschaft an der Hamburger Akademie für Gemeinwirtschaft.
- 1962: Mitarbeiter bei IBM Deutschland.
- 1987–1993: Vorsitzender IBM Deutschland.
- 1993–1995: Vorsitzender IBM Europa, Mittlerer Osten und Afrika.
- 1995–2001: Präsident Bund Deutscher Industrie (BDI).
- 2001–2005: Präsident der Leibniz-Gemeinschaft.
- Seit 2001: Honorarprofessor für Internationales Management an der Universität Mannheim.
- Seit 2003: Initiator und Vorstandsvorsitzender des Konvent für Deutschland.
- Seit 2006: Senior Advisor Bank of America.
- Mitglied der Aufsichtsräte von u.a.: Bayer AG, Continental AG, Daimler Luft- und Raumfahrt AG, Ringier AG.
- Auszeichnungen u.a.: Ökomanager des Jahres, Innovationspreis der Deutschen Wirtschaft, Cicero-Rednerpreis, Ludwig-Erhard-Preis, Hayek-Medaille, Ablehnung der Annahme des Bundesverdienstkreuzes.

Von Dr. Peter Mathias Fischer, Institut für Marketing, Universität St.Gallen.

Herr Professor Henkel, Sie können auf eine erfolgreiche Karriere sowohl in der Forschung, als auch in der Praxis zurückblicken. Was sind Ihrer Meinung nach die wichtigsten Voraussetzungen, um in diesen beiden Feldern jeweils erfolgreich zu sein?
Sicherlich gibt es mehr Gemeinsamkeiten als Unterschiede. Die Gemeinsamkeit heisst Arbeit. Arbeit ist das Hauptrezept für Erfolg, sei es in der Wissenschaft oder der Wirtschaft. Dies gilt im übrigen auch für andere Bereiche wie für Musik oder Sport, nur heisst es dort Üben bzw. Training. Wenn man hart arbeitet, ergibt sich letzten Endes alles von selbst.

Welche Unterschiede sehen Sie?
Da kommt es auf die Motive des Einzelnen an. Ist dieses Motiv Geld, dann sehe ich die grösseren Erfolgsaussichten in der Wirtschaft, da es nur sehr wenige Wissenschaftler gibt, die mit ihrer Arbeit richtig reich geworden sind. Haben Menschen primär den Wunsch nach Prestige oder Anerkennung, ist eine erfolgreiche Karriere sowohl in der Wirtschaft als auch in der Wissenschaft möglich. Zu meiner Überraschung habe ich während meiner Zeit in der Leibniz-Gemeinschaft die Erfahrung gemacht, dass der Anteil der Eitlen in der Wissenschaft genau so hoch oder niedrig ist wie in der Wirtschaft. Wenn das Motiv Neugier ist, sind die Erfolgsaussichten in der Wissenschaft sicherlich grösser.

Sie zielen also auf den Erkenntnisgewinn als das zentrale Motiv eines Wissenschaftlers ab?
Ja. Wenn ich hoch motiviert bin, mehr über einen gewissen Bereich zu erfahren, dann bin ich in der Wissenschaft sicherlich besser aufgehoben als in der Wirtschaft. Neugierde im positiven Sinne ist eine Grundvoraussetzung für Erfolg in der Wissenschaft.

Sicherlich spielen aber nicht nur Motive, sondern auch Fähigkeiten und Begabungen eine Rolle. Wie schätzen Sie dies ein?
Das kann ich schlecht beurteilen, weil ich persönlich keine Talente habe. Ich wurde mit keinem Talent geboren. Leider. Ich bin zwar beispielsweise musikalisch sehr interessiert, allerdings nur passiv. Ich kann kein Instrument spielen.

Herr Henkel, bei aller Bescheidenheit, Sie kokettieren.
Spielen Sie ausserdem nicht Saxophon?
Doch, aber damit kann ich sicherlich nicht auftreten.

Könnte ich mit meinem Klavierspiel auch nicht...
Sehen Sie. Was ich damit sagen will, ich würde sehr viel, wenn
nicht sogar alles meines sogenannten Erfolges weggeben,
wenn ich das Saxophon so spielen könnte wie Stan Getz oder
Charlie Parker. Wenn ich ausserdem eine besondere Begabung
beispielsweise für Mathematik hätte, würde ich wahrscheinlich
versuchen, aufgrund dieser Begabung meine anderen Motive
zu befriedigen, sei es nun Geld, Anerkennung oder Erkenntnis-
gewinnung. Ich wäre dann Mathematikprofessor geworden
und hätte mich an Modellen und Formeln ergötzt. Aber für die
Wirtschaft braucht man keine besondere Begabung.

Herr Henkel, Sie kokettieren ja schon wieder. Muss man in
der Wirtschaft nicht eher Generalist sein, d.h. eine Bega-
bung für viele Dinge mitbringen, wohingegen man sich in
der Wissenschaft viel stärker spezialisieren und daher we-
niger, aber stärker ausgeprägte Begabungen haben muss?
Das sehe ich völlig anders. Um Generalist zu werden, braucht
es keine Begabung. Der Generalist, also einer, der von vielem
wenig versteht, macht aus der Not eine Tugend und sagt «ich
kann alles», während der Spezialist eher einer ist, der sehr viel
von sehr wenig kann. Meine Erfahrung is, dass die Wirtschaft
Menschen anzieht, und dies galt auch für mich, die keine Begabung für etwas anderes haben. Das kann man wohl auch für
andere Berufe sagen. Wer geht ins Lehramt? Leider immer weniger Leute, die sich berufen fühlen, und immer mehr von solchen, denen nichts besseres einfällt, sich aber vor dem Wettbewerb in der Wirtschaft fürchten, denn dort muss man eines
sicher mitbringen, die Bereitschaft, sich dem Wettbewerb zu
stellen. Für viele ist dies etwas äusserst Unangenehmes, daher
weichen sie aus in andere Bereiche. Selbst viele Professoren
stellen sich ungern dem Wettbewerb.

Da muss ich Ihnen widersprechen. Zum einen gibt es mei-
nes Erachtens eine Vielzahl von Lehrern, die diesen Beruf
aus idealistischen Gründen gewählt haben. Dennoch haben
Sie Recht: Der Wettbewerb im Lehrberuf ist eher gering.
Zum anderen wird aktuell durch das «Publish or Perish-
System» der Wettbewerb aber auch in der Wissenschaft
wird immer härter.

Ja, sicherlich gibt es für jeden Bereich Ausnahmen. Meine Frau, Professorin für Sozialpsychologie an der Freien Universität in Berlin, die auch das Institut für Schulqualität beaufsichtigt, erzählt mir, dass sich aus ihren Studien ergibt, dass viele Lehrer unzureichend motiviert sind. Klar, es gibt viele Ausnahmen, aber der Hinweis auf diese macht die Grundaussage nicht falsch. Thilo Sarrazin ist übrigens der ständige Hinweis auf Ausnahmen von seinen insgesamt gültigen Befunden zum Verhängnis geworden. Für jede seine Thesen gab es immer wieder einen Kritiker, der sich auf durchaus nicht von Sarrazin bestrittene leuchtende Beispiele erfolgreicher Integration berief.

Sie haben vielfach erwähnt, dass Wissenschaft und Wirtschaft die Säulen für Innovation sind und dass es mehr denn je auf ein erfolgreiches Zusammenwirken dieser beiden Säulen ankommt. In der Realität funktioniert dies aber oft nicht optimal. Ist ein erfolgreiches Zusammenwirken überhaupt zu 100% möglich?
Nein, ein perfektes Zusammenwirken ist leider ganz sicher nicht möglich. Was die Innovationskraft anbelangt, ist meine persönliche These immer, dass alle Anstrengungen, Innovation zu fördern, eigentlich kontraproduktiv sind. Dies habe ich sowohl während meiner Zeit bei IBM als auch während meiner Tätigkeit bei der Leibniz-Wissensgemeinschaft gelernt. Innovation entsteht dann gerade nicht, wenn man sagt «Innoviere mal!» oder «Lass Dir mal was einfallen!» Wenn man meint, man könnte durch Richtlinien Innovation beschleunigen, dann hat man das Prinzip der Innovation gar nicht verstanden. Innovation entsteht per Definition ausserhalb des schon Bestehenden.

Alle Anstrengungen, Innovation zu fördern, sind kontraproduktiv.

Wie kann man Ihrer Meinung nach denn diese hinderlichen Richtlinien aufbrechen? Warum sind einige Unternehmen innovativer als andere?
Ich nenne Ihnen mal ein Beispiel. Die IBM ist das einzige Unternehmen der Welt, das bisher fünf Nobelpreisträger hervorgebracht hat: Einen Japaner, zwei Deutsche, zwei Schweizer und erstaunlicherweise keinen Amerikaner. Die vier Europäer waren alle im gleichen Labor in Rüschlikon in der Schweiz. Alle vier hatte die IBM in ihr Programm «IBM Fellows» aufgenommen. Die vier durften in Blöcken von fünf Jahren machen, was sie wollten. Ihnen wurde ein Budget bereitgestellt, über das sie frei verfügen durften. Darüber hinaus bekamen sie ein

Goldnackenaras, Brasilien,
© K.H. Lambert

perfekt ausgestattetes Labor. Die IBM hat ihnen nicht gesagt, woran, wie oder wie lange sie arbeiten sollten. Das Ergebnis ist überzeugend: Vier Nobelpreise aus einem kleinen Labor in der Schweiz!

Also ein ähnlicher Ansatz wie bei 3M: Man fördert Innovationen durch Flexibilität.
Ja, vor allem durch Freiheit. Die vier Wissenschaftler haben an Sachen gearbeitet, die mit IBM nichts zu tun hatten. Innovation entsteht folglich vor allem dann, wenn man den Forschern die Freiheit gibt, das zu tun, was sie sich erträumen. Wenn man hingegen mit Innovationsprogrammen anfängt, schränkt man die Freiheit von Anfang an ein und bekommt am Ende viel weniger. Es ist wie beim Lehrer, der zum Schüler sagt: «Lass Dir mal was einfallen!» Genau dann fällt ihm nichts ein. Einfälle kommen zum Beispiel dann, wenn man mal durch die Gegend schauen kann. Freiheit ist somit das beste Rezept für Innovation in der Gesellschaft.

Während Unternehmen oftmals schnelle Ergebnisse sehen wollen, benötigt eine hochkarätige Forschungsleistung neben einem hohen Mass an Freiheit auch oftmals mehrere Jahre Zeit. Wie kann man Ihrer Meinung nach dieses «Zeitproblem» lösen?
Da sprechen Sie einen ganz wichtigen Punkt an. Der grosse Nachteil des marktwirtschaftlichen Systems besteht darin, dass die Akteure nicht sehr langfristig denken. Sie können von Unternehmen wie Bayer oder Roche nicht erwarten, dass sie über Dekaden hinweg Milliarden in die Aids-Forschung investieren, bei der sie nicht wissen können, ob da jemals ein Produkt herauskommt, das den Menschen weiterhilft. Also tun sie es nicht. Und hier greift der Staat ein. Der Staat muss Steuern einnehmen, auch von Unternehmen, um langfristige Forschungsprojekte zu finanzieren, die die Wirtschaft aufgrund ihres kürzeren Zeithorizonts nicht durchführen, ich rede hier vor allem von der Grundlagenforschung.

Sie fordern Programmforschung und Unterstützung von Grundlagenforschung im Gegensatz zu allgemeiner Förderung von Forschungsinstitutionen?
Ja. Generell hat der Staat die Aufgabe, Grundlagenforschung zu fördern. Viele Dinge, auf die wir heute angewiesen sind, hätten wir nicht ohne die vom Staat bezahlten und – das ist wichtig – in freiheitlicher Umgebung forschenden Wissenschaft-

licher bekommen. Der Staat muss Geld kassieren und sagen, ich gebe Geld aus für langfristige Forschung. Das sollte sich dann aber auch auf Grundlagenforschung beschränken, die restliche Forschung sollte von der Industrie finanziert werden.

Sie haben nun gerade die Zusammenarbeit von Staat und Universitäten skizziert. Was halten Sie von der Zusammenarbeit zwischen Unternehmen und Universitäten?
Viel. Ich habe gerade das Beispiel der IBM genannt, die in Rüschlikon immer wieder durch Grundlagenforschung dem Staat eine Last abgenommen hat.

Ja genau, die Forscher von IBM waren aber nicht an Universitäten angebunden respektive von diesen bezahlt.
Richtig, die haben das selbst gemacht, aber natürlich haben sie auch mit Universitäten zusammengearbeitet. Die Zusammenarbeit zwischen Wirtschaft und Universitäten halte ich auch für sehr wichtig, jedoch gibt es da eine Gefahr, die ich bei Leibniz auch immer wieder gesehen habe. Forschungsinstitute neigen bei solchen Kooperationen manchmal dazu, sich von der Kurzfristigkeit der Unternehmenspartner anstecken zu lassen. Klar, es kommt auch zu wünschenswerten Produktideen und Ausgründungen, aber das darf nicht alles zu Lasten der Forschung gehen.

Forschungsinstitute neigen bei solchen Kooperationen manchmal dazu, sich von der Kurzfristigkeit der Unternehmenspartner anstecken zu lassen.

Wird die Anzahl der Ausgründungen von neuen Unternehmen aus Forschungsinstituten nicht immer wieder als positive Kennzahl, gar als Leistungsnachweis herangezogen? Ist dies vielleicht sogar ein Fehler?
Die Gefahr besteht. Die deutsche Forschungsbürokratie war immer wieder begeistert, wenn Leibniz-Institute ausgegründet haben, unter anderem auch wegen der geschaffenen Arbeitsplätze. So konnten sie auch die Forschungsaufwendungen leichter begründen, nach dem Motto: «Seht Ihr, von den Steuergeldern bekommt Ihr auch Arbeitsplätze und neue Unternehmen.» Grundsätzlich ist da auch nichts Falsches dran. Nur wenn dies dazu führt, dass das Forschungsinstitut nur noch Dinge tut, die auch in der Wirtschaft getan werden können und seine langfristigen Zielsetzungen aufgibt, dann schiesst es über das Ziel hinaus. In der Leibniz-Gemeinschaft haben wir im Gegensatz zu den drei anderen grossen ausseruniversitären Organisationen in Deutschland (Anm. d. Red.: Helmholtz, Max-Planck, Fraunhofer) ein recht brutales Evaluationssystem. Bei Leibniz müssen sich die 86 Forschungsinstitute alle fünf bis

sechs Jahre einer Evaluation unterziehen, die sie nicht etwa selbst mit sogenannten «Peers» organisieren. Sie werden von einer völlig unabhängig eingesetzten Kommission evaluiert. Wir haben einige Institute verwarnen oder gar entlassen müssen, manchmal auch, weil sie sehr erfolgreich waren als «Ausgründungsmaschinen», die Forschung aber vernachlässigten. Unser Ziel war eben weniger das Schaffen von Arbeitsplätzen durch Ausgründungen, sondern vor allem der Erkenntnisgewinn.

Sehen Sie umgekehrt nicht auch eine Gefahr, dass an Universitäten an den Bedürfnissen von Unternehmen «vorbeigeforscht» wird?
Die Gefahr sehe ich überhaupt nicht. Die dauernd geforderte Orientierung der Forscher an den vermeintlichen Bedürfnissen der Wirtschaft halte ich für völlig falsch. Natürlich gilt dies etwas weniger für Wirtschaftswissenschaftler. Wenn Sie sich aber in den Geisteswissenschaften wie z.B. der Bildungsforschung engagieren, dann sollten Sie sich tunlichst nicht die Frage stellen, ob das der Wirtschaft hilft. Stattdessen sollte man für Erkenntnisgewinn sorgen. Und dann wird sich immer automatisch etwas finden, was auch irgendwann einmal der Wirtschaft zugute kommt, in diesem Fall also besser ausgebildete Schülerinnen und Schüler.

Könnte dies nicht das Problem verfestigen, dass neue Erkenntnisse nie Anwendung in der Praxis finden? Sehen Sie hier seitens der Wissenschaft ein Defizit und wie könnte man dieses beheben?
Ja, ganz klar besteht hier ein Defizit. Man muss dafür sorgen, dass die gewonnene Erkenntnis nicht nur in «Nature» publiziert wird. Stattdessen müssen Sie zwei Dinge machen. Erstens, Ihre Erkenntnisse in eine Sprache übersetzen, die auch der Praktiker versteht. Wenn ein Forscherteam beispielsweise in der Nanotechnologie etwas erfunden hat, wäre es gut, wenn das komplette Team oder Vertreter des Institutes zur nächsten Nanotechnologiemesse gehen, um ihre Erkenntnisse praxisorientiert vorzustellen. Und zweitens müssen sie die Erkenntnisse in ein Medium bringen, das auch von der Praxis gelesen wird. Es ist auch die Aufgabe und Rolle der Wissenschaft, Erkenntnisgewinne so zu formulieren, dass die Gesellschaft diese begreift. Das ist auch eine Bringschuld der Wissenschaft. In den Wirtschaftswissenschaften ist hier Professor Hans-Werner Sinn vom Leibniz-Institut IfO ein schönes Beispiel, der seine Erkenntnisse sehr verständlich und damit auch öffentlichkeitswirksam weitergibt.

Haben Wissenschaftler nicht eine geringe Motivation, dieses Wissen tatsächlich weiterzugeben, wenn die Anerkennung in der Wissenschaft hauptsächlich von Publikation in angesehenen Zeitschriften abhängig ist?

Ja, dies ist in der Tat ein sehr grosses Problem. Wie man es aufbrechen kann, kann ich allerdings auch nicht sagen. Fällt Ihnen hierzu was ein?

Eine durchaus denkbare Möglichkeit könnte darin bestehen, an Universitäten zwei Typen von Wissenschaftlern zu beschäftigen. Jene, die primär an Forschungsprojekten arbeiten und jene, die die gewonnenen Erkenntnisse in die Praxis transferieren.

Ja, da ist was dran, es gibt ja auch Leute, die drängen zunächst in die wissenschaftliche Karriere und machen Journalforschung. Dies hört sich ein wenig an wie ein Selbstzweck, ist es aber nicht. Meine Frau ist immer wieder dabei, in diesen Journals etwas zu publizieren, leider auch an Wochenenden und im Urlaub. Ich sage dann immer: Was für ein Wahnsinn, wofür machst Du dies eigentlich? Sie sagt immer, ja, das muss publiziert werden. Und Recht hat sie. Was nützt es, wenn man etwas erkennt und es für sich behält? Sie würde aber auf keinen Fall zur zweiten Gruppe gehören wollen und jetzt in die Talk-Shows gehen.

Bezüglich einer solchen Aufteilung bin ich ebenfalls skeptisch. Wenn dies aber nicht funktioniert, ist es letzten Endes dann nicht die Aufgabe des Wissenschaftlers, beide Bereiche abzudecken?

Ja, und vor allem ist es die Aufgabe von einem selbst zu wissen, in welcher Richtung man motiviert ist. Dann sind wir wieder ganz am Anfang des Gesprächs.

Sollten Wissenschaftler – wenn möglich – beide Seiten kennenlernen?

Ja, und darüber hinaus sollte ein Teil von ihnen auch tatsächlich von der einen Seite in die andere Seite übertreten. Genauso wäre es auch wichtig, dass Manager in die Politik gehen und nicht nur umgekehrt. Man sieht aktuell, dass immer mal wieder Politiker in die Wirtschaft gehen, aber erfolgreiche Manager leider nicht in die Politik.

Grünflügelara, Brasilien,
© K.H.Lambert

Das derzeitige System
behindert den Austausch
zwischen Wissenschaft und
Praxis.

Ist die Durchlässigkeit denn tatsächlich gross genug? Oder ist es nicht extrem schwierig, für einen Wissenschaftler in die Praxis zu gehen, da eine geplante Rückkehr dann fast unmöglich ist?

Ja, da haben Sie Recht. Bei Daimler hatten Sie zu Zeiten von Edzard Reuter mal einen Professor aus Karlsruhe in den Vorstand geholt. Professor Vöhringer hat dort nach meiner Wahrnehmung einen tollen Job gemacht und dann kam wohl der Nachfolger und meinte, «Was wollen wir mit Theoretikern?». Natürlich hängt es aber auch von Dingen wie Bezahlung und Sicherheit ab. Wenn man in der Wissenschaft ist, ist man in der Regel Beamter. Daraus ergibt sich ein hohes Risiko, in die Wirtschaft zu gehen, da man seinen Beamtenstatus verliert. Umgekehrt wird es sich jemand, der in der Wirtschaft erfolgreich ist, ein Haus und drei Kinder hat, mehrmals sehr genau überlegen, ob er ein Jobangebot in der Wissenschaft annimmt, um sich dort zu entfalten. Er würde mit diesem Wechsel auf viel Geld verzichten müssen. Kurzum: Es scheitert am derzeitigen System. Ich selbst habe in der Vergangenheit schon oft Lösungen vorgeschlagen.

Sie fordern unter anderem ein komplett anderes Besoldungssystem in der Wissenschaft. Wie soll dies konkret ausgestaltet sein?

Zunächst einmal müssen die Leute in der Wissenschaft leichter kündbar sein, dann ist die Sicherheit nicht mehr so gross und das relative Risiko, in die Wirtschaft zu gehen, geringer. Dafür müssten wir Wissenschaftler aber auch deutlich besser bezahlen. Für Manager wird es dann auch leichter möglich, in die Wissenschaft zu gehen. Die Besoldungssysteme sind absurd in Deutschland. Warum sind Professoren Beamte, warum Lehrer?

Eine Möglichkeit, dies zu erreichen, wäre sicherlich die Einführung eines sogenannten «Tenure-Track-Systems». Idee dieses Systems ist, dass Nachwuchswissenschaftler deutlich mehr Gehalt bekommen, innerhalb von vier bis sechs Jahren aber Publikationserfolge nachweisen müssen. Gelingt ihnen dies nicht, wird eine Fortsetzung der akademischen Laufbahn schwierig. Das relative Risiko, in die Wirtschaft zu gehen, wird dadurch geringer, Jobs in der Wissenschaft werden finanziell lukrativer.

Ja natürlich, dies wäre ideal. Sie kennen aber die Gegenargumente der Sozialpolitiker.

Foto auf der nächsten Seite:
Rosakakadus, Australien,
© K.H.Lambert

121

War es für Sie immer einfach, den Spagat zwischen Wissenschaft und Praxis zu meistern? Wie haben Sie dies geschafft?

Im Grunde genommen war dies Zufall. Mein Präsidentenamt beim Bundesverband der Deutschen Industrie (BDI) lief aus, da habe ich mich gefragt: «Was mache ich denn jetzt als nächstes?» Dann kam das Angebot, die Honorarprofessur in Mannheim zu machen, welche ich heute immer noch innehabe. Gleichzeitig habe ich in dieser Zeit laufend Angebote erhalten, eine Firma zu übernehmen, unter anderem auch das eine oder andere Grossunternehmen. Das wollte ich allerdings nicht, da ich dies ja schon einmal gemacht hatte. Als IBM-Europachef bin ich gegangen, weil mir durch eine Umorganisation die Freiheit genommen worden wäre. Nun war ich allerdings schon immer an der Wissenschaft interessiert, war ja schon Mitglied im Senat der Max-Planck-Gesellschaft und anderen ähnlichen Gremien wie der Helmholtz-Gesellschaft und auch der Leibniz-Gemeinschaft. Irgendwann kam der damalige Präsident der Leibniz-Gemeinschaft auf mich zu und sagte, er habe die verrückte Idee mich zu seinem Nachfolger zu machen. Es schien in der Tat verrückt, dennoch fand ich diese Aufgabe äusserst reizvoll. Hauptgrund für mich waren die Aufgaben der 86 Forschungsinstitute aus fast allen Wissenschaftsbereichen. Auf der ersten Mitgliederversammlung habe ich mich dann gleich dazu verpflichtet, diese 86 Institute alle zu besuchen. Das habe ich dann auch getan und dabei immer viel Neues gelernt. Beispielsweise wäre ich sonst nie auf die Idee gekommen, mir etwas über die Ebola-Seuche, über Nanotechnikforschung oder Bildungsforschung anzuhören. Also, ich hatte die Chance etwas Neues zu erlernen, und das war mein Motiv.

Da kann ich Sie gut verstehen, ich stelle es mir als ungeheuer spannend und bereichernd vor, andere und für einen bisher eher exotische Bereiche kennenzulernen.

Ja, das war das Positive an dieser Sache. Das Negative war, dass ich natürlich gemerkt habe, dass die Wissenschaft genauso ein Schlangennest sein kann wie die Politik und die Wirtschaft, es gibt dort nicht weniger Eitelkeiten und Wichtigtuerei als anderswo. Ich dachte, dies sei ganz anders, ich dachte, jetzt komme ich endlich mal in einen Bereich, wo es ohne Haken und Ösen zugeht. Pustekuchen! Vor allem der ständige Versuch der Politik, die Forschungsinstitute zu gängeln hat mich genervt. Ich bin daran oft verzweifelt und habe mich nicht immer besonders beliebt gemacht.

Die Wissenschaft kann genauso ein Schlangennest sein wie die Politik oder Wirtschaft.

Welche Forschungsgebiete erachten Sie derzeit in der Betriebswirtschaftslehre und insbesondere in der Marketingforschung für besonders relevant?
Auch wenn es wahrscheinlich ein «alter Hut» ist. Im Marketing sagt man ja immer, dass Manager sich in die Gehirnwindungen des Kunden hineinarbeiten müssen, um erfolgreich zu sein. Auch wenn ich diese Denkweise generell natürlich unterstütze, frage ich mich, ob es manchmal auch Sinn macht, aktuelle Bedürfnisse von Kunden nicht zu berücksichtigen und stattdessen etwas Neues auszuprobieren, das der Kunde gar nicht kennt? Was stimmt hier nun eigentlich?

Im Umkehrschluss heisst dies allerdings natürlich nicht, dass man die heutigen und aktuellen Kundenbedürfnisse ignorieren sollte.
Ja, genau, da bin ich ganz Ihrer Meinung. Schauen Sie sich Fälle wie das Farbfernsehen an. Ursprünglich glaubte man, dass diese Erfindung nicht den Bedürfnissen der Kunden entspricht. Auf der anderen Seite zeigt sich aber auch, dass Unternehmen, die sich auf die aktuellen Kundenbedürfnisse einstellen, erfolgreich sind und Manager, die sich lediglich mit ihren eigenen Visionen beschäftigen und nicht mit denen ihrer Kunden eigentlich nichts mehr in der Wirtschaft zu suchen haben sollten.

Welche Themen erachten Sie denn noch als besonders relevant?
Ach ja, ansonsten interessiert mich noch das uralte Thema der Marketing- bzw. Kommunikationserfolgsmessung. Welche Hälfte des Marketingbudgets ist richtig eingesetzt und welche nicht?

Sie spielen auf das Zitat des US-amerikanischen Kaufmanns John Wanamaker an? «Die Hälfte des Geldes, das ich für Werbung ausgebe, ist verschwendet. Das Problem ist, ich weiss nicht, welche Hälfte.»
Genau. Das wäre für mich noch ein sehr interessantes Forschungsthema im Marketingbereich. Für mich ist dies ein ewiges Phänomen. Wie finde ich die richtige Hälfte? Weiterhin gibt es noch ein Thema, über das ich in jüngster Vergangenheit immer wieder nachgedacht habe. Inwieweit eigentlich der Firmenchef positiv beziehungsweise negativ auf das Image des Unternehmens und damit der Produkte reflektiert. Mit anderen Worten: Kann ein sympathischer Unternehmenschef das Kundenverhalten positiv beeinflussen und bewirken, dass Kunden

sogar Produkte schlechterer Qualität kaufen? Kann ein unsympathischer Firmenchef hingegen einen derart negativen Einfluss auf das Unternehmen haben, dass Kunden sogar überlegene Produkte nicht kaufen? Dies wäre ein sehr interessantes Forschungsfeld.

Ich bin gespannt, welche Auswirkungen nun der Tod von Steve Jobs auf Apple haben wird und ob es Tim Cook gelingt, eine ähnliche Strahlkraft zu entwickeln.
Exakt. Da bin ich auch sehr gespannt. Oder jetzt nehmen Sie mal Jürgen Schrempp, der allgemein als nicht besonders sympathisch oder charismatisch wahrgenommen wurde. Hat er jemals jemanden davon abgehalten, einen Mercedes zu kaufen? Wahrscheinlich nicht. Oder hätte der Verbleib von Zumwinkel dazu geführt, dass alle Postkunden zu Pin überlaufen? Dennoch wäre es einmal einen Versuch wert, dies zu erforschen.

Herr Professor Henkel, ich danke Ihnen recht herzlich für Ihre Zeit und das sehr interessante Interview.
Gerne geschehen. Ich danke Ihnen.

Quellen
Bayrischer Rundfunk (2003): Hans-Olaf Henkel – Weltbürger und Grenzgänger. Deutsche TV-Dokumentation.
Deutsches Institut für Erwachsenenbildung (2002): Es muss sich wieder lohnen, ein Primus zu sein.
www.diezeitschrift.de/22002/gespraech.htm
Die Zeit (1996): Ein streitbarer Mann: Portrait des BDI-Präsidenten Hans-Olaf Henkel. www.zeit.de/1996/33/henkel.txt.19960809.xml
Henkel, H.-O. (2010): Deutschland wird ausverkauft – Wie der Euro-Betrug unseren Wohlstand gefährdet. München: Wilhelm Heyne Verlag.
Henkel, H.-O. (2009): Die Abwracker: Wie Zocker und Politiker unsere Zukunft verspielen. München: Heyne Verlag.
Henkel, H.-O. (2004): Die Ethik des Erfolgs. Berlin: Ullstein Taschenbuch.
Henkel, H.-O. (2002). Die Macht der Freiheit: Erinnerungen. Berlin: Econ Taschenbuch.
Henkel, H.-O./Brand, T./Enders, G. (2002): Forschung erfolgreich vermarkten. Heidelberg: Springer Verlag.
Universität Mannheim: Lehrstuhl für Internationales Management. http://al-laham.bwl.uni-mannheim.de

Der Kaufmann

Im Profi-Fussball wird Geld verbrannt, als gäbe es kein Morgen. Deshalb fällt die Ausnahme umso mehr auf: der FC Bayern München. Weil dort der Unternehmer Uli Hoeness den Tresor bewacht. Hunderte Interviews. Dutzende Talkshows. Immer ein Kommentar nach dem Schlusspfiff. Er hat zu allem was zu sagen, zum Fussball in allen Facetten, indisponierten Schiedsrichtern, gutem Management und schlechten Politikern, zu Moral, Ethik und dass ein Land, das sich moderne Fussballarenen leisten kann, auch in der Lage sein muss, ausreichend Kindergärten zu bauen.

Uli Hoeness

- Geboren am 5. Januar 1952 in Ulm, Deutschland.
- 1971: Abitur am Ulmer Schubart-Gymnasium. Sein Lehramtsstudium in Anglistik und Geschichte bricht er nach zwei Semestern zugunsten seiner Fussballkarriere ab.
- Hoeness beginnt als Amateur beim TSG Ulm 1846. Mit 15 Jahren wird er Kapitän der Schülerauswahl des DFB.
- 1970: Wechsel in den Profikader des FC Bayern München.
- 1972–1976: Spieler der Deutschen Nationalmannschaft. Beim Debüt in der legendären Wembley Elf wird Hoeness Europameister, kurz darauf Tabellensieger der 1. Fussball Bundesliga. 1974 gewinnt er im deutschen Team die Weltmeisterschaft.
- 1979: Hoeness beendet wegen einem irreparablen Knieschaden seine aktive Karriere.
- 1980: Im Alter von 27 Jahren wird er beim FC Bayern München der jüngste Manager der Liga.
- Bis 2008: Unter seiner Führung steigt der FC Bayern München zum erfolgreichsten Klub in der Geschichte des Fussballs auf, wird 16 Mal Deutscher Meister, neunmal DFB-Pokal-Sieger und sechsmal Sieger des Liga- und des UEFA-Pokals.
- 2009: Uli Hoeness beendet sein Tätigkeit als Manager und wird Präsident des FC Bayern München und zum Aufsichtsratsvorsitzenden der FC Bayern München AG berufen.
- Seit 1983: Gründung der Wurstfabrik HoWe Wurstwaren KG in Nürnberg gemeinsam mit Werner Weiss. Das Unternehmen beliefert zahlreiche Lebensmittelkonzerne in ganz Europa.
- Auszeichnungen: Wahl zum Manager des Jahres (1999), Bayerischer Verdienstorden (2003), Aufnahme in die Hall of Fame des deutschen Sports und Bambi in der Kategorie Wirtschaft (2009), Querdenker-Preis für besonderes soziales Engagement (2010), Ehrenpreis der Hamburger Sportgala für sein Lebenswerk, insbesondere für seinen Einsatz bei der Rettung des FC St. Pauli (2011).

Von Gerhard Waldherr, Mitglied der Brandeins-Redaktion.
Erstveröffentlichung in Brandeins, Ausgabe 11, 2011.
Wir danken für die Genehmigung des Wiederabdrucks.

Jeden Samstag zoomen ihn die Kameras ins Bild, den rot-weissen Schal um den Hals, die Vorstände Karl-Heinz Rummenigge und Karl Hopfner daneben. Die drei von der Tribüne. Dann kann man ihn wieder jubeln, leiden, gestikulieren, poltern sehen. Und man muss bei Youtube nur seinen Namen und «Wutrede» eingeben, dann erscheint er auf einem Podium mit hochrotem Kopf. Der Auftritt ist Kult. Eure Scheissstimmung, Pfiffe, Buhrufe – wer glaubt ihr eigentlich, wer ihr seid?

Uli Hoeness sitzt mit seiner Frau Susi vor einem Berggasthof überm Tegernsee. Natürlich drehen sich die Leute an den Nebentischen nach ihm um. Seine Frau bestellt Leberkäse mit Spiegelei und Kartoffelsalat. Nimmt er auch. Er spricht von der schönen Natur am Tegernsee. Sie von der Wäsche, die noch gemacht werden muss. Er sagt: «Ich bin eine öffentliche Person, obwohl ich nie eine sein wollte.» Frau Hoeness' Blick sagt was anderes.

Ich bin eine öffentliche Person, obwohl ich nie eine sein wollte.

Wer nur den öffentlichen Hoeness kennt, den Macher, den Erfolgsmenschen, den Provokateur, Protagonisten und Visionär des deutschen Fussballs, ist auf den privaten Hoeness nicht vorbereitet. Der private Hoeness wirkt aufgeräumt, beinahe sanftmütig. Das liegt an diesem herrlichen Freitag Ende September, aber auch daran, dass nach turbulenten Jahren mit personellen Kapriolen und sportlichen Rückschlägen die Ergebnisse wieder stimmen. Tabellenführer, zehn Pflichtspiele hintereinander ohne Gegentor, zwei souveräne Siege in der Champions League. Der FC Bayern München, mit mehr als 168'000 Mitgliedern drittgrösster Sportverein der Welt, steht wieder da, wo Hoeness ihn haben will: ganz oben.

Der private Hoeness wirkt aufgeräumt, beinahe sanftmütig.

Fussball ist ein schwer kalkulierbares Geschäft. Zwischen einem 1:0 und einem 0:1 liegen Details. Der Leistung von Spielern kann eine Grippe oder Bänderdehnung im Weg stehen. Dem Ball der Pfosten. Einem Sieg ein Fehler des Schiedsrichters. Ein teuer gekaufter Spieler kann sich schon am nächsten Tag das Bein brechen. Ein Trainer kann in wenigen Monaten ein über Jahre aufgebautes Sozialgefüge zertrümmern. Alles schon da gewesen, auch beim FC Bayern. Qualifiziert sich der Klub dann nicht für die Champions League, entgehen ihm € 20 Millionen Einnahmen, mindestens.

Der FC Bayern ist Hoeness, Hoeness ist der FC Bayern. 1979 übernahm er den Klub als Manager, seit zwei Jahren ist er Präsident, seit 2010 Aufsichtsratsvorsitzender der FC Bayern München AG. Seine Bilanz ist phänomenal, sportlich wie wirtschaftlich.

- 17 Mal Deutscher Meister; zehnmal Pokalsieger, zweimal im Finale des Europapokals der Landesmeister, UEFA-Pokal gewonnen, dreimal im Finale der Champions League, darunter der Triumph von 2001.

- 1979 machte der FC Bayern zwölf Millionen Mark Umsatz und hatte sieben Millionen Mark Schulden; 2009/2010 machte der FC Bayern € 312 Millionen Umsatz, das Barvermögen beläuft sich angeblich auf mehr als € 100 Millionen.

- Als Hoeness Manager wurde, lag der Zuschauerschnitt bei 32'000. Wenn es regnete, verloren sich weniger als 20'000 Fans im zugigen Olympiastadion, dessen Eintrittsgelder 85% der Einnahmen des Klubs ausmachten; heute ist die Allianz Arena, ein futuristischer Fussballtempel auf einem Acker bei Fröttmaning nördlich von München mit 106 VIP-Logen, konzipiert von den Schweizer Architekten Herzog und de Meuron, entstanden für € 340 Millionen, jedes Mal ausverkauft, 69'000 Zuschauer, die nur noch 18% des Umsatzes produzieren.

- Seinen ersten Sponsorenvertrag als Manager unterzeichnete Hoeness auf einem Bierdeckel, 1979 zahlte der Trikotsponsor Magirus Deutz 600'000 Mark pro Saison; heute überweist die Deutsche Telekom dafür jährlich € 25 Millionen. Zu den Werbepartnern gehören Lufthansa, Adidas, Audi, Coca-Cola, Hypo-Vereinsbank, Siemens, Samsung, Lego, Burger King. Insgesamt 26 Firmen.

- 1979 hatte die Geschäftsstelle 15 Angestellte; Hoeness' erste Sekretärin beschwerte sich nach ein paar Wochen, sie habe nichts zu tun; zum Training kamen zwei Lokalreporter und ein paar Rentner; heute gibt es 400 Angestellte, das Trainingszentrum hat einen beheizten Rasenplatz, Ruhezonen, eine Cafeteria, ein Kino für die Spieler, täglich gibt es im Medienzentrum zwei Pressekonferenzen, das Training verfolgen bis zu 5000 Menschen.

- Früher gab es Wimpel und Anstecknadeln zu kaufen; heute macht der FC Bayern jährlich rund € 40 Millionen Umsatz mit Merchandising inklusive Weiss- und Rotwein, Sekt und Bonbons.

Grünflügelara, Brasilien,
© K.H. Lambert

Was ist der FC Bayern wert?
«Audi hat 2009 für 9.1% unserer Anteile € 90 Millionen bezahlt, dann können Sie es sich ausrechnen.»

Eine Milliarde aus nichts, wie viel Potenzial ist da noch?
Hoeness stutzt. Die Gabel fällt in den Kartoffelsalat, der Mann
in die Stuhllehne, die Hände gehen nach oben. Schöner Tag
hin, grandioser Saisonstart her. Jetzt regt er sich auf. «Selbst
wenn wir verkaufen wollten – wer kauft denn einen Verein wie
uns? Ein Stadion wie die Allianz Arena? Wir sind doch nicht
in Amerika, wo Sportvereine verscherbelt werden und von A
nach B umziehen.»

Immer mehr Geld verdienen will der FC Bayern aber auch?
«Ach, Geld, Geld, mehr, mehr, höher. Diese Frage gefällt mir
überhaupt nicht. Ich wusste nie, wie viel Umsatz ich machen
wollte. Am Ende müssen viele kleine Dinge stimmen, damit
die Zahlen stimmen.»

**Aber steht das nicht im Widerspruch zum Erfolgsmenschen
Uli Hoeness, der schon mal sagt, die Konkurrenz müsse
mit dem Fernglas suchen, wo der FC Bayern steht?**
«Natürlich will ich Erfolg, aber nicht um jeden Preis. Wenn es
um Geld geht, muss man auch mal zufrieden sein. Den Status
quo zu erhalten ist auch eine Herausforderung.»
Früher am Morgen. Uli und Susi Hoeness wohnen an einem
Hang hinter Bad Wiessee im Bauernhausstil. An der Pforte zwei
Klingeln ohne Namen. Hoeness öffnet. Der ehemalige Profi
Manfred Schwabl sei da, er müsse noch schnell telefonieren,
dann habe er gleich Zeit. In der Wohnung keine Pokale, Urkun-
den, Fotografien. Ausser zwei Arbeiten eines amerikanischen
Popkünstlers im Flur weist nichts auf Fussball hin. Im Wohn-
zimmer läuft der Fernseher, Börsenkurse auf n-tv. Klickte man
jetzt durch den Videotext, stiesse man auf schlimme Nachrich-
ten: Griechenland pleite. Der Euro in Gefahr. Die Banken am
Abgrund. Das kapitalistische System droht zu entgleisen.
Er nimmt das Thema gleich auf, als er auf die Terrasse kommt.
Genau das predige er seit Jahren bei seinen Vorträgen, in de-
nen es neben Fussball immer auch um gutes Management, um
Werte und Moral in Wirtschaft und Politik geht: «Es besteht die
Gefahr», sagt Hoeness, «dass das alles aus dem Ruder läuft.»

Eine Krankenschwester
trägt mehr zur Volkswirt-
schaft bei als ein Speku-
lant.

Warum?

«Die Finanzwelt zeigt keine Bereitschaft, zur Volkswirtschaft beizutragen. Eine Krankenschwester trägt mehr zur Volkswirtschaft bei als ein Spekulant. Wenn ich sehe, dass Optionsscheine für Reis steigen, sage ich zu meiner Frau: ‹Das bedeutet, dass Menschen hungern müssen, weil sie sich keinen Reis mehr kaufen können.›»

Wie das ändern?

«Eine Finanztransaktionssteuer bringt nichts, man muss das verbieten. Spekulationen auf Rohstoffe dürfen nur von Leuten unternommen werden, die mit der Ware auch physisch arbeiten.» «Focus Money» beschrieb er seine Bedenken mit einem Beispiel aus seiner Wurstfabrik, Howe Wurstwaren KG, Nürnberg, 300 Angestellte, € 45 Millionen Umsatz, 200'000 Rostbratwürste täglich: «Ich habe für mein Schweinefleisch fünf verschiedene Lieferanten. Ich rufe an, lasse mir die Preise geben und kaufe dann. Für was aber brauchen Banker Schweinebäuche?» «Es ist doch Wahnsinn», sagt Hoeness nun auf der Terrasse seines Hauses, «wenn täglich hundertmal mehr Rohöl gehandelt als produziert wird. Ich glaube, die Preise sind manipuliert.»

Für was aber brauchen
Banker Schweinebäuche?

Wie das?

«Ich habe mir das sehr lange sehr genau angeschaut: Am Freitag bricht wieder irgendwo in Nigeria ein Feuer aus, da wird der Kurs gedrückt, am Montag schiesst er wieder nach oben. Dass diese Leute keine Skrupel haben, macht mich krank.» Die Faszination, die Fussball auslöst und ihn zur weltweit lukrativsten Ware des Unterhaltungsgeschäfts gemacht hat, wird gern umschrieben. Allegorie des Lebens. Spiegelbild der Gesellschaft. Ausdruck der Seele und Mentalität einer Nation. Fussball verbindet, bewegt, spaltet. Wenn es nach Hoeness geht, dann ist der Fussball aber auch Abbild der Abgründe des Finanzsystems geworden. Ein wildes Gezocke abseits kaufmännischer Vernunft, zunehmend entmenschlicht. Hoeness: «Unsere Branche wird immer mehr ein Spiel ohne Grenzen.» Die Vereine der spanischen Primera División waren 2009 mit mehr als € 3.5 Milliarden verschuldet. Die englische Premier League liegt bei schätzungsweise € vier Milliarden. Der FC Barcelona hat sich seine jüngsten Titel teuer erkauft, mit Geld, das er nicht hat. Knapp € 400 Millionen Schulden.

Wenn es nach Hoeness
geht, dann ist der Fussball
aber auch Abbild der
Abgründe des Finanzsys-
tems geworden.

Das liegt vor allem an immer höher steigenden Ablösesummen und Gehältern, die angefeuert werden von Milliardären, die sich Fussballklubs halten wie Rennpferde. Roman Abramowitsch soll mehrere Milliarden Euro Verluste mit dem Londoner Chelsea Football Club gemacht haben. Manchester City gehört Mansour bin Zayed Al Nahyan, dem Bruder des Präsidenten der Vereinigten Arabischen Emirate, der sich sein Engagement bislang angeblich € 700 Millionen hat kosten lassen. FK Anschi Machatschkala, ein Verein im kaukasischen Dagestan, zahlt dem Spieler Eto'o für drei Jahre € 60 Millionen. Und der amerikanische Investor Malcolm Glazer, von dem Hoeness vermutet, «dass er nicht mal weiss, dass Luft im Ball ist», hat für Manchester United 790 Millionen Pfund gezahlt. Das Darlehen für den Kauf wurde dem Verein aufgehalst, weshalb der nun jährlich mehr als 40 Millionen Pfund Tilgung aufwenden muss.

«So will ich keinen Erfolg haben, und unser Fan will das auch nicht», sagt Hoeness, «da werde ich lieber Zweiter oder Dritter.» Wenn er sich Real Madrid anschaue, angeblich mit fast einer Milliarde Euro verschuldet, könne er nur feststellen: «Wer zu lange unnötige finanzielle Risiken eingeht, geht irgendwann kaputt.»

Schön, wenn 80'000 Fans ins Bernabeu-Stadion pilgern, um dem verpflichteten Spieler Cristiano Ronaldo – € 94 Millionen Ablösesumme, € 13 Millionen jährliches Nettogehalt – zu huldigen. «Die werden dann ein Problem haben, wenn der Gerichtsvollzieher kommt und ihnen ihr Stadion zusperrt. Lassen wir die doch laufen. Der Krug geht zum Brunnen, bis er bricht.»

Uli Hoeness wird 1952 im Ulmer Stadtteil Eselsberg geboren. Die Eltern haben eine Metzgerei, der Vater steht von morgens drei Uhr in der Wurstküche, die Mutter hinter der Ladentheke, am Wochenende macht sie die Buchhaltung. Die Familie: christlich, konservativ, sparsam. «Wenn abends zehn Mark in der Kasse fehlten, hat man zwei Stunden gesucht, und wenn an Weihnachten eine Gans nicht abgeholt wurde, war der Heiligabend im Eimer.»

...wenn an Weihnachten eine Gans nicht abgeholt wurde, war der Heiligabend im Eimer.

Die Tugenden, die ihm seine Eltern vermittelten? Hoeness: «Zuverlässigkeit, Ehrlichkeit, Disziplin.» Und: Seine Mutter drängt auf eine gute Ausbildung, ein Studium. Doch Hoeness weiss mit 14 schon, dass er das nicht will. Um sechs Uhr früh lässt er sich von seinem Vater wecken, bolzt in den Wäldern. «Fussball war mein grosses Ziel», sagt er. «Ich wollte Profi werden. Daran habe ich gearbeitet wie ein Tier.»

Hoeness durchläuft alle Nationalmannschaften im Jugend-
bereich des Deutschen Fussball-Bundes (DFB). 1970 geht er
zusammen mit Paul Breitner zum FC Bayern. Es ist die vielleicht
schillerndste Zeit des deutschen Fussballs. Beckenbauer. Maier.
Müller. Netzer. Heynckes. Overath. Alles Weltklassespieler.
Hoeness wird neben Breitner zum Inbegriff von jugendlichem
Sturm und Drang: Seine Spielweise ist revolutionär, er glänzt
als Vorbereiter und Vollstrecker. 1972 wird er mit der Nationalelf Europameister, 1974 Weltmeister. Ein Jahr später, im Europa-
pokalfinale gegen Leeds United, verletzt er sich am Knie. Zwei
Operationen. 1976 macht er sein letztes Länderspiel, danach
ist er sportlich ein Mann ohne Zukunft. Sportinvalide mit 27.

**Das Erfolgsgeheimnis? Alle sind wichtig. Der FC Bayern ist
eine Familie.**
Wer sich Hoeness' Lebensweg anschaut, dem fällt auf, dass er
schon früh Verantwortung für andere übernimmt. An seinem
Ulmer Gymnasium ist er Schulsprecher. In den Auswahlmann-
schaften des DFB ist er, obwohl immer einer der Jüngsten,
Spielführer. Udo Lattek («Wo ich bin, ist oben»), der damals als
Jugendtrainer für den DFB arbeitete, erinnert sich, dass Hoeness einmal vor der Abfahrt zu einem Länderspiel nicht auf-
findbar war. Man suchte das ganze Hotel ab. Sie fanden ihn in
der Personalküche, wo er den Angestellten erklärte, dass sie
unterbezahlt seien und sich organisieren müssten, um höhere
Löhne auszuhandeln.

Als er den FC Bayern übernimmt, legt Hoeness fest, der Verein
mache ab sofort keine Schulden mehr. Sein Credo: «Wir geben
nie mehr aus, als wir einnehmen.» Jeder Bankrott betrifft Menschen. An jedem Arbeitsplatz hängt das Wohl einer Familie.
Das hat er in der elterlichen Metzgerei begriffen. Und: «Geld,
Wirtschaftlichkeit, Gewinnmachen ist wichtig, aber Nachhaltigkeit, Glaubwürdigkeit und Identifikation sind es genauso. Der
FC Bayern ist eine Familie. Wir arbeiten in einem familiären
Umfeld. Das ist ein ganz grosser Vorteil.»

In der Familie des FC Bayern sind nach Hoeness' Willen alle
gleichberechtigte Mitglieder. Es gibt einen Verhaltenskodex für
die Profis, der sie zu respektvollem Umgang mit dem Personal
verpflichtet. «Ich will», sagt Hoeness, «dass ein Zeugwart ein
Partner ist, kein Schuhputzer.» Wenn sie Meister werden oder
die Champions League gewinnen, bekommen alle Angestellten
ein Monatsgehalt extra. Wenn einer seiner Angestellten, egal,

Wir geben nie mehr aus, als
wir einnehmen.

Ich will dass ein Zeugwart
ein Partner ist, kein Schuhputzer.

ob Zeugwart oder ehemaliger Profi, in finanzielle Not gerät, hilft der Verein. Wenn dem Spieler Ribéry Sex mit einer minderjährigen Prostituierten vorgeworfen wird, stellen sie sich in der Presse schützend vor ihn. Wenn der Spieler Breno in Untersuchungshaft sitzt, weil er sein Haus angezündet haben soll, scheut Hoeness nicht die Konfrontation mit der Staatsanwaltschaft: «Wir haben eine Sorgfaltspflicht für die Leute, die für uns arbeiten oder gearbeitet haben.»

So erklärt sich auch die Wutrede damals bei der Mitgliederversammlung, als einer sagte, die Atmosphäre im Stadion habe gelitten durch die vielen VIPs. Für die Allianz Arena hatte Hoeness mit seinem Grundsatz, nie die Kreditabteilung einer Bank zu betreten, gebrochen. Dann fiel der Partner des Projekts, der Zweitligist TSV 1860 München, infolge miserabler Finanzen aus, plötzlich fehlten € 117 Millionen. Und die Fans kapieren nicht, wofür er das alles auch macht. «Damit ihr für sieben Euro in der Südkurve stehen könnt», rief er damals erbost, «weil wir den Leuten in den Logen das Geld aus der Tasche ziehen!» Es gebe auch eine Sorgfaltspflicht für den Fan, der Champions League sehen will und sich ein Ticket bei Chelsea in London, wo die Plätze mindestens 40 Pfund kosten, nicht leisten könnte.

Alle Familie, jeder ist wichtig. Wie in der elterlichen Metzgerei, nur eben grösser. So ist der FC Bayern ein Anachronismus im schnelllebigen Fussballgeschäft geworden, in dem die Gesichter in den Führungsetagen häufig von Saison zu Saison wechseln.

Und in München? Der Vorstandsvorsitzende Karl-Heinz Rummenigge ist seit 1974 im Verein. Markenbeobachter ist Paul Breitner, Chef-Scout der ehemalige Profi Wolfgang Dremmler. Abteilungsleiter der Fan- und Fanclub-Betreuung ist der frühere Torhüter Raimond Aumann, die Fanshops betreut der frühere Abwehrspieler Hans Pflügler, und Gerd Müller, einst der Bomber der Nation, den Hoeness durch den Alkoholentzug begleitete, ist heute Jugend- und Amateurtrainer. Uli Hoeness braucht das, diese Nähe, diese menschliche Wärme. Deshalb auch die Geburtstagsfeiern und Begrüssungsabende für Spieler und Trainer bei Feinkost Käfer.

Natürlich kauft der FC Bayern der heimischen Konkurrenz traditionell die besten Spieler weg, aber zugleich sanieren die sich mit diesen Einnahmen. Wenn die Deutsche Fussball-Liga

Hyazinthara, Brasilien/Pantanal,
© K.H.Lambert

mehr Geld für Übertragungsrechte aushandelt, dann liegt das auch am Unterhaltungswert des FC Bayern. 1979 gab es jährlich 50 Millionen Mark vom Fernsehen, heute sind es € 425 Millionen. Und wenn ein Verein vor der Insolvenz steht, wie der FC St. Pauli, dann kommt der FC Bayern mit allen Stars und bestreitet ein Benefizspiel. Und Hoeness läuft am Millerntor herum in einem T-Shirt mit St.-Pauli-Logo und der Aufschrift «Retter».

Offensive gewinnt Spiele.
Defensive gewinnt Meisterschaften.
Hoeness ist beides.

Das System Hoeness, da ist alles drin: Ego, Ehrgeiz, Erfolgsstreben. «Es muss Hunger da sein», sagte er einmal. Aber auch Gemeinsinn, Gerechtigkeit, soziales Gewissen. Als Vertreter der Interessen seines Vereins ist er, wie Willi Lemke von Werder Bremen es nannte, «Abteilung Attacke». Offensive gewinnt Spiele. Defensive gewinnt Meisterschaften. Hoeness ist beides.

Später Nachmittag. Auf der Terrasse vor Hoeness' Haus. Vor sechs Jahren, erzählt er, nach dem Ausscheiden in der Champions League gegen Chelsea, habe ihm in einer Boulevardzeitung «ein junger Schnösel vorwurfsvoll den Rat gegeben, ich solle endlich Schulden machen, damit wir mit Chelsea mithalten können. Der Mann hat doch nicht alle Tassen im Schrank.» Als Borussia Dortmund 2000 an die Börse gegangen sei und dabei zirka € 130 Millionen erlöste, «hiess es, der Hoeness muss sich die als Vorbild nehmen. Diversifikation, eigene Hotels, eine eigene Sportmarke, das sei die Zukunft. Ich musste ständig lesen, Bayern würde sich nur auf das Kerngeschäft konzentrieren, da müsse jetzt was passieren. Wo aber ist das Hotel? Wo ist die Sportmarke? Wo sind die Börsengelder?» Der Ausgabekurs der Dortmunder Aktie lag bei elf Euro, zwischendurch sank er unter einen Euro.

«Real Madrid hat Fans in der ganzen Welt, der AC Mailand auch», sagt der Adidas-Vorstandsvorsitzende Herbert Hainer, dessen Unternehmen 2002 bei der FC Bayern München AG 9.4% der Anteile erworben hat. «Wir würden dennoch in keinen anderen Verein investieren als in den FC Bayern.» Wenn einer wie Hainer das sage, so Hoeness, «dann macht mich das stolz».

Die 77 Millionen, die ihnen Adidas damals bezahlte, haben sie immer noch.

Quellen

ARD (2010): Uli Hoeness: Ein Portrait.

www.gaalaktisch.de/2010/01/ard-doku-uli-hoene-ein-portrait-youtube.html

Bausenwein, C. (2009): Das Prinzip Uli Hoeneß: Ein Leben für den FC Bayern, Die Werkstatt, Göttingen.

Die Welt (2003): «Wenn man so einen Bruder hat, muss man niemanden fürchten». www.welt.de/print-wams/article112896/

Wenn_man_so_ einen_Bruder_hat_muss_man_niemanden_fuerchten.html

Die Zeit (2005): «Es muss Hunger da sein».

www.zeit.de/2005/17/matinee/seite-1

NZZ Folio (2005): «Ich wollte nach oben».

www.nzzfolio.ch/www/d80bd71b-b264-4db4-afd0-277884b93470/showarticle/

fa719c31-c213-4de0-9a7a-63220a232389.aspx

Strasser, P. (2010): Hier ist Hoeneß!, Riva, München.

«Menschen wissen nicht, was sie wollen, bis du es ihnen zeigst.»

Steve Jobs war eine Ausnahme-Persönlichkeit. Im buchstäblichsten Sinne. Kein Unternehmenschef, ein iGod. Er orientierte sich nicht an der Marktforschung, er schaffte seinen eigenen Markt. Machte er auf diese Art Apple zum zeitweise wertvollsten Unternehmen der Welt? Es folgt ein Erklärungsversuch – und damit ein Bruch mit vielen Postulaten, die wir aus der Managementlehre tief und fest verinnerlicht haben.

Steve Jobs

- Geboren am 24. Februar 1955 in San Francisco, USA, wächst als Adoptivsohn von Paul und Clara Jobs in Kalifornien auf.
- 1972: High-School-Abschluss an der Homestead High School in Cupertino, Kalifornien.
- 1973: Abbruch des Studiums am Reed College in Portland.
- 1974: Reise nach Indien, wo er sich mit dem Hinduismus, dem Buddhismus und der Urschreitherapie beschäftigte.
- 1976: Gründung von Apple Computer zusammen mit Steve Wozniak in einer Garage in Palo Alto.
- 1977: Einführung des Apple II – ohne Markterfolg.
- 1984: Einführung des Macintosh. Die graphische Benutzeroberfläche mit Maussteuerung wird zum Standard der PC-Welt.
- 1985: Jobs verlässt Apple nach einem internen Machtkampf und gründet die Firma NeXT Inc.
- 1986: Gründung des Animationsstudios Pixar Inc. Der erste komplett computeranimierte Spielfilm «Toy Story» kommt 1995 in die Kinos.
- 1996: Apple kauft NeXT für 402 Mio. US-Dollar.
- 1997: Jobs wird Vorstandsmitglied bei Apple und treibt die Entwicklung des Mac-Betriebssystems OS X auf Basis einer Technologie von NeXT voran.
- 1998: Einführung des iMac, der mit seinem innovativen Design Apple aus der finanziellen Verlustzone führt.
- 2001: Einführung des digitalen Musikplayers iPod. Die Musikdateien werden über das Programm iTunes verwaltet. 2003 kommt der iTunes Store zu Apple hinzu.
- 2007: Einführung des iPhones, das mit seiner Touchscreen Technologie ein neues Zeitalter mobiler Geräte markiert. 2010 folgt das iPad.
- 2011: Rücktritt vom Vorstandsvorsitz bei Apple.
- Steve Jobs stirbt am 5. Oktober 2011 an den Folgen einer langjährigen Krebserkrankung.

Von Prof. Dr. Oliver Gassmann und Sascha Friesike,
Institut für Technologiemanagement, Universität St.Gallen

Das klassische Marketing lehrt uns, dass zu Beginn eines Innovationsprojektes zunächst eine saubere Marktanalyse erfolgen muss. Anschliessend wird ein Produkt entwickelt, das das anvisierte Marktsegment am besten bedienen können soll. Das Produkt testet man in einer Fokusgruppe, modifiziert es entsprechend und bringt es auf den Markt. Steve Jobs hatte zwei einfache Regeln für das Entwickeln neuer Produkte: «No consultants», «No focus groups». Und mit diesen zwei Regeln hat er ein Unternehmen aufgebaut, das 2011, kurz vor seinem frühen Tod, zum wertvollsten Unternehmen der Welt wurde. Fragen zu Methoden der Konsumentenforschung verneinte er regelmässig: Es war sein Job und nicht der der Käufer, zu wissen, was diese wollen.

Als Studienabbrecher begann Jobs seine Karriere mit einem Aushilfsjob bei Hewlett-Packard. Seine Vision von einem kostengünstigen PC, der einfach zu bedienen ist, konnte das HP Management nicht überzeugen. Frustriert kündigte Jobs und gründete 1976 ein eigenes Unternehmen, Apple Computer Inc.

Man konnte dem Mann, der die letzten 40 Jahre geprägt hat, wie kaum ein anderer, nicht in den Kopf schauen. Es fällt schwer nachzuvollziehen, wie er sechs Industrien grundlegend verändern konnte (Computer, animierte Filme, Musik, Telefonie, Tablets und das Verlagswesen). Seine Interviews waren rar, sein Zelebrieren neuer Produkte in Rollkragenpullover, Jeans und New Balance 992 Sneakern vor der eigenen Fan-Community legendär. Seine Philosophie, die irgendwo zwischen Buddhismus, Magie und abgeklärter Berechnung liegt, widerspricht vielem, was an Business Schools gelehrt wird derart, dass es bis heute keine Firma gibt, die es schafft, Apples Erfolgsmodell zu übernehmen. Ein paar grundlegende Handlungsweisen lassen sich trotzdem erkennen.

Dass die Anderen es nicht machen heisst nicht, dass es nicht funktioniert

Die Branche der Mobiltelefonhersteller war sich bei einem Aspekt verhältnismässig einig: Ein Handy möchte der Kunde über eine Tastatur bedienen. Etliche Studien gaben ihnen Recht und so war ein Smartphone 2006 fast immer ein kleiner

Sidenotes:

Steve Jobs hatte zwei einfache Regeln für das Entwickeln neuer Produkte: «No consultants», «No focus groups».

Man konnte dem Mann, der die letzten 40 Jahre geprägt hat, wie kaum ein anderer, nicht in den Kopf schauen.

Als Jobs das iPhone vorstellte, war sich die Industrie sicher, dass das Gerät zum Scheitern verurteilt war.

Bildschirm mit einer grossen Tastatur. Als Jobs das iPhone vorstellte, war sich die Industrie sicher, dass das Gerät zum Scheitern verurteilt war. Keine Tastatur, fehlende Funktionen, viel zu teuer, keine Stammkunden... Auf das erste iPhone angesprochen, lachte Microsoft Chef Steve Balmer laut und erklärte, dass kein Geschäftskunde ein Telefon ohne Tastatur haben wolle. Heute verdient Apple mit dem iPhone mehr als alle anderen Telefonhersteller zusammen, kaum ein Geschäftskunde besteht heute noch auf seine Tastatur.

Nach dem Erfolg des iPhones zeigte sich die IT-Branche überrascht, fast paralysiert, alle suchten nach eimem «iPhone-Killer». Doch von einer Annahme war man weiterhin überzeugt: Einen Computer möchte der Kunde über eine Tastatur bedienen. Etliche Studien gaben ihnen Recht, ausserdem hatten mehrere Hersteller bereits versucht, einen Tablet-PC zu etablieren, alle waren gescheitert. Man war sich daher einig: Der Tablet-Markt bleibt eine Randerscheinung von vernachlässigbarer Grösse. Den Tablet-Markt scheint es bis heute nicht zu geben, aber es gibt einen iPad-Markt. Innerhalb eines Jahres verkaufte Jobs knapp 15 Millionen Geräte, das sind dreimal so viele, wie alle anderen Anbieter zusammen.

Jobs war überzeugt davon, dass man den Kunden nicht einfach fragen darf, was dieser gerne hätte. Jobs war klar der Auffassung, dass man Produkte entwickeln muss, die über das hinausgehen, was der Kunde kennt. Er war davon überzeugt, dass es keinen Grund gibt, etwas nicht zu machen, nur weil andere Unternehmen glauben, dass es nicht funktioniert.

Es gibt keinen Grund, etwas nicht zu machen, nur weil andere Unternehmen glauben, dass es nicht funktioniert.

Sich auf die wesentlichen Dinge konzentrieren
Steve Jobs verliess Apple Mitte der 80er Jahre und baute die Pixar Animation Studios auf. Pixar ist heute das einzige Studio, das mehr Oscars gewonnen hat, als es Filme produziert hat (12 Filme, 14 Oscars). Bisher war jeder einzelne Pixarfilm ein finanzieller Erfolg. Im Vergleich zu anderen Studios verfolgt Pixar kein Portfolio-Modell, in dem ein Blockbuster etliche Flops finanziert, sondern bringt wenige, durchdachte und bisher eben immer erfolgreiche Filme auf den Markt. Sie konzentrieren sich auf die wesentlichen Dinge.

1997, genau zwölf Jahre nach dem Jobs Apple verlassen hatte, kam er zurück. Apple stand inzwischen mit dem Rücken zur

Maximilianpapagei, Brasilien/Pantanal, © K.H.Lambert

Wand, war finanziell angeschlagen und hatte ein diversifiziertes und unübersichtliches Produktportfolio. Noch in den ersten Wochen entwickelte Jobs eine 2-mal-2-Felder Matrix, die Apple vor dem Konkurs retten sollte. Er unterteilte die Produkte in «pro» und «consumer», sowie in «desktop» und «laptop». Heraus kamen vier Geräte, die sich deutlich voneinander unterschieden, für jeden verständlich und nachvollziehbar. Bis heute ist die Produktpalette, die Apple an Computern anbietet, kaum komplizierter geworden.

Immer wieder hört man Geschichten über Jobs' krankhafte Pedanterie. Er war Perfektionist, der sich Skizzen, Ideen und Vorschläge solange vorlegen liess, bis er auch mit dem letzten Detail zufrieden war. Der Designprozess des ersten Macintosh dauerte drei Jahre. Drei Jahre, in denen Jobs jedes einzelne Element, bis zur körperlichen Erschöpfung des Entwicklungsteams, wieder und wieder überarbeiten liess. Das Ergebnis war ein Designklassiker der Computergeschichte. Doch Jobs' Pedanterie liess sich all die Jahre nur dadurch verwirklichen, dass er sich auf wenige Produkte konzentrierte. Vergleicht man die Anzahl an Produkten, die Apple anbietet, mit Firmen ähnlicher Grösse, wird man ob des Verhältnisses schockiert sein. Nokia beispielsweise bietet aktuell 58 verschiedene Mobiltelefone an, Apple eins und dessen Vorgänger. Es braucht nicht viel, um zu verstehen, dass die Führungsetage bei Nokia sich nicht im gleichen Masse um jedes Telefon kümmern kann, wie es die Führungsetage bei Apple tut.

Er war Perfektionist, der sich Skizzen, Ideen und Vorschläge solange vorlegen liess, bis er auch mit dem letzten Detail zufrieden war.

Ästhetik lässt sich durch nichts substituieren

Apples Produkte mögen als unpraktisch oder teuer gelten, manche nennen sie restriktiv, manche bevormundet, unumstritten ist aber ihr Design. Für andere Führungskräfte ist das Design, die äussere Form, eine zusätzliche Funktion, etwas, das man nach der Entwicklung festlegen kann, kaum mehr als die Hülle, in der das Produkt geliefert wird. Für Jobs war das Design eine wesentliche Funktion eines Produktes, es ist nicht die Hülle, in der das Produkt steckt, es ist das Produkt. In einem Interview mit dem Wired-Magazin erklärte er 1996: «[...] Um etwas wirklich gut designen zu können, muss man es verstehen. Man muss wirklich verstehen, worum es dabei geht. Man muss sich leidenschaftlich darum bemühen, um es wirklich gründlich zu verstehen. Man muss es kleinkauen und nicht einfach runterschlucken. Die meisten Leute nehmen sich nicht die Zeit, dies zu tun.»

Um etwas wirklich gut designen zu können, muss man es verstehen.

Für Jobs war Design kein zusätzliches Feature, es war Teil seiner Philosophie. Jeder Brief, den Apple schreibt, jede Bedienungsanleitung, selbst jeder Auftritt ist bis ins letzte Detail entworfen. Wer Apples Produkte kauft, der erhält einen schlichten eleganten Karton. Beim Öffnen fallen einem nicht Bedienungsanleitungen, Kabel und Zubehöre entgegen, man sieht nur das Produkt, alles andere wird akribisch versteckt.

Wer auf Nummer sicher geht, der hat schon verloren
Neben dem Kalkül, mit dem Jobs neue Produkte voranbrachte, hatte er immer auch den Mut, Fehler zu machen. Und so sind Apples Erfolgsprodukte wohl nur deshalb möglich gewesen, weil er den Mut hatte, Risiken einzugehen. Das eigene Entwicklungsteam war vom Erfolg des iPads nicht überzeugt – keine klare Zielgruppe, etliche fehlende Funktionen, zu gross, um es immer dabei zu haben, zu klein, um den PC zu ersetzen. Jobs fragte keine Marktforscher, er setzte seine Visionen um.

Im Jahr 2000 stellte Jobs den PowerMac G4 Cube vor, ein kompakter Rechner, den man sich auf den Schreibtisch stellen kann. Er gilt bis heute als ästhetische Perle. Doch abgesehen von der äusseren Form fiel der Rechner bei den Kunden durch. Er war kaum erweiterbar, teuer und es fehlte ein CD-Brenner. Apple nahm das Gerät nach nur einem Jahr vom Markt, denn der Markt war für das Produkt noch nicht reif. 2005 versuchte Jobs es noch einmal. Diesmal nannte Apple das Gerät Mac mini, man hatte aus den Fehlern des Cubes gelernt, den Mac mini gibt es bis heute.

Jobs' Philosophie, dem eigenen Gefühl zu vertrauen, verdeutlichte er 2005 in seiner Stanford-Rede: «Dir bewusst zu sein, dass du sterben wirst, ist das beste Mittel, nicht dem Irrtum zu verfallen, du hättest etwas zu verlieren. […] Lass dich nicht durch Lehrmeinungen, durch das, was andere sich ausgedacht haben, in die Irre führen. Lass es nicht zu, dass deine innere Stimme im Lärm fremder Meinungen ertrinkt. Habe den Mut, deinem Herzen, deiner Intuition zu folgen.» Abschliessend zitierte er den Abschiedsgruss des «Whole Earth Catalog» von 1974: «Stay hungry, stay foolish.»

Stay hungry, stay foolish.

Steve Jobs zeigte, dass nicht eingeölte Prozesse und ausgefeilte Strukturen den Unterschied in innovativen Unternehmen ausmachen, sondern individuelle Persönlichkeiten. Wichtig ist der Wille zu Veränderung, der Mut zum Risiko sowie starke Visionen, ein grundlegender Konsens darüber, was Qualität und Design ausmacht und der Fokus auf einige wenige Projekte. Steve Jobs beherrschte wie kein anderer die 4Ps des Marketing. Würden mehr Menschen sich trauen, was sich Steve Jobs traute, wir hätten bessere Produkte, besseres Design, mehr Entrepreneurship und am Ende mehr Jobs.

Quellen

Isaacson, W. (2011): Steve Jobs: A Biography, Simon & Schuster, New York.

Kahney, L. (2009): Inside Steve's Brain: Lessons from Steve Jobs, the Man Who Saved Apple. Atlantic Books, New York.

Kahney, L. (2008): Steve Jobs' kleines Weißbuch: Die bahnbrechenden Managementprinzipien eines Revolutionärs, FinanzBuch Verlag, München.

Moritz, M. (2010): Return to the Little Kingdom: Steve Jobs and the Creation of Apple, Overlook TP, New York.

Simon, W.L./Young, J.E./Lyne, C. (2007): Steve Jobs: Und die Erfolgsgeschichte von Apple, Fischer, Frankfurt.

TED Talks (2005): How to live before you die.
www.ted.com/talks/steve_jobs_how_to_live_before_you_die.html

(Meister-)Macher und «Marke» dank S-C-H-A-L-K-E

Jürgen Klopp absolvierte in seiner aktiven Karriere als Fussballer 325 Zweitligapartien und schoss dabei 52 Tore. Nach acht Jahren Trainertätigkeit beim 1. FSV Mainz 05 (2001–2008), mit dem er zweimal den Aufstieg in die erste Fussballbundesliga feiern konnte, wechselte er im Sommer 2008 zu Borussia Dortmund (BVB) und coachte die junge Mannschaft in der Spielzeit 2010/2011 zum deutschen Meistertitel. Jürgen Klopp selbst beschrieb seine Qualitäten als Fussballer einmal wie folgt: «Ich habe es in meiner aktiven Karriere leider nicht geschafft, auf dem Platz das zu bringen, was sich in meinem Gehirn abgespielt hat. Ich hatte das Talent für die Landesliga und den Kopf für die Bundesliga – herausgekommen ist die zweite Liga.»

Jürgen Klopp

- Geboren am 16. Juni 1967 in Stuttgart, Deutschland.
- 1990: Erste und einzige Profistation beim Zweitliga-Aufsteiger Mainz 05. Davor Spielerpositionen bei SV Glatten, TuS Ergenzingen, 1. FC Pforzheim, Eintracht Frankfurt (Reservemannschaft), Viktoria Sindlingen und Rot-Weiss Frankfurt.
- 2001: Klopp wird Trainer der Profi-Mannschaft des 1. FSV Mainz 05. Er führt den Verein als Interimstrainer von den Abstiegsrängen der 2. Bundesliga zum Klassenverbleib und in den folgenden Jahren als Cheftrainer an die Tabellenspitze.
- 2004: Im dritten Anlauf gelingt der Sprung in die erste Liga, in der Mainz 05 auf dem elften Rang abschloss.
- Seit 2008: Trainer beim Bundesligisten Borussia Dortmund. Klopp erreicht in seinem ersten Jahr als Trainer den sechsten Platz. In der zweiten Saison gelang erstmals die Qualifikation für einen europäischen Wettbewerb.
- 2005–2010: Experte bei Fussballübertragungen im ZDF an der Seite von Johannes B. Kerner, Urs Meier und Franz Beckenbauer. Unter anderem analysierte er bei der WM 2006 und der EM 2008 die Spiele für das ZDF und bei der WM 2010 an der Seite von Günther Jauch bei RTL.
- 2011: Gewinn der Deutschen Fussballmeisterschaft 2011 mit Borussia Dortmund.
- Auszeichnungen: Deutschen Fernsehpreis in der Kategorie «Beste Sportsendung» 2006 und 2010, HERBERT-Award Kategorie «Bester Sportexperte» 2007, 2009, 2011, Deutschlands Trainer des Jahres 2011 mit Borussia Dortmund.

Von Prof. Dr. Matthias Brauer, Institut für Betriebswirtschaft, Universität St.Gallen

Im Gegensatz zu Persönlichkeiten wie Franz Beckenbauer oder Günter Netzer erwarb sich Jürgen Klopp seinen Marken- und Macherstatus nicht bereits als Spieler, sondern primär in seinen Rollen als Fernsehexperte (Gewinner des deutschen Fernsehpreises in der Kategorie «Beste Sportsendung» 2006 und 2010) und Trainer (Deutschlands Trainer des Jahres 2011).

Während man den ehemaligen Trainer des FC Bayern München Louis van Gaal abseits des Fussballplatzes als «Feierbiest» bezeichnete, kann man Jürgen Klopp als «Werbebiest» bezeichnen. Von Werbeagenturen wird Jürgen Klopp als einer der teuersten Marken im deutschen Sport bewertet. Jürgen Klopp machte Werbung für Autos, Brillen, Schirmmützen, Schokoladenriegel, Tapetenkleister und Zwieback. Und leider ungewollt auch indirekt für Bunga-Bunga-Partys, indem er einen Werbevertrag mit einer grossen deutschen Versicherungsgruppe abschloss, deren Mitarbeiter vorgeworfen wurde, eine Lustreise nach Bulgarien unternommen zu haben, bei der nach Angaben der Zeitung «Handelsblatt» eine Therme in ein Freiluftbordell verwandelt worden sei. Das frühere Statement der Versicherung, Jürgen Klopp zu engagieren, weil er wie kein anderer für die zentralen Werte der Versicherung «Leistung, Respekt, Verantwortung und Spass» stehe, bekam durch die Affäre eine bizarre Note. Zudem fungiert Jürgen Klopp als Fairtrade-Botschafter. Man stellt sich also die Frage, ob es überhaupt Produktbereiche gibt, auf die sich das Markenimage des Jürgen Klopp nicht ausweiten lassen.

Unternimmt man einmal den Versuch, die Marken- und Macherqualitäten von Jürgen Klopp zu analysieren, stösst man darauf, dass sich die wesentlichen Eigenschaften und Gründe für den Marken- und Machererfolg von Jürgen Klopp in dem aus Sicht der Dortmunder Anhängerschaft durchaus ambivalent besetztem Akronym S-C-H-A-L-K-E zusammenfassen lassen. Die Anhängerschaften von Schalke 04 und Borussia Dortmund verbindet die etwa seit den 70er Jahren gepflegte gegenseitige Abneigung. Auf beiden Seiten nimmt man nicht einmal den Namen des Konkurrenten in den Mund. Dortmund wird somit zu «Lüdenscheid-Nord», und aus Schalke wird «Herne-West». Der geneigte Borussia Dortmund-Fan wird dennoch gebeten weiterzulesen.

Von Werbeagenturen wird Jürgen Klopp als einer der teuersten Marken im deutschen Sport bewertet.

S-C-H-A-L-K-E beschreibt in diesem Fall nämlich die folgenden
Eigenschaften von Jürgen Klopp:
Sympathisch
Charismatisch
Humorvoll
Authentisch
Langfristorientiert
Kompetent
Emotional

Sympathisch. Charismatisch. Humorvoll.
Jürgen Klopp kommentierte seine Rolle als Sympathieträger
einmal wie folgt: «Offenbar bin ich nicht wirklich unsympa-
thisch, diesen Eindruck habe ich durchaus auch gewonnen».
Diese Antwort offenbart eine der Qualitäten der Führungspersönlichkeit Jürgen Klopp; das positive Markenimage von Jürgen
Klopp hat viel mit seinem Humor und seinem Hang zur Selbstironie zu tun. Er gilt als der beliebteste Schwabe im Ruhrge-
biet, aufgrund seiner pointensicheren Art wurde er scherzhaf-
ter Weise als Nachfolger von Thomas Gottschalk bei «Wetten,
dass..?» gehandelt und die Wochenzeitschrift «Die Zeit» erteilt
ihm nach dem Gewinn der Meisterschaft das zweifelhafte Lob,
dass Jürgen Klopp jetzt beliebter wäre als Günter Jauch. Zudem
tätowieren Fans sich das Gesicht von Jürgen Klopp auf den
Körper – etwas, was man vorher nur von Harley Davidson kannte.
Es stellt sich also die Frage, was die Gemeinsamkeiten zwischen der Marke Jürgen Klopp und Harley Davidson sind?
Ohne Zweifel neigen beide zu zum Teil lärmigen (Wut-)Ausbrü-
chen. Doch wie auch bei Harley Davidson, scheint es im Fall
von Jürgen Klopp vor allem die Identifikation mit Verein und
Aufgaben sowie seine Qualität zur Identitätsstiftung zu sein,
die ihm hohe Sympathien einbringt. Kaum ein anderer Trainer
scheint sich so mit seinen Vereinen zu identifizieren wie
Jürgen Klopp. Er prägte den «Karnevalsverein» Mainz 05 und
nun Borussia Dortmund. Identität schafft Jürgen Klopp scheinbar vor allem durch ein klares normatives Fundament – eine
gemeinsame Wertebasis, auf die sich jeder berufen, aber vor
allem auch auf der jeder in die Pflicht genommen werden kann.
Beispielhaft dafür ist das Poster an der Baracke am Dortmunder Trainingsgelände, welches mit dem Titel «Das Versprechen»
überschrieben ist. Darunter sind die Dinge aufgelistet, die
man sich mannschaftsintern gegenseitig versprochen hat:
«Bedingungsloser Einsatz», «Leidenschaftliche Besessenheit»,

Kaum ein anderer Trainer
scheint sich so mit seinen
Vereinen zu identifizieren
wie Jürgen Klopp.

«Zielstrebigkeit unabhängig von jedem Spielverlauf», «Jeden zu unterstützen», «Sich helfen zu lassen», «Jeder stellt seine Qualität zu 100% in den Dienst der Mannschaft» und «Jeder übernimmt Verantwortung.» Dieses «Value Statement» wurde von allen Spielern und dem Trainer unterzeichnet. Der BVB-Sportdirektor Michael Zorc beschrieb Jürgen Klopp aufgrund seiner Fähigkeit, Teamgeist zu beschwören und Identifikation zu stiften, daher einmal als «Menschenfänger» im positiven Sinne.

Mönchsittich, Brasilien,
© K.H.Lambert

Klopps Macht kommt mit einem Lächeln daher.

Trotz aller Selbstironie und seiner humorigen Art strahlt Jürgen Klopp aber gleichzeitig Autorität aus. In der klassischen Leadershipliteratur werden die Führungsstile von Managern in der Regel immer noch entlang eines Kontinuums beschrieben, was in der Regel von autokratischer Führung bis hin zur delegativen Führung reicht. Im Fall von Jürgen Klopp scheint es aber vielmehr das Wechselspiel von Autorität und «Kumpelhaftigkeit» entlang des Führungsstilkontinuums zu sein, welches seinen Führungserfolg begründet. Viele sehen in Jürgen Klopp daher die moderne Führungspersönlichkeit, die zeigt, dass Einfühlungsvermögen und Autorität keine Widersprüche sind. Er gilt als Kumpel und Feldherr zugleich. Das Magazin der Süddeutschen Zeitung schrieb daher einmal treffend: «Klopps Macht kommt mit einem Lächeln daher».

Authentisch.
Authentizität gilt in der Leadershipforschung als der zentrale Erklärungsfaktor von Führungserfolg. So ist es nicht verwunderlich, dass auch im Fall von Jürgen Klopp dessen Authentizität als wesentliches Erfolgsmerkmal hervorsticht. In seinen Darstellungen, Analysen und letztlich auch in seinen rumpelstilzchenartigen Emotionsausbrüchen wirkt er authentisch. Gestik, Mimik und Sprache, das sogenannte «Kloppo-Deutsch» mit Kernvokabeln wie «Vollgas», «überragend» und «Truppe», erzeugen die besondere Mischung aus bodenständiger, humorvoller und gleichzeitig analytisch sinnvoller Darstellung. Jürgen Klopp verkauft sich selbst als «Speerspitze von Otto Normalverbraucher» und unterstreicht dies durch markige Sprüche, unprätentiöses Auftreten und lässiges Outfit, was ihm nach eigener Aussage Ehefrau Gabi am Vorabend rausgelegt hat, um «auf der sicheren Seite zu sein». Jürgen Klopp erdet sich damit selber und scheint mit dieser Art den gefragten Mix von Volksnähe, Leistung, Verantwortung und Humorhaftigkeit zu verkörpern.

Jürgen Klopp verkauft sich selbst als «Speerspitze von Otto Normalverbraucher».

Langfristorientiert.

Der sportliche Erfolg von Jürgen Klopp war nicht linear. Nachdem er mit Mainz 05 in den Jahren 2002 und 2003 jeweils als Tabellenvierter der 2. Bundesliga den Aufstieg in die 1. Bundesliga knapp verpasst hatte, verdiente sich Jürgen Kopp vorerst nur den Titel des «besten Nichtaufsteigers aller Zeiten». Nach dem gelungenen Aufstieg mit Mainz in die 1. Bundesliga im Jahr 2004 und einer erfolgreichen Spielzeit 2005 / 2006, in der man sogar im UEFA-Pokal Wettbewerb vertreten war, stieg Jürgen Klopp mit Mainz 05 aber dann auch wieder in die 2. Bundesliga ab. Bei seiner langjährigen Trainerstation in Mainz war es daher wohl weniger der sofortige, schnelle Erfolg, sondern vielmehr «die Kunst des stilvollen Scheiterns und Sich-wieder-Berappelns», die Jürgen Klopp zu einer Kultfigur werden liess.

War es «die Kunst des stilvollen Scheiterns und Sich-wieder-Berappelns», die Jürgen Klopp zu einer Kultfigur werden liess.

Bei Mainz 05 operierte Jürgen Klopp mit einem im Vergleich mit anderen Bundesligisten unterdurchschnittlichen Gesamtetat. Die Transfersituation bei Mainz 05 umschrieb Jürgen Klopp einmal wie folgt: «Wir sind immer noch darauf angewiesen, die Spieler anzurufen. Und wenn wir deren Beratern dann ein Angebot machen, denken die immer, wir wollten sie veräppeln.» Auch bei den hochverschuldeten Dortmundern lag der Etat von Jürgen Klopp in der Meistersaison bei vergleichsweise niedrigen € 35 Mio. Langfristiges Denken – vielleicht auch teilweise erzwungen durch die finanziell angeschlagene Situation von Borussia Dortmund – spiegelt sich in der Mannschaftsstruktur und verfolgten Transferpolitik wider. Jürgen Klopp setzte zu Beginn seiner Amtszeit mit Mats Hummels und Neven Subotic (damals beide 19) das jüngste Manndeckerpaar der Bundesliga-Historie ein. Mit Kevin Grosskreutz, Marcel Schmelzer, Mario Götze und Sven Bender setzte er konsequent auf Jungprofis. In der zweiten und dritten Saison unter Jürgen Klopp bei Borussia Dortmund standen bis zu sechs Profis in der Startelf, die 21 Jahre oder jünger waren. Diese Langfristigkeit zahlt sich aus. Sie ist jedoch nicht ausschliesslich Jürgen Klopp zuzuschreiben, sondern auch der jeweiligen Vereinsführung; sie muss den Kontext schaffen, um die Umsetzung langfristiger Vorstellungen trotz vermeintlicher Rückschläge zu ermöglichen. Von daher zeichnet Jürgen Klopp wohl auch die Fähigkeit aus, gegenüber den Vertretern der jeweiligen Vereinsführung Vertrauen in seine Person zu schaffen.

Die wichtigsten Erfolgsbausteine der Dortmunder Mannschaft sind damit wohl die jugendliche Begeisterungsfähigkeit, der

Teamgeist, die geringere Verletzungsanfälligkeit und hohe Fitness gepaart mit spielerischem Talent und taktischer Disziplin. Die Vision und der Wille, etwas Langfristiges aufzubauen sowie die Bereitschaft, sich auf langfristiges Denken im kurzfristig getriebenen Fussballgeschäft einzulassen, scheint somit ein weiterer wichtiger Erklärungsfaktor für den Marken- und Machererfolg von Jürgen Klopp zu sein.

Kompetent.

Wie darf jemand, der nicht dreifacher Weltmeister war, versuchen, den Deutschen Fussball zu erklären, und wird dann auch noch zum besten Sportexperten gewählt? Sympathie für Jürgen Klopp entstand nicht allein aufgrund seiner Qualitäten als medienkompatibler Entertainer, sondern auch aufgrund des Nachweises von Sachkompetenz. Seine Kritik bringt er als Fernsehexperte stets dosiert, aber dennoch fundiert an. Den Eindruck von Kompetenz erweckt Jürgen Klopp zudem dadurch, dass er stets unmissverständlich zum Ausdruck bringt, dass er in seiner Arbeit als Fernsehexperte nicht ad-hoc angelesenes Wissen und vorab zurecht gelegte Analysen bemüht, sondern sich schlicht auf seine fundierte über Jahre gewachsene Expertise als «Branchenkenner» verlassen kann.

Als Trainer wird Jürgen Klopp entsprechend seiner analytischen Kompetenz und modernen Fussballauffassung nicht ausschliesslich in die Kategorie «Motivator» gesteckt, sondern gilt als Konzepttrainer. Seine Sachkompetenz zeigte sich auch darin, die Stärken des jungen Kaders bei Borussia Dortmund zu erkennen, die anfangs vor allem in der Leistungsfähigkeit lag, die dann in eine moderne Philosophie Fussball zu spielen umgesetzt wurde. Diese Form von Tempofussball setzt auf Komponenten wie gepflegtes Kurzpassspiel, ballorientiertes Verteidigen und schnelles Umschalten zwischen Angriff und Verteidigung.

Emotional.

Jürgen Klopp propagiert Erlebnisfussball mit viel Emotion, Leidenschaft und Willen auf der Basis hoher Laufbereitschaft und taktischer Disziplin. Jürgen Klopp verspricht «Vollgas-Veranstaltungen» und drückte dies einmal wie folgt aus: «Wenn die Zuschauer Emotionen wollen, du aber Rasenschach anbietest, muss sich einer von beiden ein neues Stadion suchen. 60'000 Dortmunder wollen nicht daumendrehend dasitzen und ein Fussballspiel erleben. Die wollen Leiden-schaft!» Die Verkörperung und der bewusste Einsatz von Emotionen hat nicht nur spielerisch, sondern auch wirtschaftlich Wirkung gezeigt. Auf der einen Seite brachten Jürgen Klopp seine Negativemotionen gegenüber Schiedsrichtern und Offiziellen einige Geldstrafen ein (insgesamt ca. € 50'000). Auf der anderen Seite erwirtschaftete Borussia Dortmund in der Meistersaison einen Rekordgewinn. Der Konzern erzielte im Geschäftsjahr 2010/2011 einen Überschuss von € 5.4 Mio. bei einem Umsatz von € 151.5 Mio. Zudem konnte man in allen wichtigen Segmenten die Einnahmen steigern. In Vergleich zur Spielzeit 2009/2010 nahm der Konzern im Bereich Werbung und Sponsoring sowie in der Fernsehvermarktung jeweils € 11 Mio. mehr ein. Im Spielbetrieb kamen € 4.3 Mio. und im Merchandising € 5.7 Mio. hinzu. Grösster Einkommensblock war die Werbung, rund € 50 Mio. flossen dadurch insgesamt in die Kassen. Rund € 13 Mio. gab es an Transfererlösen. Der Schuldenberg von € 59 Mio. reduzierte sich damit um € 3 Mio. Hinzu kommt, dass die Mannschaft mit € 19 Mio. «Anlagevermögen» relativ konservativ bewertet ist. Auf dem Transfermarkt schätzt man den Wert der Mannschaft im dreistelligen Millionenbereich ein. Lediglich die BVB Aktie, die im Jahr 2000 zu einem Ausgabepreis von € 11 auf den Markt gebracht wurde und heute bei etwa € 2.20 notiert, gilt immer noch als der teuerste Fanartikel der Liga.

Abschliessend stellt sich die Frage, inwieweit die Gründe des Erfolgs von Jürgen Klopp auch gleichzeitig auf die Grenzen seines Erfolgs hindeuten. Wie angesprochen, erscheint das positive Markenimage und der Führungserfolg von Jürgen Klopp eng mit seiner Führungsstilmélange aus Kumpel und Feldherr, seiner Betonung kollektiver, langfristiger Werte und seiner Emotionalität und Authentizität verbunden zu sein, die sich aus seiner Gestik, Mimik und Sprache ergibt. Die Grenzen der Marke und des Machers scheinen daher auf Kontexte begrenzt zu sein, in denen diese Verhaltensweisen sowohl umsetzbar als auch wirklich authentisch erscheinen. Das Image als «Lust-Malocher» mit lockerem «Kloppo-Slang» und fuchtelnder «Kloppo-Faust» passen ideal zu einem Verein wie Borussia Dortmund, in dem man Wert darauf legt, dass Fussball «gearbeitet» wird und bei dem man nach Aussage von Jürgen Klopp selbst nichts Ehrenrühriges darin sieht, für den Erfolg etwas härter arbeiten zu müssen als andere. Es wird daher interessant zu verfolgen sein, ob bei einem ausländischen Verein oder

Das Image als «Lust-Malocher» mit lockerem «Kloppo-Slang» und fuchtelnder «Kloppo-Faust» passen ideal zu einem Verein wie Borussia Dortmund.

auch bei einem anders gearteten Verein wie etwa dem FC Bayern München, der bereits an Jürgen Klopp interessiert war, sich dann aber für Jürgen Klinsmann als Trainer entschied, der Marken- und Machereffekt von Jürgen Klopp sich ähnlich einstellen beziehungsweise fortbestehen wird.

Quellen

Die Welt (2011): Der erste Titel für Kulttrainer Jürgen Klopp.

www.welt.de/sport/fussball/bundesliga/borussia-dortmund/article13310966/Der-erste-Titel-fuer-Kulttrainer-Juergen-Klopp.html

FAZ (2009): Es geht erst ums Erlebnis statt ums Ergebnis.

www.faz.net/aktuell/sport/fussball/bundesliga/im-gespraech-trainer-juergen-klopp-es-geht-erst-ums-erlebnis-statt-ums-ergebnis-1859926.html

Handelsblatt (2011): Jürgen Klopp sagt «Tschüss, Herr Kaiser».

www.handelsblatt.com/unternehmen/versicherungen/juergen-klopp-sagt-tschuess-herr-kaiser/4209776.html?p4209776=all

Kicker/Spiegel TV (2011): Die Parallelwelten des Jürgen Klopp.

www.kicker.de/news/video/1123841/video_Die-Parallelwelten-des-Juergen-Klopp.html

SZ Magazin (2011): Warum liebt jeder diesen Mann? Jürgen Klopp gilt als der lockerste Trainer der Bundesliga – dabei ist er der autoritärste von allen. sz-magazin.sueddeutsche.de/texte/anzeigen/35556

TAZ (2008): Der Experte für Erfolg im Misserfolg.

www.taz.de/!17665

Aus Prinzip anders:
Die Welt von Red Bull

Dietrich Mateschitz gilt der Öffentlichkeit gegenüber als
eher verschlossen. Nicht so seine Marke Red Bull, eine
der bekanntesten und beliebtesten weltweit. Das Erfolgsgeheimnis: Eine raffinierte Werbe- und Sponsoringstrategie, die vor allem durch die Vision und Leidenschaft ihres
Gründers vorangetrieben wird. Mateschitz lebt sein Pro-
duktversprechen: er hat Flügel. Und er will immer höher
hinaus.

Dietrich Mateschitz

- Geboren am 20. Mai 1944 in Sankt Marein im Mürztal,
  Steiermark (Österreich).
- Studium an der Hochschule für Welthandel in Wien.
- Nach dem Studium Marketingfachmann bei verschiedenen
  Unternehmen, u. a. Jacobs Kaffee und dem Zahnpasta-
  hersteller Blendax.
- Während zahlreicher Asien-Reisen entdeckt er den im
  Westen bis dato unbekannten Markt der Energydrinks.
  1983 erwirbt er eine Lizenz für solch einen Drink.
- 1984: Gründung der Red Bull GmbH zusammen mit seinen
  thailändischen Partnern Chaleo und Chalerm Yoovidhya.
- 1987: Mateschitz und seine Partner wandeln die Rezeptur
  des thailändischen Energydrinks «Krating Daeng» (Roter
  Stier) ab. Red Bull wird in den Markt eingeführt.
- In den Folgejahren: Red Bull steigt zum Weltmarktführer von
  Energydrinks auf.
- Ab 1995: Werbe- und Sponsoringstrategie in den Bereichen
  Sport, Lifestyle und Nightlife.
- 2003: Mateschitz setzt seiner Flugleidenschaft ein Denkmal
  und eröffnet den Red Bull Firmensitz und Event-Park
  Hangar 7 in Fuschl am See, nahe Salzburg.
- 2005: Gründung und Teamchef des Red Bull Racing Teams.
  Weltmeister 2011 mit Sebastian Vettel.
- Ab 2005: Gründer und Inhaber zahlreicher Unternehmen wie
  z. B. Red Bull Air Racing, Carpe Diem oder Servus TV.
- 2010: Platz 208 im Forbes Magazin mit einem geschätzten
  Vermögen von ca. € 3 Mrd.

Von Andreas Heller und Benno Maggi, Mitglieder der NZZ-Folio-Redaktion. Benno Maggi ist auch Geschäftsführer der Partner & Partner Agentur für Integrierte Marketing Kommunikation.
Erstveröffentlichung in NZZ-Folio, Ausgabe 3, 2011.
Wir danken für die Genehmigung des Wiederabdrucks.

Mit einem jährlichen Absatz von vier Milliarden Dosen ist Red Bull führend im boomenden Markt der Energydrinks. Aber mehr noch als ein Getränkehersteller ist die Firma mit Hauptsitz in Fuschl eine gigantische Marketingmaschine: Ein Drittel des Jahresumsatzes, zuletzt € 3,3 Milliarden, werden ins Marketing investiert, 600 Millionen allein ins Sportsponsoring. Das von einer thailändischen Familie und Dietrich Mateschitz kontrollierte Unternehmen hat die Rechtsform einer GmbH und beschäftigt in 160 Ländergesellschaften 7000 Mitarbeiter. Die meisten arbeiten im Marketing und im Vertrieb, die Produktion und Abfüllung des Getränks überlässt Red Bull dem Fruchtsafthersteller Rauch, der auch in Widnau im St.Galler Rheintal eine Fabrik unterhält. Der Produktionsstandort in der Schweiz, von dem aus vor allem der amerikanische Markt beliefert wird, erhöht laut Mateschitz die Flexibilität, sollten sich die EU und die USA in einem Handelskonflikt gegenseitig mit Boykotten belegen.

Ein Auftritt wie aus einem Werbespot: Bevor Dietrich Mateschitz seinem Range Rover entsteigt, nimmt er noch einen Schluck aus der silbernblauen Dose, die ihn zum Milliardär gemacht hat. Der fast einen Meter neunzig grosse Mann eilt durchs Schneegestöber zum Eingang seines Glaspalasts «Hangar 7». Mateschitz begrüsst die adretten Empfangsdamen, schaut mit breitem Lachen hinüber zu den Gästen in der Lounge, schüttelt da noch schnell eine Hand und dort eine. «Didi» Mateschitz, 66, gilt als Marketinggenie. Anfang der 1980er Jahre entdeckte er – damals Marketingmanager für die Zahnpasta Blendax – in Asien das süsse Getränk Kratin Daeng (Roter Stern), und er machte daraus eine Weltmarke. Mit eisernem Willen, Akribie, Kalkül und einem sicheren Gespür für den Markt. Mit unkonventionellen Werbekampagnen, Events, Parties und dem Sponsoring von Trend- und Extremsportarten lancierte er nicht nur einen Energydrink, sondern erfand auch gleich einen Markt dafür. Denn er wusste: Viel wichtiger als der Inhalt des Getränks – Zucker, Koffein, Taurin

«Didi» Mateschitz, 66, gilt als Marketinggenie.

Mit unkonventionellen Werbekampagnen, Events, Parties und dem Sponsoring von Trend- und Extremsportarten lancierte er nicht nur einen Energydrink, sondern erfand auch gleich einen Markt dafür.

und Vitamine – sind die Gefühle, die scheinbar mitgeliefert werden: Dynamik, Unabhängigkeit, Spass. Einmal in der Woche schaut der Gründer von Red Bull im «Hangar 7» am Salzburger Flughafen vorbei. Im elliptisch geformten Kuppelbau, so gross wie ein Fussballfeld, sind die Ikonen der Red-Bull-Welt ausgestellt: alte Jagdbomber, Flugzeuge und Helikopter der Kunstflugstaffel Flying Red Bulls, Motorräder und natürlich die Formel-1-Boliden von Red Bull Racing und Toro Rosso, darunter auch der Red Bull RB 6, auf dem Sebastian Vettel im letzten Jahr den Weltmeistertitel gewonnen hat. Im ersten Stock der beiden Türme beim Eingang befindet sich das Gourmetrestaurant Ikarus, wo Monat für Monat ein anderer Sternekoch gastiert. Dazu gibt es ein Studio von Servus T\7, dem Fernsehkanal des Red Bull Media House. Im zweiten Stock, direkt neben der Cigar Lounge, hat Dietrich Mateschitz sein Büro.

Herr Mateschitz, viele waren überrascht, als der Red-Bull-Fahrer Sebastian Vettel im letzten Rennen doch noch die Formel-1-Weltmeisterschaft gewann. Sie auch?
Das war schon denkwürdig. Aber überrascht war ich nicht. Wir fühlen uns ja immer unseren Zielsetzungen verpflichtet. Im Vorjahr waren wir bereits Zweite geworden – und wenn wir anfangs nicht einige technische Probleme gehabt hätten, wäre noch mehr dringelegen. In der zweiten Hälfte der Saison waren wir knapp am Titel dran. Die Devise lautete also: Wir müssen noch besser sein. Wenn man Zweiter geworden ist, bleibt nur der erste Platz übrig.

Sie waren bei der Siegesfeier in Ahn Dhabi dabei. Was hat Sie dieses Erlebnis unter dem Strich gekostet?
Ich weiss die Budgets nicht auswendig, aber da kommt ja auch einiges rein an Bonifikationen: Punkteprämien, Prämien für den Gewinn der Weltmeisterschaft und den Titel in der Konstrukteurenwertung. Die Ausgaben setzt man in der Planung grosszügig ein, und auf gut österreichisch denkt man sich: Es ist allerlei, aber wir müssen's wohl zahlen. Wenn es dann wirklich so ist, darf man sich nicht beklagen.

Wie viel geben Sie für Sponsoring aus im Jahr?
Unser Gesamtmarketingbudget beträgt ungefähr € 1,3 Milliarden, wovon zwei Drittel für Konsumentenmarketing verwendet werden. Davon geht ein Drittel in klassische Werbung, zwei Drittel, also rund 600 Millionen, fliessen in das Event- und Sportmarketing.

Was hat die grössere Wirkung. Werbung oder Sponsoring?
Wahrscheinlich braucht man beides. Die Grundpositionierung eines Produkts und seines Images wird immer noch durch die klassische Themenkampagne definiert. Events und Sponsoring sehen wir eher als flankierende Massnahmen. Sie sind wichtig für die Aktualität einer Marke und Teile der Imagebildung, die man über die klassische Themenkampagne nicht erreicht.

Events und Sponsoring sehen wir eher als flankierende Massnahme.

Sie besitzen zwei Rennställe, einen Eishockeyclub, drei Fussballmannschaften, haben Hunderte von Sportlern unter Vertrag. Wird der Sport nur noch zum Marketing-vehikel von Konzernen?
Für ein Waschpulver, das Omo heisst, ist ein Rennstall kaum sinnvoll. Das muss schon passen. Red Bull ist ein Energydrink, damit sind wir für den Sport und die Formel 1 prädestiniert. Der Vorteil, den wir marketingmässig haben, besteht darin, dass wir einen anderen Ansatz haben als beispielsweise Emirates, Vodaphone, Hewlett-Packard oder Marlboro, die wahrscheinlich gleich viel Geld ausgeben wie wir. Wir kaufen uns nicht einfach für einen Koffer voller Geld einen Kotflügel, um ihn mit unserem Logo zu bekleben, wir betreiben unseren eigenen Rennstall, wir übernehmen selbst die Verantwortung.

Wir kaufen uns nicht einfach für einen Koffer voller Geld einen Kotflügel, um ihn mit unserem Logo zu bekleben.

Und das Risiko.
Es geht ja auch um die Qualität einer Markenpräsenz und um Imagetransfer. Wenn wir Eishockey oder Fussball spielen und dabei gewinnen, wenn wir Formel 1 fahren und Weltmeister werden, dann ist der Effekt viel grösser. Die Medien berichten im redaktionellen Teil darüber, wir sind es selber, die den Erfolg feiern. Diesen Ansatz haben wir über zwanzig Jahre durchgezogen. Ob das eine Philosophie ist, die Schule machen wird, weiss ich nicht. Vielleicht wird es der eine oder andere nachahmen, weil ja alles nachgemacht wird. Mag sein, dass es einmal ein «Coca-Cola Tour de France Team» geben wird. Aber das ist die Entscheidung der Herren, die dort arbeiten.

Red Bull war wohl das erste Unternehmen, das eigene Sportevents wie die Air-Races oder die X-Fighters erfand, um sein Produkt bekannt zu machen. Wie kamen Sie auf die Idee?
Ich weiss nicht, ob es eine Philosophie ist oder bereits zwanghaft in fast schon klinischer Ausprägung: Wir stellen aus Prinzip alles in Frage. Wir gehen davon aus, dass nicht alles, was schon immer irgendwie gemacht wurde, so auch richtig

Pavuasittich, Brasilien,
© K.H. Lambert

Dann fragen wir uns: Gibt
es auch andere Wege,
intelligentere, kreativere,
lustigere, günstigere?

ist. Dann fragen wir uns: Gibt es auch andere Wege, intelligentere, kreativere, lustigere, günstigere? Sportsponsoring ist nur einer von vielen Bereichen, die wir anders angegangen sind. Noch nie hatte es eine Werbeaktion gegeben wie die mit unserem Red-Bull-Mini mit einer überdimensionierten Dose hinten drauf und einem Kühlschrank in der Rückbank. Wir haben in der Werbung Ungewohntes gemacht mit dem Slogan «Red Bull verleiht Flügel», der Singerei und einem bisserl Selbstironie. Wir haben auch Strukturen und Hierarchien in Frage gestellt, weil wir an Individualismus statt Konformismus glauben.

Gibt es für diese Haltung ein schriftliches Leitbild? Oder sind Sie es, der das einfach vorlebt?
Natürlich prägt man als Gründer die Philosophie einer Marke, ihre Positionierung, das Marketing, die Kampagnen. Aber ich mag die Frage nicht sehr, weil es schwierig ist, dabei nicht aufgesetzt bescheiden zu wirken – und Angeber sind wir ja auch keine. Also sage ich halt: Es ist so entstanden. Es ist eine Evolution, wenn man so will. Wir sind zu einer globalen Marke geworden, aber wir haben die Philosophie nicht geändert. Der Sport war von Anfang an unsere Domäne.

Wie fing das an?
Red Bull hat seine Wurzeln in den sogenannten Extremsportarten. Bereits im ersten Jahr hatten wir unsere Fallschirmspringer, die Mountainbiker und die Snowboarder, die Drachenflieger und die Wildwasserkanufahrer. Das war unser Freundeskreis. Das waren damals auch die billigsten Sportarten für Sponsoren, da war sonst keiner. Unsere Jungs, Freeclimber wie Stefan Fürst, waren froh, wenn sie pro Jahr 10'000 Schilling bekamen. Damit konnten sie einen Teil ihrer Spesen decken.

Eine Art Guerrillasponsoring.
Es war nicht so trivial wie das Sponsoring, das ich einst gelernt hatte und wie ich es bei anderen Firmen, für die ich gearbeitet habe, wider besseres Wissen praktizierte. Das war damals so: Man kaufte in einem Fussballstadion ein Stück Bande, fünf Meter lang, einen Meter hoch. Jemand aus der Agentur sass mit der Uhr vor dem Fernseher und stoppte die Zeit, währenddessen das Logo zu sehen war. Dann wurde die Rechnung gestellt: 37 Sekunden Lesbarkeit des Logos macht 4'728 Franken. Das ist nicht besonders gescheit oder witzig, weil man mit dieser Art von Werbung bloss seinen Bekanntheitsgrad erhöht, also rein quantitative Kommunika-

tionsziele erreicht. Sportsponsoring, so wurde es an den Universitäten gelehrt, war kein Vehikel für qualitative Kommunikationsziele. Damit haben wir aufgeräumt. Wir gingen anders vor. Wir kauften zum Beispiel beim Skispringen den Schanzentisch und schrieben darauf. «Red Bull verleiht Flügel». Das sorgte für Aufsehen. Alle sprachen und schrieben darüber. Es ist ein gewaltiger Unterschied, ob man einen Sponsor nur werblich erlebt oder auch redaktionell in der Berichterstattung über ein Ereignis.

Sie haben über 500 Sportler unter Vertrag. Haben Sie da überhaupt noch den Überblick?
Im Prinzip schon, die sind ja alle handverlesen. Bei einem Grossteil der Sportler findet die Auswahl auf nationaler Ebene durch die Ländergesellschaften statt. Es wird also dezentralisiert ausgewählt, vorgeschlagen und von uns freigegeben.

Waren Sie selber eigentlich auch Sportler?
Ich mach alles und komm überall runter, aber Leistungssportler war ich nie. Ich bin Freizeitsportler. Wenn ich nicht arbeite, bin ich gern draussen, unter freiem Himmel.

Was haben Sie persönlich für eine Beziehung zu diesen Sportarten?
Ich bin natürlich interessiert. Aber ich gehe kaum je an einen Anlass. Ich stelle mich nicht in den Vordergrund. Eher das Gegenteil ist der Fall, wobei dies vielleicht schon wieder eine ausgeprägte Form von Egoismus ist.

Weshalb?
Auch wenn es nicht immer einfach war, habe ich über die Jahre immer versucht, meine Privatsphäre so weit wie möglich zu bewahren. Das ist mir recht gut geglückt, bis vor wenigen Jahren. Natürlich erkannte man mich, wenn ich in Salzburg in ein Restaurant ging, aber in Rosenheim oder Innsbruck war das schon wieder anders. Mit dem wirtschaftlichen Erfolg kamen dann die Wirtschaftsjournalisten, mit dem Motorsport die Sportjournalisten. Dann konnte ich mich nicht mehr entziehen. Am Fernsehen gebe ich aber bis heute keine Interviews. Zeitungen sind nicht so schlimm, weil ein Bild in der Zeitung nicht die gleiche Wirkung hat wie ein Auftritt im Fernsehen.

Sie sind selber im Mediengeschäft tätig. Sie produzieren Zeitschriften wie das «Red Bulletin», Sie haben mit Servus TV einen eigenen Fernsehsender, Sie betreiben ein Internetradio. Sie produzieren selber Öffentlichkeit.

Nicht ich, Red Bull. Ich organisiere die Meetings, arbeite mit, bin Teil der Arbeitsgruppen, konzipiere vieles und erfinde das meiste, nur trag ich's nicht nach aussen. Das machen unsere Mitarbeiter. Und diese Mediengeschichte ist auch nicht so verrückt, so unglaublich oder grössenwahnsinnig, wie manche glauben.

Wie schätzen Sie sie ein?

Wir halten nicht viel von klassischen sogenannten Line-Extensions in Bereiche wie Kaugummi, Sportartikel oder Mode. Wir sind Gott sei Dank nicht in der wirtschaftlichen Situation, in der wir solche Gewinne mitnehmen müssen. Und es geht ja auch um das Profil der Marke, das bei einer Diversifikation Schaden nehmen kann. Stattdessen haben wir uns für den Medienmarkt entschieden. Die Welt von Red Bull reicht von Sport, Events und Athleten über Musik, Nightlife, Culture-Marketing bis in die weltweit angesagtesten Clubs. In all diesen Bereichen sind wir für unsere Medienpartner anerkannte und geschätzte Content-Provider geworden.

Die Welt von Red Bull reicht von Sport, Events und Athleten über Musik, Nightlife, Culture-Marketing bis in die weltweit angesagtesten Clubs.

Sie liefern aber nicht nur Inhalte für andere.

Wir wollen diese Inhalte mehr und mehr über unsere eigenen Medien und Netzwerke verteilen. Wir sind bereits stark bei der Musik, mit einem Musiklabel, der Music-Academy und eigenen Studios. Wir verfügen mit dem «Red Bulletin» über einen Printtitel, der heuer etwa fünf Millionen Auflage macht, wir haben ein Internetradio, wir haben Mobile, das eine klassische Lizenz mit einem bestehenden Betreiber ist und sich mit eigener Hardware und Inhalten auf dem Handy an die Red-Bull-Zielgruppe richtet. Und um uns das Know-how im TV-Geschäft anzueignen, haben wir mit Servus TV seit 2009 auch einen eigenen Fernsehsender.

Und wie werden Sie das finanzieren?

Faszinierend ist, dass wir dazu keine Kapitalaufstockung benötigen. Wir finanzieren das aus dem laufenden Geschäft, aus den Markelingbudgets heraus. Was man auch leicht vergisst, was aber das wirklich Wertvolle daran ist: Damit baut man echte Assets auf. Ein Printtitel mit einer Millionenauflage, ein Fernsehsender, ein Mobiledienst – all das hat einen Wert für sich. Ob es reichen wird, Gewinne zu erzielen, wissen wir nicht. Aber wir glauben, dass das Verhältnis der Kosten zum Markenmehrwert ein positives sein wird.

Voraussetzung dafür ist, dass die Gewinne aus dem Energydrink-Geschäft weiterhin kräftig sprudeln. In letzter Zeit, so hört man, seien die Wachstumsraten jedoch abgeflacht und die Gewinne geschmolzen.
Red Bull hat tatsächlich im zweiten Halbjahr 2008 und im ersten Halbjahr 2009 an Wachstum eingebüsst. Auch wir leben nicht auf einer Insel der Glückseligen, auch wir hängen von globaler Kaufkraft, Beschäftigungszahlen, der Konjunktur ab. Jetzt sind wir wieder zweistellig expansiv und werden voraussichtlich das beste Jahr in der Geschichte von Red Bull haben. Unser Produkt hat durchaus noch Potential, und solange dieses Potential besteht, werden wir weder neue Produkte noch neue Marken einführen, sondern alle Kapazitäten auf Red Bull fokussieren. Unser Ziel ist es, den derzeitigen Umsatz von vier Milliarden Dosen in den nächsten fünf Jahren zu verdoppeln.

Solange dieses Potential besteht, werden wir weder neue Produkte noch neue Marken einführen, sondern alle Kapazitäten auf Red Bull fokussieren.

Obwohl Red Bull ein Milliardenunternehmen ist, bleibt die Rechtsform der einzelnen Gesellschaften immer noch die einer GmbH. Warum?
Diese Gesellschaftsform kommt uns entgegen. Unsere Stärke ist die Flexibilität in unseren Entscheidungen. Wir brauchen keine Hauptversammlungen. Schauen Sie, den «Hangar 7» hier würde es nicht gehen, wenn wir eine Hauptversammlung mit Aktionären hätten – das Geld, das wir für diesen Bau ausgegeben haben, hätten die als Dividende haben wollen. Wenn man denen erklären würde, dass dieser Bau Teil des Marketings ist, ein Meeting-Point für Veranstaltungen, der etwas zum Ausdruck bringt, was ein Fernsehspot nicht kann, würden sie das kaum verstehen. Vieles würde nicht gehen in einer Aktiengesellschaft. Darum bin ich ein glühender Verfechter eines Gedankengutes, das nicht so ist, wie ich es auf der Wirtschaftsuniversität gelernt habe. Auf der Wirtschaftsuniversität lernt man vor allem, den Gewinn zu maximieren. Das ist ein Horror. Man kann alles maximieren die Kreativität, den Witz, die Qualität. Wer nur den Gewinn maximiert, hat keinen Erfolg.

Betreiben Sie auch «selbstloses» Sponsoring, etwa im Sozial- oder Kulturbereich?
Ja, sowohl als auch.

Da reden Sie kaum darüber. Warum?

Ich weiss nicht, wie es in der Schweiz ist. Aber in Österreich ist es üblich, dass die Ehefrauen der Bundeskanzler, damit sie auch einmal in die Zeitung kommen, Golfturniere organisieren, bei denen sie ein paar tausend Euro für einen guten Zweck sammeln. Das nennt man dann Charity. Ich finde das nur peinlich. Natürlich: Wenn man Erfolg hat wie wir, dann hat man auch eine Verantwortung. Wenn einer wirklich in Not ist und uns schreibt, dann versuchen wir ihm zu helfen, das ist für uns selbstverständlich. Aber da red ich nicht drüber.

Sie engagieren sich auch für die medizinische Forschung.

Umfassende Engagements müssen ein hohes Mass an Sinnhaftigkeit haben. In Salzburg ist bekannt, dass ich mich für die private medizinische Fakultät engagiere. Wir haben hier bloss ein Landeskrankenhaus und somit keine medizinische Fakultät. Dank der privaten Initiative haben wir nun auch in Salzburg Forschungsaufträge, erstklassige Wissenschafter und Ärzte. Das kommt der gesamten Bevölkerung im Umkreis von fünfzig Kilometern zugute. Ich bin auch an der Stiftung Wings for Life beteiligt, welche die Heilungschancen bei Rückenmarksverletzungen verbessern will. In diesem Bereich wird viel zu wenig gemacht, weil da für die grossen Konzerne kein grosses Geschäft winkt.

Gibt es auch Pläne ausserhalb des Sports? Wir sind hier im «Hangar 7», wo überall Flugzeuge ausgestellt sind, Sie sind selber Hobbyflieger. Wird es einmal eine Red-Bull-Airline geben?

Da gibt es den alten Witz, wie man möglichst schnell aus einem grossen Vermögen ein kleines machen kann: indem man eine Fluggesellschaft gründet.

Orangeköpfchen, Ghana,
© K. H. Lambert

Aber vom Image her würde es passen.

Mag sein. Aber es gibt keine solchen Pläne. Wir beschränken uns auf unseren Flying Circus, wir haben unsere Air-Races, wir haben unsere Helikopter, die als einzige auf der Welt Kunstflug machen dürfen. Das ist unser Beitrag an die Luftfahrt.

Auch ohne eigene Airline ist die von Ihnen beschriebene Red-Bull-Welt fast so etwas wie ein Kleinstaat.

Von der Struktur her gibt es wohl kaum ein altmodischeres Unternehmen als das unsrige.

Eher sind wir ein kleines Bienenvolk. Man darf die Philosophie des Unternehmens nicht verwechseln mit der Philosophie der Marke. Von der Struktur her gibt es wohl kaum ein altmodischeres Unternehmen als das unsrige. Nur für kurze Zeit, im zweiten Jahr des Bestehens, hatten wir Fremdkapital im Unternehmen. Wir investieren nur das, was wir selber verdient haben, wir richten uns nach dem, was wir selber finanzieren können. Wir gehen auch nicht an die Börse.

Was wohl viele gerne sähen...
Die Investmentbanker rennen uns seit fünfzehn Jahren die Tür ein. Sie verstehen die Welt nicht mehr, weil wir sie an unserer Erfolgsgeschichte nicht teilhaben lassen. Und dann rechnen sie uns vor, wie viele hundert Millionen wir lukrieren, reinholen würden. Aber der Preis, den man dafür zahlt, ist hoch. Ich könnte das Unternehmen nicht so führen, wie ich es tue. Ich muss keine falschen Entscheidungen zur Pflege des Börsenkurses fällen. Ich muss nicht spekulieren, ich brauche keine Termingeschäfte.

Fehlt nur noch eine Red-Bull-Universität, an der diese Art von Unternehmensführung gelehrt wird.
Mag sein. Aber man kann nicht alles tun, und so bleibt vieles unerledigt. Ein Tag ist endlich – und ein Leben auch.

Quellen

Bilanz Wirtschaftsmagazin (2011): Machtnetz von Dietrich Mateschitz: Jäger und Sammler. www.bilanz.ch/machtnetz/jaeger-und-sammler

Bilanz Wirtschaftsmagazin (2004): Gespräch Dietrich Mateschitz: Das Original ist das Mass aller Dinge. www.bilanz.ch/gespraech/gespraech-dietrich-mateschitz-das-original-ist-das-mass-aller-dinge

Frankfurter Allgemeine Zeitung (2011): Wenn Vettel gehen will, darf er gehen. www.faz.net/artikel/C30762/dietrich-mateschitz-im-gespraech-wenn-vettel-gehenwill-darf-er-gehen-30331167.html

Frankfurter Allgemeine Zeitung (2009): Der Bulle wird erwachsen. www.faz.net/artikel/C31105/sportsponsoring-der-bulle-wird-erwachsen-30003868.html

Frankfurter Allgemeine Zeitung (2004): Energielieferant für den Rennsport. www.faz.net/artikel/C30762/dietrich-mateschitz-energieliefe-rant-fuer-den-rennsport-30130093.html

Fürweger, W. (2008): Die Red-Bull-Story. Der unglaubliche Erfolg des Dietrich Mateschitz. Wien: Ueberreuter.

The Economist (2002): Selling Energy: How Dietrich Mateschitz turned Red Bull into a cult tipple. www.economist.com/node/1120373?story_id=1120373

Die Pythia vom Bodensee

Elisabeth Noelle-Neumanns Leben und Schaffen ist exemplarisch für unbändigen Willen, Mut und Leidenschaft. Ohne Sie würde die Umfrageforschung in Ihrer heutigen Form nicht existieren. Im Mittelpunkt stand für Sie dabei stets der Mensch und sein Verhalten – ein Grundsatz, der auch für das Marketing gilt. Beim Blick auf ihr spannendes Lebenswerk wird deutlich, dass moderne Marketeers viele ihrer Markforschungs-Tools tatsächlich Noelle-Neumann zu verdanken haben.

Elisabeth Noelle-Neumann

- Geboren am 19. Dezember 1916 in Berlin.
- 1932/1933: Schulbesuch im Internat in Salem am Bodensee.
- 1935: Beginn des Studiums der Publizistik, Geschichte und Amerikanistik an der Friedrich-Wilhelms-Universität (heute Humboldt-Universität) Berlin.
- 1937–1938: DAAD-Austauschstudentin an der School of Journalism in Columbia, Missouri, USA. Dort lernt sie die Methode der Repräsentativumfrage kennen.
- 1938: Rückkehr nach Deutschland. Erste Veröffentlichungen in der «Deutschen Allgemeinen Zeitung».
- 1940: Promotion über die amerikanischen Massenbefragungen. Wechsel zur Wochenzeitung «Das Reich».
- 1942: Fristlose Kündigung beim «Reich» wegen eines «positiven» Artikels über Roosevelt.
- 1943: Redakteurin der «Frankfurter Zeitung». Nach deren Verbot anonyme journalistische Arbeit für verschiedene Illustrierte.
- 1946–1949: Umzug nach Allensbach am Bodensee und Gründung des Instituts für Demoskopie Allensbach.
- 1949: Erste Omnibus-Befragungen, Beginn der politischen Umfrageforschung.
- 1950: Vertrag mit dem Bundeskanzleramt über regelmässige Berichterstattung über die öffentliche Meinung.
- 1954–1959: Erste Leser-Analyse (LA), Erste Wahlprognose, Gründung der AWA.
- 1964–1967: Gründung des Instituts für Publizistik an der Universität Mainz.
- Lehraufträge: Universität Mainz, Freie Universität Berlin, Ludwig-Maximilians-Universität University of Chicago.
- Auszeichnungen: Grosses Bundesverdienstkreuz, Ehrenbürgerin von Allensbach, Verleihung der Ehrendoktorwürde durch die Universität St.Gallen, Ehrenpreis des Berufsverbandes Deutscher Markt- und Sozialforscher.
- Gestorben am 25. März 2010 in Allensbach.

Von Dr. Thomas Petersen, Institut für Demoskopie,
Allensbach

An Elisabeth Noelle-Neumann schieden sich die Geister. Sie
war eine der vielseitigsten und kreativsten Persönlichkeiten
der Gründerjahre der modernen Umfrageforschung, sicherlich
war sie die eigensinnigste. Sie wurde von vielen Schülern
und Kollegen bewundert und verehrt, machte sich aber auch
erbitterte Feinde. Nur gleichgültig konnte man ihr kaum gegen-
überstehen. Und selbst die meisten ihrer Kritiker und Gegner
gestehen ihr zu, dass die moderne deutsche Sozialforschung
ohne sie kaum denkbar wäre. Elisabeth Noelle-Neumann war
die wichtigste deutsche Pionierin der empirischen Kommuni-
kations- und Marktforschung und damit indirekt auch eine
nachhaltig prägende Figur für das Marketing. Sie war ausser-
ordentlich vielseitig, verstand oft rascher als ihr Umfeld eine
Situation und handelte, ohne zu zögern. Ihre Fähigkeit, andere
Menschen um den Finger zu wickeln und dazu zu bringen,
gegen ihre ursprünglichen Absichten zu handeln, war legendär.
Mit scheinbar unerschöpflicher Energie schuf sie zwei Forschungsinstitute, die beide das Gebiet, auf dem sie tätig waren,
revolutionierten. Und sie war streitbar. Sie hat mit ihrem
schnellen und oft scharfen, aber eben auch meist treffenden
Urteil viele andere Menschen geärgert. Mit ihrer Hartnäckig-
keit konnte sie lästig fallen. Manchem erschien sie mit ihrem
unerschütterlichen Selbstbewusstsein vielleicht auch als hoch-
mütig. Doch eines war sie nach dem übereinstimmenden Ur-

teil ihrer Freunde und Gegner nie: Sie war niemals langweilig.

Elisabeth Noelle-Neumann wurde im Jahr 1916 als Elisabeth
Noelle in Berlin geboren. Dort wuchs sie als zweites von vier
Kindern einer wohlhabenden grossbürgerlichen Familie auf.
Nach dem Abitur entschloss sie sich, an der Berliner Universität Publizistik, Geschichte und Amerikanistik zu studieren. 1937
ging sie für ein Jahr als Austauschstudentin in die Vereinigten
Staaten. Dort, an der School of Journalism der Universität von
Columbia, Missouri, erfuhr sie von den neuartigen Massenbefragungen George Gallups, Elmo Ropers und Archibald Cross-
leys, die kurz vorher, bei der amerikanischen Präsidentschafts-
wahl des Jahres 1936, ihren grossen Durchbruch erlebt hatten.

Sie war begeistert von den Möglichkeiten dieser neuen Methode, der scheinbar wundersamen Möglichkeit, wenige hundert
Menschen nach ihrer Meinung oder ihrem Verhalten zu fragen

und auf dieser Grundlage mit mathematisch berechenbarer Genauigkeit wissen zu können, was ein ganzes Volk dachte und tat. Ihrem Doktorvater, dem grossen Zeitungsforscher Emil Dovifat in Berlin, teilte Elisabeth Noelle kurzerhand mit, sie werde das ihr von ihm vorgegebene Thema der Doktorarbeit verwerfen und stattdessen über diese faszinierenden amerikanischen Umfragen schreiben. Dovifat blieb keine Gelegenheit zum Widerspruch. Ihm blieb schliesslich lediglich die Aufgabe, die politisch nicht ganz ungefährliche Arbeit (sie wurde 1940 eingereicht, also auf dem Höhepunkt der Macht der Nationalsozialisten in Deutschland) gleichsam eingepackt zwischen unverdächtigen Abschlussarbeiten bei den Behörden durchzuschmuggeln. Daraus entstand das erste Buch über die Methode der Umfrageforschung überhaupt (Noelle 1940).

Nach der Rückkehr nach Deutschland Ende 1938 stellte Elisabeth Noelle zunächst ihre Doktorarbeit fertig, dann arbeitete sie als Journalistin nacheinander bei sieben verschiedenen Zeitungen und Zeitschriften unter dem zunehmend bedrohlicher werdenden Misstrauen des Propagandaministeriums. Ab 1943, nach dem Verbot der liberalen Frankfurter Zeitung, zu deren Redaktion sie in den letzten Monaten gehört hatte, schrieb sie bis zum Kriegsende anonym unverfängliche Artikel in verschiedenen Illustrierten.

Bei Kriegsende ging Elisabeth Noelle nach Tübingen. Dort heiratete sie 1946 den Journalisten Erich Peter Neumann (1912–1973). Noch im selben Jahr zogen beide in ein Haus in Allensbach am deutschen Ufer des Bodensees, in dem sie bis zuletzt lebte. 1947 begannen beide mit dem Aufbau des Instituts für Demoskopie Allensbach, des ersten deutschen Instituts, das sich der Methode der Repräsentativumfrage bediente. Die ersten Studien waren Jugendumfragen im Auftrag der französischen Militärregierung. Bis zum Ende des Jahrzehnts hatte das Institut bereits dutzende Umfragen über Politik und Presse sowie im Bereich der Markt- und Sozialforschung verwirklicht. Ab 1950 schloss das Institut einen Vertrag über regelmässige Berichterstattung zur Bevölkerungsmeinung mit der deutschen Bundesregierung, der bis heute ununterbrochen fortbesteht.

In den darauffolgenden Jahrzehnten wurden Allensbacher Umfragen zu einem in der ganzen Bundesrepublik Deutschland bekannten Markenzeichen. 1964 wurde Elisabeth Noelle-Neumann darüber hinaus auf den Lehrstuhl für Publizistik an der

Universität Mainz berufen. In den Jahren darauf baute sie dort das Institut für Publizistik auf, das heute eines der angesehensten kommunikationswissenschaftlichen Institute in Deutschland ist. Für ihre kommunikationswissenschaftlichen Arbeiten wurde sie in Wissenschaftlerkreisen weit über die Grenzen Deutschlands hinaus bekannt. Ihre Theorie der «Schweigespirale» zählt zu den bekanntesten und am meisten zitierten sozialwissenschaftlichen Theorien überhaupt. Diese Theorie offenbart, dass die Bereitschaft vieler Menschen, öffentlich ihre Meinung zu bekennen, unter Umständen von der wahrgenommenen Mehrheitsmeinung abhängt; Massenmedien wie das Fernsehen spielen hier eine besondere Rolle.

Ihre Theorie der «Schweigespirale» zählt zu den bekanntesten und am meisten zitierten sozialwissenschaftlichen Theorien überhaupt.

Vor allem in den 1960er und 1970er Jahren war Elisabeth Noelle-Neumann eine prominente Persönlichkeit des öffentlichen Lebens in der Bundesrepublik Deutschland, bekannt vor allem für ihre politischen Analysen, die sie seit 1965 auch im Fernsehen präsentierte. Mit ihren erstaunlich präzisen Wahlprognosen handelte sie sich in der Öffentlichkeit den Spitznamen «Pythia vom Bodensee» ein. Den Bundeskanzlern Adenauer, Erhard und Kohl diente sie als Beraterin.

Spitznamen «Pythia vom Bodensee».

Dagegen ist ausserhalb von Fachkreisen weniger bekannt, dass Elisabeth Noelle-Neumann auch der ökonomischen Forschung sowie der Markt- und Mediaforschung wesentliche Impulse gab. Sie verwirklichte die ersten repräsentativen Marktforschungsuntersuchungen in Deutschland (Schiesser 1948; Fischkonsum; Zigarettenmarkt, beide 1949), erste Untersuchungen zur Werbewirkung von Diapositiven und Postwurfsendungen (beide 1949). Ebenfalls aus dem Jahr 1949 stammen die ersten repräsentativen Rundfunkhörer- (Nordwestdeutscher Rundfunk) und Leserbefragungen (Die Welt). In den folgenden Jahrzehnten kamen weitere Pioniertaten hinzu, wie erste experimentelle Dummy-Tests in der Werbewirkungsforschung («Wirkt schwarzer Druck aktueller?» 1958; «Halbe- oder Drittelseite» 1962) und die Einführung der Panel-Analyse in die Marktforschung seit Ende der 1960er Jahre.

Sie verwirklichte die ersten repräsentativen Marktforschungsuntersuchungen in Deutschland.

Besondere Verdienste erwarb sich Elisabeth Noelle-Neumann unter anderem um die Entwicklung der Mediaforschung. Sie konzipierte die erste grosse, von den Verlagen gemeinsam getragene Zeitschriften-Leseranalyse im Jahr 1954, aus der die heute jährlich erscheinende Media-Analyse (MA) hervorging. Die MA ist heute die grösste und wichtigste Mediennutzungs-

Besondere Verdienste erwarb sich Elisabeth Noelle-Neumann um die Entwicklung der Mediaforschung.

untersuchung in Deutschland, die allerdings bereits seit mehr als fünf Jahrzehnten ohne Allensbacher Beteiligung erscheint. Als 1958 einige Grossverlage begannen, auf die Fragebogen-entwicklung Einfluss zu nehmen, um für sich selbst möglichst günstig erscheinende Resultate zu erlangen, verliess Elisabeth Noelle-Neumann die Arbeitsgemeinschaft Leseranalyse und gründete 1959 mit der «Allensbacher Werbeträger-Analyse» (AWA) eine eigene Leserschaftsuntersuchung, die sich metho-disch dem Zugriff der Grossverlage entzog. Wenig später be-gann Noelle-Neumann auch als erste, neben Mediennutzungs-auch Konsumdaten und Einstellungsvariablen, etwa zur Mar-kenorientierung der Bevölkerung, in den Fragebogen der AWA aufzunehmen. Sie schuf damit das Konzept der modernen Markt-Media-Studie. Die AWA ist bis heute die wichtigste von der MA unabhängige Untersuchung ihrer Art in Deutschland und die einzige unter den Grossen, deren Mediennutzungs-daten nicht an die der MA angepasst werden. Sie ist mit ihren sehr differenzierten Daten zur Mediennutzung und zum Kon-sumverhalten ein bedeutendes Planungsinstrument für Verlags-strategen, Werbeagenturen und Marketingexperten.

Kaiseramazone, Dominica / Karibik,
© K.H. Lambert

Elisabeth Noelle-Neumann veröffentlichte im Laufe ihres langen wissenschaftlichen Lebens rund drei Dutzend Bücher und etwa 400 wissenschaftliche Aufsätze. Hinzu kommen zahlreiche Zeitungs- und Zeitschriftenartikel, Interviews, Untersuchungs-berichte und Vorträge. Das Archiv des Allensbacher Instituts verzeichnet unter ihrem Namen mehr als 1100 Publikationen. Sie war 1979–1980 Präsidentin der World Association for Pub-lic Opinion Research (WAPOR) und Trägerin zahlreicher natio-naler und internationaler Auszeichnungen. 1978 wurde ihr die Ehrendoktorwürde von der Hochschule St.Gallen (HSG) für ihre Forschungen zur Sozialpsychologie des Wirtschaftslebens verliehen. 1990 verlieh ihr die WAPOR den «Helen Dinerman Award», die höchste internationale Auszeichnung auf dem Gebiet der Umfrageforschung für ihre Verdienste um die Ent-wicklung des Faches. 2005 zeichnete sie der Berufsverband Deutscher Markt- und Sozialforscher (BVM) mit dem Ehren-preis des Verbandes für ihr Lebenswerk aus.

Bis ins hohe Alter blieb Elisabeth Noelle-Neumann in der For-schung aktiv, sowohl auf dem Gebiet der akademischen Sozial-wissenschaften als auch in der Markt- und Mediaforschung. Das Institut für Demoskopie Allensbach leitete sie bis zu ihrem Tod im Jahr 2010, seit 1988 gemeinsam mit Renate Köcher.

Elisabeth Noelle-Neumann war in zweiter Ehe mit dem Kern-
physiker und Präsidenten der Deutschen Forschungsgemein-
schaft (DFG) Heinz Maier-Leibnitz (1911–2000) verheiratet.
Sie starb am 25. März 2010 in ihrem Haus am Bodensee. In
ihren Lebenserinnerungen beschrieb sie wenige Jahre vor
ihrem Tod, sie hätte sich bereits als Kind vorgenommen, sich
in ihrem Leben nicht zu langweilen (Noelle-Neumann 2006,
S. 314). Und, so führte sie fort, «es war weiss Gott alles andere
als ein langweiliges Leben».

Quellen

Der Tagesspiegel (2005): «Ich habe die Engel gesehen».
www.tagesspiegel.de/medien/ich-habe-die-engel-gesehen/601482.html
Institut für Demoskopie Allensbach. www.ifd-allensbach.de
Noelle-Neumann, E. (2006): Die Erinnerungen, Herbig,
    München.
Noelle-Neumann, E. (2001): Die Schweigespirale. Öffentliche
    Meinung – unsere soziale Haut, Langen Müller, München.
Noelle-Neumann, E. (1940): Meinungs- und Massenforschung
    in U.S.A. Umfragen über Politik und Presse, Diesterweg,
    Frankfurt a. M.
Süddeutsche Zeitung (2010): Frau Professor Allensbach.
www.sueddeutsche.de/politik/elisabeth-noelle-neumann-ist-tot-frau-professor-
allensbach-1.8521

Der Promi-Flüsterer

Wer das Büro von Peter Olsson in der Münchner Maximilianstrasse betritt, atmet 25 Jahre Sport- und Showgeschichte. Seine Regale zieren handsignierte Autogrammkarten und Grossbotschaften. In Vitrinen sind die Schuhe von Michael Ballack, Trikots sowie andere Utensilien ausgestellt. Gegen seinen berühmtesten Klienten verblassen aber alle: Muhammad Ali. Die Box-Ikone ist auf Plakaten und Bildern omnipräsent. Auf einem steht, neben einer persönlichen Widmung: «All I did was stand up for what I believed.» Ein Spruch, den auch der umtriebige Schwede verinnerlicht zu haben scheint.

Peter Olsson
© Conny Voigt

- Geboren am 2. Oktober 1961 in Stockholm, Schweden.
- 1977: Mit 16 Jahren geht er in die USA, um Tennisprofi zu werden. Doch er erkennt schnell, dass sein Talent nicht ausreicht, um mit den besten Spielern Schwedens mithalten zu können.
- Anfang der 1980er wechselt Olsson in die Werbebranche. 1984 wird er im Bereich Sport-Sponsoring tätig, u.a. für McDonald's System of Europe, Alpinen Ski Weltcup oder WIGE-WDT Media-Group, Köln.
- 1992: Olsson wird Verkaufsleiter des Sport Sponsoring bei Sat.1 und baut dort die Fussballsendung «ran» mit auf.
- 1993–1997: Führende Position beim Sportrechtevermarkter ISPR und Marketing-Direktor des Tennis Compaq Grand Slam Cup.
- 1996: Olsson nimmt Oliver Bierhoff unter Vertrag und macht ihn in den Folgejahren mit 27 Werbeverträgen zu einem der am besten vermarkteten Sportlern Deutschlands.
- 1998: Olsson gründet seine eigene Vermarktungsagentur The Performers (seit 2008 «Performance Plus») mit Sitz in München.
- Zu den Klienten zählen und zählten der Tennisprofi Boris Becker, der Fussballer Michael Ballack, der Trainer Ottmar Hitzfeld, das Model Eva Padberg, die Teenie-Band Tokio Hotel, die Schauspielerin Katja Flint. Mit Muhammad Ali, den er in Europa vermarktet, verbindet ihn eine langjährige Freundschaft.
- 2004 wurde er als «Player of the Year» für die Vermarktung von Michael Ballack und Oliver Bierhoff geehrt.

Von Prof. Dr. Sven Henkel, Forschungsstelle für Customer Insight, Universität St.Gallen

Peter Olsson macht aus Menschen Marken. Er schärft ihr Profil, erhöht ihren Marktwert und entwickelt dabei den Promi-Markt ständig weiter. Sein Credo: Die Verträge müssen zur Persönlichkeit des Stars passen, die Ziele und Werte des Unternehmens müssen mit dem Charakter des Werbeträgers übereinstimmen. Nur so entstehe eine Symbiose, die Erfolg verspreche.

Eine Bestandsaufnahme in drei Phasen.

Phase 1 (seit 1996): Talent Management: Vermarktung von Prominenten

Die eigenen Erfahrungen mit dem Profi-Tennis bilden noch heute das Fundament der Arbeitsphilosophie von Peter Olsson. Talent ist notwendige, nicht jedoch hinreichende Bedingung, um ein Star zu werden. Hierfür bedarf es einer starken Persönlichkeit mit Ecken und Kanten sowie einer genauen Vorstellung darüber, was man zukünftig erreichen möchte. Im Zentrum stehen die Authentizität und die Ernsthaftigkeit des Klienten. Um diese zu beurteilen, hat Peter Olsson einen Katalog mit 60 Fragen erarbeitet, den jeder potentielle Kunde vor Antritt der Geschäftsbeziehung ausfüllen muss.

Wer die kritische Reflexion der eigenen Situation scheut, für den lässt sich kein Entwicklungsplan erarbeiten.

«Wer die kritische Reflexion der eigenen Situation scheut, für den lässt sich kein Entwicklungsplan erarbeiten. Karrieren sind komplexer und vielschichtiger geworden. Meine Aufgabe besteht darin, meine Klienten in der Profilierungsphase zu unterstützen, um ihnen die Basis und die Perspektive für eine erfolgreiche Vermarktung zu geben.»

Phase 2 (seit 2009): Celebrity Buying – vom Star-Vermarkter zum Star-Einkäufer

Gemeinsam mit der New Yorker Agentur Platinum Rye Entertainment hat Peter Olsson 2009 «die Seiten gewechselt» und kauft seither für Konzerne (z.B. Procter & Gamble, Philipps) und Show-Formate (z.B. Bambi) Stars ein, anstatt ihnen Stars zu verkaufen – ein für beide Seiten lukratives Geschäft. Olsson und seine Partner kennen die Stars, ihre Positionierungen und ihr Vermarktungspotential. So haben sie die Möglichkeit, das Angebot zu bündeln. Den Konzernen und Produzenten wird hingegen die Such- und Auswahlphase erspart und ein gezielterer Mitteleinsatz ermöglicht. Zudem ist es bei Mehrfachbuchungen eines Stars möglich, die Aufwendungen der Unternehmen und die Erträge der Stars simultan zu optimieren (z. B. Sebastian Vettel für Procter & Gamble).

«Durch meine Arbeit mit den Stars bin ich mit vielen CEOs und Top Managern befreundet oder bekannt. Während ich die bisher 'nur' zu Events einladen konnte, kann ich ihnen nun einen echten Mehrwert anbieten.», erklärt Olsson sein innovatives Geschäftsmodell.

Phase 3 (seit 2011): Erkenne Dein Talent – Celebrity-Analogien als Karrierenavigator

Nicht zuletzt seiner familiären Situation ist das jüngste Betätigungsfeld Peter Olssons geschuldet. Als Vater von zwei erwachsenen und zwei schulpflichtigen Kindern sieht er sich täglich mit der Frage nach der richtigen Berufswahl und Karriereentwicklung konfrontiert. In seinem Buch «Erkenne Dein Talent» schildern Olsson, Klienten und Experten Erfahrungen mit der Bewältigung von Extrem- und Entscheidungssituationen und leiten daraus Karrieretipps für Berufseinsteiger und Berufstätige in Veränderungssituationen ab. Ein Seminar zum Buch ist für das kommende Jahr geplant.

Aus der Entwicklung von Stars lassen sich durchaus Learnings für normale Karrieren ableiten.

«Meine Erfahrung zeigt mir, dass sich aus der Entwicklung von Stars durchaus Learnings für normale Karrieren ableiten lassen. Stars stehen erfahrungsgemäss unter hohem Druck und müssen häufig schon als Teenager Entscheidungen mit hoher Tragweite treffen. Die Auseinandersetzung mit der Frage, wie sie mit diesem Druck umgehen und Entscheidungen treffen, ist lehrreich und inspirierend für den Leser.», erläutert Olsson sein Werk.

Interview mit Peter Olsson

Peter, Du vermarktest zahlreiche Sportler, Musiker und Moderatoren. Wann ist ein Star interessant für Dich?

Die Person muss ein Profil haben.

Die Person muss ein Profil haben. Stabile und wahrnehmbare Eigenschaften machen einen Menschen greifbar und interessant. Ob seriös, frech oder glaubwürdig: Wichtig ist, dass die Person weiss, wofür sie steht und diese Charakteristika zum Ausdruck bringt. Hier scheitern die meisten Stars. Sie haben kein klares Profil, keine erkennbaren Interessen und übernehmen keine Verantwortung. Das macht sie austauschbar.

Kann man ein Image kreieren?

Nein! Anders als in Amerika lassen sich in Deutschland keine Stars auf dem Reissbrett kreieren. Es gab in Deutschland mal den Versuch, Politikern durch neue Frisuren, Schwarz-Weiss-Fotos oder Designer-Klamotten ein anderes Image zu geben. Aber die Menschen durchschauen das. Ich kann eine Marke nur dann sinnvoll aufbauen, wenn die Person ehrlich rüberkommt. Ich bin kein Markenbauer-Guru, der Promis unzählige Werbeverträge verschafft. Als Berater kann ich nur hervorheben, was tatsächlich vorhanden ist.

> Ich kann eine Marke nur dann sinnvoll aufbauen, wenn die Person ehrlich rüberkommt.

Wie findet man heraus, was vorhanden ist?

Bei unseren Stars führen wir Marktforschungsstudien durch. Wir untersuchen, wie bekannt und beliebt ein Prominenter ist und welche Eigenschaften ihm zugesprochen werden. Zudem muss jeder meiner Klienten zu Beginn unserer Zusammenarbeit einen Fragebogen mit über 60 Fragen zur kritischen Selbstanalyse ausfüllen. Bin ich introvertiert oder extrovertiert? Wo liegen meine Stärken? Was sind meine Schwächen? Wo will ich hin und warum will ich das? Die intensive und regelmässige Auseinandersetzung mit der eigenen Person ist mühsam, aber für nachhaltigen Erfolg unerlässlich.

> Die intensive und regelmässige Auseinandersetzung mit der eigenen Person ist mühsam, aber für nachhaltigen Erfolg unerlässlich.

Deine Klienten stehen im Rampenlicht und werden häufig schon als Teenager mit Aufmerksamkeit und Zuspruch überschüttet. Hören die Dir überhaupt zu?

Meiner Erfahrung nach gilt: Je erfolgreicher jemand ist, desto bodenständiger sein Wesen. Prominente kommen in der Öffentlichkeit häufig oberflächlich rüber – dieser Eindruck ist oft falsch. Die Medien geben heute eine enorme Geschwindigkeit vor. Gerade unerfahrenen Menschen fällt es da häufig schwer, sich immer richtig zu verhalten.

> Meiner Erfahrung nach gilt: Je erfolgreicher jemand ist, desto bodenständiger sein Wesen.

Und da kommst Du ins Spiel?

Richtig. Ich helfe ihnen, ihre Karriere zu planen, ihr Profil zu schärfen, ein Image zu etablieren, sich zu vermarkten und in jeder Hinsicht das Bestmögliche aus ihrer Person herauszuholen. Das macht mich zu einer wichtigen Vertrauensperson.

Kubaamazone, Kuba, © K.H.Lambert

Mit Deinem Buch «Erkenne Dein Talent» bist Du nach 25 Jahren Vermarktungskarriere unter die Autoren gegangen. Provokant gefragt: Braucht es eine weitere Karriere-Fibel?

«Erkenne Dein Talent» ist bewusst keine entbehrliche Management-Fibel von Leuten, die noch nie wirklich was auf die Beine gestellt haben. Auch kein «Chaka chaka»-Gefasel, das Dir einreden will, mit etwas positiver Selbstsuggestion unter der Morgendusche könntest Du Dein Leben in eine einzige Siegermelodie verwandeln. Was ich darstellen möchte, sind persönliche Erkenntnisse und Lebenseinstellungen von Menschen, die es in ihrem Leben zu etwas gebracht haben. Ich möchte zeigen, welche Rolle die richtige innere Haltung spielt, warum Freunde wichtig sind und welche Tipps einen wirklich weiterbringen im Leben.

Kein «Chaka chaka»-Gefasel.

Im Kern vertrittst Du die These, von Spitzensportlern könne man viel für die eigene Karriere lernen. Inwiefern?

Die Mechanismen des Sports sind übertragbar auf das Arbeitsleben: Sieg, Niederlage, das Training, Disziplin und Teamgeist.

Die Mechanismen des Sports sind übertragbar auf das Arbeitsleben: Sieg, Niederlage, das Training, Disziplin und Teamgeist.

Werden wir konkreter: Du hast Muhammad Ali in Europa vermarktet. Was ausser der Schlagtechnik war an ihm vorbildlich?

Nimm Alis Kampf 1984 gegen George Foreman. Sein Plan, den seit 40 Kämpfen unbesiegten Foreman in der ersten Runde zu Boden zu schlagen, ging überhaupt nicht auf. Foreman wankte kein bisschen, sein erster Konter traf Ali hart wie ein LKW. Was macht Muhammad? Er stellt seine Taktik komplett um, bleibt in der Deckung, lässt Foreman fünf Runden auf ihn einschlagen, bis er müde wird – und haut ihn K.O. in Runde acht.

Und was lernen wir?

Die meisten Menschen gehen in entscheidende Besprechungen ohne Plan B, wie Ali ihn hatte. Viele geben beim ersten Widerstand auf, können nicht einstecken.

Die meisten Menschen gehen in entscheidende Besprechungen ohne Plan B, wie Ali ihn hatte.

Ein Boxkampf dauert zwölf Runden, ein Fussballspiel 90 Minuten. Im Büro können sich Krisen hingegen über mehrere Monate hinziehen.

Dann erzähle ich Dir die Geschichte von Oliver Bierhoff: Als er merkte, dass ihn in der Bundesliga niemand mehr haben wollte, ging er in die österreichische Liga nach Salzburg. Und von dort in die zweite italienische Liga. Das hätte damals kaum ein deutscher Spieler getan. Und wohin hat in diese konsequente Haltung geführt? In Österreich und Italien wurde er Torschützenkönig, letztlich spielte er beim AC Mailand und in der Nationalelf. Eines darf man nicht vergessen: Bevor wir Michael Ballack erstmals im Fernsehen gesehen haben, hatte der bereits 15 Jahre hartes Training hinter sich, um sich zu den Profis hochzukämpfen.

Womit wir wieder beim Thema individuelle Leistungsfähigkeit und Talent angelangt wären. Was sollte man darüber hinaus beachten?

Mit den richtigen Menschen zusammen sein, auf Rat hören, für Kritik dankbar sein.

Mit den richtigen Menschen zusammen sein, auf Rat hören, für Kritik dankbar sein. Sich Zeit nehmen für die wirklich wichtigen Dinge, mit sich selbst im Reinen sein. Nur dann stellt man die Person dar, die man auch ist. Es ist eine Kombination aus allem, die den Erfolg ausmacht: Prinzipien, Werte, Leistung, Respekt, Stil.

Was rätst Du denen, die am Anfang einer Karriere stehen?
Abwarten. Wer neu in einer Firma ist, sollte zwar durch Wissensdurst und Engagement auffallen, aber auf keinen Fall eine Rolle spielen. Wer an der Uni immer der Clown war, sollte

Wer jung ist, braucht einen Mentor, gute Freunde, die Familie.

den nicht auch in der Firma spielen. Wer jung ist, braucht einen Mentor, gute Freunde, die Familie. Dann kann er sich entwickeln.

Wusstest Du schon früh, wo Du hin wolltest?
Ich wollte immer Tennisprofi werden. Doch in Schweden ist die Konkurrenz gross, unter die Besten habe ich es nicht geschafft. Der Sport ist meine Leidenschaft, deshalb arbeite ich mit Profisportlern zusammen. Es ist meine Art der Kompensation.

Quellen

Academicworld (2011): «Love What you do!».

www.academicworld.net/artikel-allgemein/article/love-what-you-do

Der Tagesspiegel (2011): «Ich bin kein Markenbauer-Guru».

www.tagesspiegel.de/wirtschaft/ich-bin-kein-markenbauer-guru/4522416.html

Die Welt (2003): Er lässt die Millionen sprudeln.

www.welt.de/print-wams/article98903/Er_laesst_die_Millionen_sprudeln.html

Olsson, P. (2011): Erkenne dein Talent: Was wir von Spitzen-sportlern und Topmanagern lernen können, Edel Germany, Hamburg.

Süddeutsche Zeitung Magazin (2011): «Ali hatte immer einen Plan B». http://sz-magazin.sueddeutsche.de/texte/anzeigen/35612

SWR 1 (2011): Erlebnisse mit grossen Persönlichkeiten: Peter Olsson, Radiosendung. www.swr.de/swr1/bw/programm/leute/-/id=1895042/nid=1895042/did=8083144/12zdyuf/

Leidenschaftlicher Unternehmer und Provokateur

Innovativ, leidenschaftlich, leistungsorientiert, risikobe-
wusst und freiheitssuchend – so würde man einen echten
Unternehmer im Schumpeterschen Sinne charakterisieren. Diese Eigenschaften treffen zweifelsohne auf Erich
Sixt zu. Dieser bekennende Workaholic und Unternehmer
mit Leib und Seele wirbelt seit den sechziger Jahren
aufsehenerregend die Autovermietungsbranche auf. Mit
einem attraktiven Preis-Leistungs-Verhältnis, provokativen Werbesprüchen und dem bekannten «sixtischen»
Willen erschafft er in Nachkriegsdeutschland allen Wid-
rigkeiten zum Trotz ein Autovermietungsimperium. Es
folgt ein Porträt eines echten Marketeers und Abenteu-
rers, der als Magnat seine «Gegner» beobachtet, Stärken
und Schwächen analysiert – und entschlossen handelt.

Erich Sixt

- Erich Sixt wird am 25. Juni 1944 in Mistelbach (Österreich) geboren.
- 1967–1968: Vier Semester Studium der Betriebswirtschafts-lehre in München.
- 1967: Sixt startet als erstes deutsches Unternehmen mit einem Leasingprogramm für Fahrzeuge.
- 1969: Eintritt in die familiengeführte Autovermietung Sixt (gegründet 1912 durch Grossonkel Martin Sixt).
- 1977: Zugang zu einem internationalen Reservierungssystem durch eine Kooperation mit dem amerikanischen «Budget» – Startschuss für Wachstum.
- 1986: Börsennotierung der Sixt AG.
- Seit 1986: Vorstandsvorsitzender der Sixt AG.
- Seit 1994: Ausbau des Geschäfts durch Partnerschaften mit Fluggesellschaften und verschiedenen Hotelunternehmen.
- Seit 1998: Expansion in Grossbritannien, USA, Brasilien und Teile Asiens durch Tochtergesellschaften und Franchise-nehmer.
- 2011: Partnerschaft mit BMW für Premium-Carsharing «DriveNow».
- Erich Sixt ist verheiratet mit Regine Sixt, geborene Prestel, die ebenso wie die beiden gemeinsamen Söhne im Manage-ment der Sixt-Gruppe tätig sind.

Von Antje Budzanowski und Prof. Dr. Sven Reinecke,
Institut für Marketing, Universität St.Gallen.

Erich Sixt wurde am 25. Juni 1944 im österreichischen Mistelbach als Sohn einer Münchner Fuhrunternehmerfamilie geboren. Schon in jungen Jahren lernt Sixt, was Erfolg bedeutet:
Leistung, Leistung, Leistung. So wächst er unter dem Einfluss
seines Vaters zu einem leidenschaftlichen und selbstständigen
Unternehmer auf. Erich Sixt ist 18 Jahre alt, als der elterliche
Betrieb aufgrund eines Grossvertrags und einem fehlenden
französischen Kooperationspartner in Turbulenzen gerät: Zur
Vermeidung ruinöser Vertragsstrafen wird er nach Paris geschickt, um dort an amerikanische Touristen Autos zu vermie-
ten. Mit 70 anderen Studenten lenkt der junge Sixt binnen
24 Stunden 70 Leihautos nach Frankreich, wo er am Flughafen
«Le Bourget» eine kleine Geschäftsstelle und einen Parkplatz
anmietet. Dort füllt er Mietverträge aus, putzt zurückgebrachte
Fahrzeuge und repariert kleinere Schäden: «Über sechs Monate habe ich das alleine gemacht. Heute kalkulieren wir für
diese Arbeiten mit fünf bis sechs Angestellten», so fasste er
diese Situation einmal gegenüber dem Handelsblatt zusammen.

Zurück in Deutschland, gelangweilt und frustriert vom rationalen Betriebswirtschaftsstudium, übernimmt Sixt 1969 die
Leitung des von seinem Grossonkel gegründeten Betriebs, wel-
cher aus einer zweihundertstarken Auto-Flotte mit einer Million DM Umsatz besteht. In dieser Zeit gleicht der Autovermie-
termarkt einem Oligopol – wenige Anbieter dominieren den
Markt mit konstant hohen Preisen. Experten räumen kleinen
Anbietern, wie Sixt es damals war, nur wenige Chancen ein.
Durch eine Kooperation mit dem amerikanischen Vermietungs-
anbieter «Budget» erhält er Zugriff auf ein internationales
Reservierungssystem und setzt somit den Grundstein für die
Expansion. Gleichzeitig baut er das von seinem Vater einge-
führte Leasinggeschäft aus und akquiriert grosse Unternehmen
als Kunden. Bis heute ist Sixt der einzige Anbieter ohne Di-
rekteinfluss eines Autoproduzenten; man bietet unterschiedliche Fahrzeugtypen für unterschiedliche Kundengruppen an.

Provokante Werbekampagnen gehören von Anfang an zum
Erfolgsmodell. Mit frechen Sprüchen wie «Mieten Sie einen
Mercedes zum Preis eines Golfs» oder «Buchen Sie First Class,
zahlen Sie Economy» macht er Luxus für die Mittelschicht
zugänglich – zumindest einen Mercedes für ein Wochenende.

Verantwortlich für die aus dem Hause Sixt stammende Provokation ist Werbeguru und langjähriger Freund Jean-Remy von Matt, Mitbegründer der Werbeagentur «Jung von Matt». Seit den Achtzigern dichten Sixt und von Matt zusammen ein Feuerwerk an satirischen Texten und halten durch schockierende Sprüche deutsche Rechtsanwälte auf Trab. Regelmässig erhält der Unternehmer Unterlassungsklagen und sichert mit seinen zahlreichen Gerichtsverfahren Einträge in juristische Lehrbücher.

Insbesondere Personen der Zeitgeschichte werden «Opfer» der ironisch-provokativen Werbung: ob die damalige deutsche Gesundheitsministerin Ursula Schmidt nach ihrer Geschäftswagenaffäre («Sixt hat auch Mietwagen in Alicante.»), Kurzzeit-Finanzminister Oskar Lafontaine («Sixt verleast auch Autos für Mitarbeiter in der Probezeit.») oder Nicolas Sarkozy («Machen Sie es wie Madame Bruni. Nehmen Sie sich einen kleinen Franzosen.»). Selbst mit dem deutschen Bundespräsidenten Christian Wulff erlaubt sich der Autovermietermogul seinen Spass («Spass kann man auch ohne reiche Freunde haben! Mit einem Mietwagen von Sixt – auch in Hannover.»). Bis heute ist Marketing reine Chefsache und in «sixtischen» Händen. Zusammen mit seiner Frau, welche eine massgebliche Rolle im Unternehmen innehat, penetriert der Meister des Autovermietermarketings den Markt konstant mit kreativen Botschaften.

Bis heute ist Marketing reine Chefsache und in «sixtischen» Händen.

Anfangs noch als «vernachlässigbare Grösse» belächelt, wächst die Unternehmung und Weltkonkurrenten wie Avis, Hertz, Europcar & Co müssen um Marktanteile kämpfen. Der Umsatz, welcher 1981 noch 19 Millionen DM betrug, steigt 1988 auf 149 Millionen beziehungsweise 1998 auf mehr als eine Milliarde DM. Kooperationen mit Unternehmen wie Lufthansa, ADAC oder Hotelketten stärken die Marke Sixt und bestätigen den Querdenker als Unternehmer in seinem Denken.

Um seine preisaggressive Strategie – «Richtiges Produkt, guter Service, niedrige Kosten» – auch finanziell durchzusetzen, folgt 1986 der Gang an die Börse. Wie man es von einem Herzblutunternehmer erwarten kann, übernimmt Erich Sixt als Vorstandsvorsitzer der AG das Ruder und besetzt den Aufsichtsrat relativ pragmatisch. In den Jahren darauf entwickelt sich der Neuling Sixt zum deutschen Marktführer. Um dem Wachstum und den neuen Dimensionen gerecht zu werden, gewinnt er den als «Sanierer» bekannten Kajo Neukirchen als Aufsichtsratsvorsitzenden.

Nach den grauen Jahren der Wirtschaftskrise, die auch an Sixt nicht spurlos vorbei gezogen sind, erfreut sich sein Unternehmen heute positiver Entwicklung. So konnte u.a. 2011 ein erfolgreicher Start des neuen Premium-Carsharing-Angebots «DriveNow» gefeiert werden, einem Gemeinschaftsprojekt von Sixt und BMW.

Der Abenteurer, heute 67 Jahre alt, ist ein mutiger und bedeutender Unternehmer der deutschen Gesellschaft, der Beratern und Experten gerne mal widerspricht, sich nicht auf Erfolgen ausruht und seine Angestellten zum Unternehmer machen will. Erich Sixt hat seine Seele dem Unternehmertum gewidmet und gilt als bekennender Feind jeglicher Bürokratie, was sich auch in der Unternehmenskultur widerspiegelt: bis heute gibt es keine Investor-Relation-Abteilung und auch das Management besteht aus einem vergleichsweise klein gehaltenen Gremium.

Erich Sixt hat seine Seele dem Unternehmertum gewidmet und gilt als bekennender Feind jeglicher Bürokratie.

Es sind die provokativen Marketingkampagnen und der «Sixt'e» Sinn, der das Unternehmen zu einem Rekordumsatz von über 1.5 Milliarden Euro im Jahr 2010 verholfen hat. Allerdings muss Erich Sixt im Sommer des Jahres 2011 auch die Risiken und Grenzen der Provokation erkennen: Das Plakat «Liebe Griechen, Sixt akzeptiert wieder Drachmen!» stösst bei Anhängern dieses hoch verschuldeten Eurolands auf wenig Gegenliebe und provoziert massive negative Reaktionen. Obwohl Sixt daraufhin die Kampagne eingestellt hat, will er weiterhin Werbung mit Politik vermischen und provozieren.

Die Sixt AG verfügt heute über 2000 Vermietungsstandorte in mehr als 100 Ländern und beschäftigt ca. 3000 Mitarbeitende. 2010 besitzt Sixt eine Autoflotte im Wert von 3.2 Milliarden Euro und ist somit grösster Fahrzeugeinkäufer in Europa.

Selbst hat der Unternehmer kein Auto, sondern mietet sich regelmässig ein Fahrzeug, um den Kunden näher zu sein – oder er fährt mit seiner Harley Davidson.

Vielleicht würden wir heute immer noch denken, ein Auto zu mieten sei teuer und ein Mercedes zu fahren sei der Oberschicht vorbehalten, hätte Erich Sixt nicht seinen Willen durchgesetzt, die schläfrige Mietwagenbranche erweckt und somit dem Unternehmen Sixt zur Renaissance verholfen. In Deutschland ist Sixt Autovermietung schon seit langem klarer Marktführer und erfreut sich an einer hohen Markenbekanntheit, was nicht zuletzt auf seine provokativen Marketingkampagnen zurückzuführen ist. An das Aufhören denkt der deutsche Erfolgsunternehmer nicht. «Ich mache weiter, solange ich fähig bin, kritisch zu denken», sagt er erst kürzlich in einem Interview. Optimistisch und unkonventionell mit einer Prise Sturheit plant er mit seinen beiden Söhnen, die inzwischen ins familiengeprägte Unternehmen eingestiegen sind, seine nächsten Abenteuer: Übernahme der europäischen Marktführerschaft und eine verstärkte Expansion in die USA und nach Asien.

Ich mache weiter, solange ich fähig bin, kritisch zu denken.

Quellen

Brors, P./Hardt, C. (2006): Unternehmer sind Abenteurer, in: Ziesemer, B. (Hrsg): Pioniere der deutschen Wirtschaft, Frankfurt a. M.

Feth, G.G. (2002): Mobilitätsanbieter mit moderaten Preisen, in: Schuch, M. (Hrsg): Denker und Macher. Deutsche Wirtschaftsgrößen im Porträt, München.

Köhn, R. (2009): Erich Sixt – Der Schrecken der Mietwagenbranche, in: Frankfurter Allgemeine Zeitung, abgerufen am 9. November 2009.

Sixt Homepage: www.sixt.de

Ein Leben auf der Überholspur

Rupert Stadler, CEO der AUDI AG, ist ein Ausnahmemanager in der Automobilindustrie. Im Jahr 2010 wurde er als Unternehmer des Jahres ausgezeichnet – und das trotz Endzeitstimmung in der Automobilbranche, die sich gewaltigen Herausforderungen wie der Volatilität der Absatzmärkte, einer Verknappung der Ressourcen und steigender Treibstoffpreise gegenüber sah. Getreu Audis Unternehmensphilosophie «Vorsprung durch Technik» setzte Stadler auf eine konsequente Wachstumsstrategie und beschleunigte den Konzern auf die Überholspur. Wie Rupert Stadler Audi in die Mobilität der Zukunft steuert, das erzählt er im Interview.

Rupert Stadler

- Geboren am 17. März 1963 in Titting (Bayern).
- Studium der Betriebswirtschaft an der Fachhochschule Augsburg mit den Schwerpunkten Unternehmensplanung/Controlling sowie Finanz-, Bank- und Investitionswirtschaft.
- Nach seinem Abschluss als Diplom-Betriebswirt berufliche Laufbahn bei der Philips Kommunikation Industrie AG in Nürnberg.
- 1990 wechselte Stadler zur AUDI AG, Ingolstadt. Dort übernahm er verschiedene Aufgaben im Bereich Controlling für Vertrieb und Marketing.
- 1994 trat Stadler als Kaufmännischer Geschäftsführer bei der Volkswagen/Audi España SA, Barcelona, ein.
- Von 1997 an war Stadler Leiter des Generalsekretariats beim Vorstandsvorsitzenden des Volkswagen-Konzerns und von Januar 2002 an zusätzlich Leiter der Konzern-Produktplanung.
- Seit dem 1. Januar 2003 Mitglied des Vorstands der AUDI AG. Am 1. April 2003 übernahm er die Verantwortung für den Geschäftsbereich Finanz und Organisation.
- Seit 1. Januar 2007 ist Rupert Stadler Vorsitzender des Vorstands der AUDI AG. Den Geschäftsbereich Finanz und Organisation führte er in Personalunion bis 31. August 2007 weiter.
- Rupert Stadler wurde in seiner Funktion als Vorsitzender des Vorstands der AUDI AG zum 1. Januar 2010 in den Vorstand der Volkswagen Aktiengesellschaft berufen.

Von Prof. Dr. Andreas Herrmann, Forschungsstelle für Customer Insight, Universität St.Gallen

Was empfindet man als CEO eines Automobilunternehmens, das zu den weltweit führenden gehört? Stolz, Bürde, Verpflichtung, Sorge...?

Stolz auf das, was wir mit Audi bereits erreicht haben: Wir begeistern immer mehr Menschen weltweit mit unseren hochemotionalen Automobilen und einer nie gekannten Modellvielfalt. Wir überzeugen mit zukunftsweisender Technik und wir gestalten die automobile Zukunft mit. Wobei ich ganz bewusst von «wir» spreche, denn jedes gute Ergebnis und jedes funktionierende Konzept bei Audi basiert auf einer Teamleistung. Ich bin auch sehr stolz auf «meine Audianer», diese Mannschaft, die Tag für Tag für die Marke Höchstleistungen erbringt. Selbstverständlich ergibt sich daraus für mich auch eine persönliche Verpflichtung für die mehr als 60'000 Mitarbeiterinnen und Mitarbeiter weltweit und deren Familien.

Ich bin auch sehr stolz auf «meine Audianer», diese Mannschaft, die Tag für Tag für die Marke Höchstleistungen erbringt.

Was ist Deine Vision für Audi? Wo soll das Unternehmen in 10 Jahren stehen – auch relativ zu BMW oder Mercedes?

Meine Zukunftsvision ist gar nicht so weit weg von heute. Wenn ich die Augen schliesse und mir Audi in zehn Jahren vorstelle, dann sehe ich ein dynamisches und sympathisches Unternehmen, das seine Kunden mit faszinierenden Autos und innovativen Markenerlebnissen begeistert. Die Mitarbeiter sind motiviert und engagiert und fühlen sich wohl bei uns. Sie arbeiten vernetzt, übernehmen Verantwortung, treffen mutige Entscheidungen und gestalten ihr Unternehmen voller Tatendrang mit.

Was den Wettbewerb betrifft, haben wir unser Ziel in unserer Strategie 2020 klar formuliert: Wir wollen die Premiummarke Nummer 1 sein. Dazu gehören überlegene Finanzkraft und kontinuierliches Wachstum ebenso wie die Position des globalen Imageführers und die eines weltweit attraktiven Arbeitgebers. Einen Etappensieg auf dem Weg zu diesem Strategieziel haben wir bereits erreicht, indem wir im Jahr 2011 den weltweit zweitstärksten Absatz unter den Premiumherstellern verzeichneten.

Wir wollen die Premiummarke Nummer 1 sein.

Welchen persönlichen Stempel erhält Audi durch Deine Führung? Welche besonderen Themen, Konzepte, Fahrzeuge sind «Rupert Stadler»?

Was das Thema «Führung» betrifft, bin ich ein überzeugter Teamplayer und erwarte das auch von meinen Mitarbeitern.

Ich lege grossen Wert darauf, dass jeder Mitarbeiter und jede Führungskraft eigenverantwortlich agiert, quasi als Unternehmer im Unternehmen. Die neue Komplexität des Unternehmens erfordert dies, da sind «spitze Entscheidungsstrukturen» im Sinne von «der Chef entscheidet alles» nicht mehr opportun. Meine Vorstandskollegen und ich verstehen uns als Führungsteam, das sowohl fordert als auch fördert.

Bei den Automobilen habe ich eigentlich keinen Favoriten, mich fasziniert jeder Audi aufs Neue. Besonderen Stellenwert haben sicher der A1, der Einstieg in ein komplett neues Segment, und der A8 als die Ikone und das Flaggschiff für die Marke. Von den Showcars ist es sicher der A2 concept. Bei diesem Fahrzeugkonzept wird sehr deutlich, welches Potenzial im Thema Elektrifizierung und Leichtbaukompetenz steckt.

Wie viel «Bayern» beziehungsweise «Deutschland» wird auch in Zukunft in Audi-Fahrzeugen stecken? Oder ist denkbar, dass man Audi-Fahrzeuge in China nicht nur produziert, sondern auch entwickelt?

Audi ist ein global agierendes Unternehmen. Wichtige Märkte wie China oder Russland zu verstehen und die Kundenwünsche dort zu kennen, ist die Voraussetzung, um dort erfolgreich zu sein. Andererseits ist Audi tief in bayerischer und baden-württembergischer Erde verwurzelt. Das ist auch gut so, denn das gibt uns Bodenhaftung. Was die Fahrzeugentwicklung betrifft, ist jeder Audi «Made in Germany» und so untrennbar verbunden mit all den deutschen Tugenden, die überall auf der Welt geschätzt werden: Zuverlässigkeit, Präzision, Sicherheit und Innovationskraft. Schon deshalb ist Deutschland der Ort, an dem wir unsere Kernkompetenzen bündeln.

Dennoch entwickeln wir Teilumfänge auch in anderen Ländern, wenn es spezifische Kunden- und Marktansprüche verlangen. Unsere Kunden können sich aber immer darauf verlassen, dass jedes Automobil, das die Vier Ringe trägt, zu hundert Prozent ein echter Audi ist – mit unserem Markenkern und unseren Markenwerten und unabhängig davon, wo das Auto entwickelt oder gebaut wurde.

Wie schwer wiegt die Verantwortung für so viele Arbeitsplätze bei Audi selbst und bei den Zulieferern?

Ich nehme diese soziale Verantwortung sehr ernst. Ein attraktiver Arbeitgeber muss sowohl existenzielle Sicherheit als auch interessante Aufgaben und Perspektiven bieten. Das kann und das tut Audi. So haben wir zum Beispiel unsere Betriebs-

Was die Fahrzeugentwicklung betrifft, ist jeder Audi «Made in Germany» und so untrennbar verbunden mit den deutschen Tugenden.

vereinbarung, die betriebsbedingte Kündigungen bis 2014 aus-
schliesst. Soll heissen: Wer hier arbeitet, hat eine verlässliche
Basis. Er kann sein Leben planen und sich beruflich weiterentwickeln. Aus Gesprächen mit vor allem jungen Mitarbeitern
weiss ich, wie wichtig diese Gewissheit gerade heute ist.
Planungssicherheit wollen wir auch unseren Zulieferern geben:
Wir wollen immer die besten für uns gewinnen und mit ihnen
auf Dauer partnerschaftlich zusammenarbeiten. Hierzu haben
wir uns mit unserem Code of Conduct verpflichtet.

**Wie gehst Du mit den Unwägbarkeiten um, die in vielen
von Dir zu treffenden richtungsweisenden Entscheidungen
steckt?**
Mit den Jahren wächst das Erfahrungswissen, Zusammenhänge
und Entwicklungen lassen sich immer präziser analysieren.
Und ich entscheide ja auch nicht alles alleine. Gerade komplexe Sachverhalte diskutieren wir eingehend im Vorstand und
mit Experten aus den Fachabteilungen, bevor wir eine Entscheidung fällen.

Risiken sind Teil unternehmerischer Verantwortung,
und nur dann bedrohlich,
wenn sie nicht erkannt oder
falsch eingeschätzt werden.

Abgesehen davon: Risiken sind Teil unternehmerischer Verantwortung, und nur dann bedrohlich, wenn sie nicht erkannt oder
falsch eingeschätzt werden. Wichtig ist deshalb, dass wir Risiken erkennen, angemessen abwägen und berücksichtigen, bevor wir eine Entscheidung treffen. Gerade in unsicheren Zeiten
den richtigen Weg einzuschlagen, mündet in vielen Fällen in
Wettbewerbsvorteilen. So werden vermeintliche Risiken zu Po-
tenzialen.

Hyazinthara, Brasilien/Pantanal,
© K.H. Lambert

**Du bist für Dein Alter schon sehr lange in Top-Führungs-
positionen. Wird man gelassener? Hilft die Erfahrung?
Wie behältst Du den «Bodenkontakt»?**
Einerseits wird man schon gelassener und souveräner. Da hilft
es auch, dass ich bei Audi und im ganzen VW-Konzern sehr
viele Kollegen persönlich kenne und mit ihnen gemeinsam
schon viele Themen bearbeitet habe – auch komplexe und gelegentlich schwierige Aufgaben. Das verbindet und schafft Vertrauen. Bodenhaftung geben mir meine Familie, ein paar sehr
gute Freunde und mein christlicher Glaube.

**Wie stark prägt Deine Position auch Dein Privatleben –
kommst Du noch zum Radfahren? Kaufst Du gelegentlich
auch mal ein im Supermarkt?**
Mir ist es wichtig, mir ab und zu eine Auszeit zu nehmen um
mich selbst zu reflektieren und den Kopf wieder freizubekom-

men. Das kann ich am besten beim Joggen oder Fahrradfahren. Also versuche ich, mir dafür immer wieder mal Zeit freizuschaufeln. Das Interesse am Sport, insbesondere am Fussball, eint übrigens die ganze Familie. Daher kann man mich auch häufig im Stadion sehen. Ausserdem nutzen meine Frau und ich jede Gelegenheit, mal ein gutes Konzert zu besuchen – egal, ob Klassik oder Rock.

Dennoch erfordert mein Job wie jeder Spitzenjob in der Wirtschaft volles Engagement. Die wenige freie Zeit, die bleibt, verbringe ich bewusst mit Menschen und Dingen, die mir wichtig sind. Im Supermarkt sieht man mich gelegentlich am Wochenende.

Was denkst Du über all die Turbulenzen an den Finanzmärkten, die immer wieder auf die Realgütermärkte durchschlagen und damit auch den Absatz von Autos beeinflussen?

Dass sich die globalen Finanzmärkte von der wertschöpfenden Realwirtschaft abgekoppelt haben, ist leider Fakt. Deshalb werden wir uns wohl an diese Turbulenzen gewöhnen müssen, da überfällige Regulierungsmechanismen kurzfristig nicht in Sicht sind. Aber es wäre falsch, in dem schnellen Wandel unserer Zeit immer nur die Gefahren zu sehen. Wandel birgt immer auch Chancen, die entdeckt und genutzt werden wollen. Ansonsten gilt: Audi ist strategisch gut aufgestellt und kann flexibel auf Nachfrageschwankungen reagieren. Wir schreiben gute Zahlen und bestellen jetzt unser Feld, um auch für härtere Zeiten gut gerüstet zu sein. Und – nicht zu vergessen – wir sind nicht alleine, sondern agieren innerhalb eines starken Konzernverbundes.

Was treibt Dich an? Du könntest ja auch Dein Leben in Italien mit Boot, Golfen, Tennis etc. verbringen.

Darüber sollte ich mal ernsthaft nachdenken (lacht) ...Im Ernst: Natürlich ist diese Vorstellung verlockend, gerade in sehr anstrengenden Phasen. Aber die Automobilindustrie erlebt im Moment den grössten Umbruch in ihrer Geschichte. Man denke nur einmal daran, wie rasant das Thema «Mobilität der Zukunft» gerade Fahrt aufnimmt. Die Zeiten sind so spannend, da muss man doch dabei sein und mitgestalten! So interessant können Boote, Golfbälle und Tennisschläger ja gar nicht sein!

Die Automobilindustrie erlebt im Moment den grössten Umbruch in ihrer Geschichte.

Gibt es jenseits des Beruflichen etwas, was Du unbedingt noch erreichen möchtest?

Ich möchte miterleben, wie sich meine Kinder ihren Platz in der Welt erobern und ich möchte sie dabei unterstützen, so gut ich kann.

Ausserdem würde ich gerne mit dem Fahrrad die eine oder andere Tour-de-France-Etappe nachfahren und beim New-York-Marathon mal mitlaufen, das fände ich spannend.

Quellen

Deutsche Welle TV (2009): Made in Germany.
de.sevenload.com/sendungen/Made-in-Germany/folgen/XzDNBi7-Made-in-Germany-Im-Portrait-Audi-Chef-Rupert-Stadler

Stadler, R. (2011): «Wir schaffen die Wende», Gastkommentar Handelsblatt, 1.8.2011. www.handelsblatt.com/unternehmen/industrie/audi-chef-stadler-glaubt-an-die-energie-wende/4452794.html?p4452794=all

Stadler, R./Sander, L./Adelt, B. (2008): Controlling im Volkswagen Konzern, AutoUni, Wolfsburg

Stadler, R. (2006): «Werte?!», Buchbeitrag in «Was uns wichtig ist», WILEY-VCH Verlag, Weinheim

Alles Wissen für alle – und dies auch noch kostenlos: Die Vision des Jimmy Wales

Brauchen wir Visionen, um Grosses zu schaffen? Oder sind Visionen rein fiktive Wunschvorstellungen und gar nutzlos, da sie an der Umsetzung in der realen Marktwirtschaft scheitern? Jimmy Wales, Gründer von Wikipedia, zeigt, wie eine Vision gegen alle Widerstände hinweg real werden kann – und warum die Menschheit Visionen braucht.

Jimmy Wales

- Geboren am 7. August 1966 in Huntsville, Alabama, USA.
- Sohn des Gemischtwarenhändlers Jimmy Wales senior und der Lehrerin Doris Wales, deren Privatschule schon von ihrer Mutter betrieben wurde.
- 1989–1994: Bachelor-Abschluss an der Auburn University sowie Master-Grad an der University of Alabama im Bereich der Finanzwissenschaft.
- 1994: Tätigkeit als Händler für Futures und Optionen an der Chicagoer Börse, wodurch er eine gewisse finanzielle Unabhängigkeit erreichte.
- 2000: Gründung der freien, öffentlichen, aber durch Experten geschriebene Online-Enzyklopädie Nupedia zusammen mit Larry Sanger.
- 2001: Gründung des Folgeprojekts Wikipedia mit Hilfe einer neuer Technologie, der Wiki-Software des amerikanischen Programmierers Ward Cunningham aus dem Jahr 1995. Nupedia wird stillgelegt.
- 2003: Wales gründet die Wikimedia Foundation, Inc., aus der u. a. Wiktionary, Wikiquotes oder Wikinews entstehen.
- Auszeichnungen:
  Gottlieb-Duttweiler-Preis des Gottlieb Duttweiler Institut (2011), Kulturpreis der Eduard-Rhein-Stiftung (2010), Business Process Award von The Economist (2008), Global Brand Icon of the Year Award (2008), Ehrendoktorwürde des Know-College (2008), Young Global Leader vom Weltwirtschaftsforum (2007), TIME 100 «List of Most Influential People» Time Magazine (2006).

Von Prof. Dr. Günter Müller-Stewens, Institut für Betriebswirtschaft, Universität St.Gallen

Wer Visionen hat, der solle
zum Arzt!

«Wer Visionen hat, der solle zum Arzt!» glaubte angeblich
schon der deutsche Alt-Bundeskanzler Helmut Schmidt zu
wissen. Das sei wohl nichts Rechtes für einen Menschen mit
Bodenhaftung, denn ein solcher sollte keine Flausen im Kopf
haben und somit pragmatisch handeln, was letztlich für uns
alle viel nützlicher wäre. Und auch Louis Gerstner, CEO von
IBM als dieses Blue Chip-Unternehmen um sein Überleben
kämpfte, meinte: «The last thing IBM needs right now is a
vision.»

Eine unternehmerische
Vision braucht ihren geeig-
neten Zeitpunkt und
Kontext.

Ich würde nun bezogen auf das Gerstner-Zitat nicht so weit
gehen wie Robert Galbreath von Philip Crosby Associates,
wenn er kommentiert «It's an accountant's answer, not a leaders.», denn auch eine unternehmerische Vision braucht ihren
geeigneten Zeitpunkt und Kontext. Doch ab und zu begegnet
man im Leben Menschen, oder zumindest deren Biographien,
deren Visionen die Welt veränder(te)n. Dies kann im Negativen
der Fall sein, denn ein starker Visionär ist mit seiner Vision
noch keineswegs etwas von vornherein Gutes verheissendes.
Doch wir alle haben auch Persönlichkeiten im Kopf, die mit
ihrer Vision und ihrem Einsatz für diese Vision die Welt im
Positiven nach vorne brachte. Dies können Persönlichkeiten
aus den verschiedensten gesellschaftlichen Bereichen sein:
Politiker, Wissenschaftler, Unternehmer usw.

Von einer Vision kann eine
grosse, das Handeln des
Visionärs und seiner
Gefolgsleute anleitende
Kraft ausgehen.

Schon früh war ich auf eine unternehmerische Vision gestos-
sen, die mir zeigte, dass von einer Vision eine grosse, das
Handeln des Visionärs und seiner Gefolgsleute anleitende
Kraft ausgehen kann. Sie stammt von Henry Ford aus den Anfängen des 20. Jahrhunderts: «I will build a motor car for the
great multitude... It will be so low in price that no man making
a good salary will be unable to own one... and enjoy with the
family the blessing of hours of pleasure in God's great open
spaces... When I'm through, everyone will be able to afford
one, and everyone will have one. The horse will disappear
from the highways, the automobile will be taken for granted...
[and we will] give a large number of men employment at good
wages.» In ihr findet man alles, was man von einer zukunfts-
weisenden Vision erwartet: Sie verweist auf einen möglichen
Fortschritt für die Gesellschaft; dabei reduziert sie Komplexität
und schafft neue Ordnung; sie motiviert, inspiriert und stiftet

Visionen sollen Sinn für den Einzelnen als auch für ein Kollektiv stiften.

dadurch Sinn für den Einzelnen als auch für ein Kollektiv; sie gibt den Einzelnen als auch einem Kollektiv Orientierung; sie ist konkret genug, so dass man auch weiss, ob man sich ihr annähert beziehungsweise wann sie erfüllt ist.

Auf eine solch wegweisende Vision stösst man natürlich nicht alle Tage. Dies auch angesichts der vielen doch wenig inspirierenden Visionen, in denen ein Unternehmen das Grösste, Ertragsstärkste, Angesehendste, Bedeutsamste, Kundennäheste etc. seiner Art werden möchte. Immer wieder habe ich mich gefragt, wo es denn in unserer heutigen Zeit eine Vision von ähnlich kraftvoller Ausstrahlung gibt, und die mit gleicher Energie immer mehr Menschen rund um den Erdball erfasst. Eine Antwort fand ich Anfang 2011, als ich anlässlich der Verleihung des Gottlieb Duttweiler Award 2011 Jimmy Wales begegnet bin. Am 15. Januar 2001 startete er zusammen mit dem Philosophiestudenten Larry Sanger Wikipedia, etwas was heute nahezu jeder kennt. Schon heute ist Wikipedia das umfassendste Nachschlagewerk der Welt. 400 Millionen Menschen besuchen pro Monat die Non-Profit-Website Wikipedia, um etwas zu erfahren, oder um ihr Wissen mit anderen zu teilen, ausserhalb jedes Klassenzimmers. Alle Inhalte der Wikipedia stehen unter freien Lizenzen. Betreiber ist die Wikimedia Foundation, Inc., eine Non-Profit-Organisation mit Sitz in San Francisco, Kalifornien. Aufgrund der erhaltenen Spenden kommt Wikipedia ohne kommerzielle Anzeigen aus.

Imagine a world in which every single person on the planet is given free access to the sum of all human knowledge. That's what we're doing.

Seine Vision drückte Wales wie folgt aus: «Imagine a world in which every single person on the planet is given free access to the sum of all human knowledge. That's what we're doing.» Oder an anderer Stelle sagt er: «... a free encyclopedia for every single person on the planet in their own language.» Dies ist solch ein revolutionärer Gedanke, dass er schon fast das neue Jahrtausend benötigte, um ihn denken zu können. Noch vor 15 Jahren wäre man damit wahrscheinlich als Utopist abqualifiziert worden.

Damit Visionen sich erfüllen können, braucht es ein Bedürfnis, das geweckt und befriedigt werden will.

Damit Visionen sich erfüllen können, braucht es ein Bedürfnis, das geweckt und befriedigt werden will. Oft handelt es sich dabei um Entwicklungen, die man selbst wahrnehmen könnte, aber man ist sich deren Tragweite gar nicht so recht bewusst, da sie «schleichend» stattfinden. Wales beschreibt dies sehr anschaulich, wenn er sagt: «There is a quiet revolution going on right under our noses. Only a few people have stepped

Ziegensittich, Neuseeland,
© K.H.Lambert

back from it to notice it. Once you see it, it's obvious and optimistic and overwhelming. Formal education has not diminished. It bumps along about as it always has, doing a pretty good – if expensive – job, with all problems and difficulties that we all know. But informal education is exploding. Wikipedia is only one example, but a powerful one: 400 million people a month worldwide are visiting the website of this non-profit charitable website to learn and to share knowledge, outside any classroom. There are hundreds of other examples, hundreds of other sites where people are learning math, foreign languages, culture, music.»

Auf die umfassende Umsetzungsherausforderung einer grossen Vision macht Bill Gates, CEO von Microsoft, aufmerksam, wenn er sagt: «Being a visionary is trivial. Being a CEO is hard. All you have to do to be a visionary is to give the old ‹MiPs to the moon speech›. That's different from being the CEO of a company and seeing where the profits are.»

Einerseits hat man also die über die Vision beschriebene und angestrebte Wunschvorstellung. Diese muss dann andererseits aber auch die Hinweise und Kriterien liefern, aus denen eine «Architektur» für die folgenden organisatorischen Regelungen und die weitere Entwicklung des Unternehmens abgeleitet werden kann, und die dann auch die Ressourcenallokation anzuleiten vermag. Es braucht nun einen aktiven Managementprozess, der klare Prioritäten generiert und die Aufmerksamkeit der Organisation auf die Erfüllung der Vision richtet. Dazu gilt es, alle Beteiligten und Betroffenen zu motivieren, indem man den zu stiftenden Sinn und den Wert der Vision ständig und immer besser zu vermitteln versucht. Auch ist es erforderlich, die Vision in ihrer Auslegung über die Zeit zu schärfen und ihre Umsetzung eventuell veränderten Umständen anzupassen.

Dass die Wikipedia-Vision sich so enorm schnell und rund um den Globus ausbreiten konnte hat sicher auch damit zu tun, dass im Visionär Wales Vision, Pragmatik und Bodenhaftung eng beieinander liegen. Auf die Frage, wie denn sein Alltag aussehe sagte er, dass er im Jahr etwa 250 Tage für Wikipedia auf Reisen sei, und seine Reiseziele wähle er danach aus, welche Sprache gerade den stärksten Zuwachs in Wikipedia erfährt. Dort wolle er vor Ort unterstützend tätig sein. Sehr einfache, aber klare und an der Vision ausgerichtete Prioritäten scheinen das alltägliche Handeln anzuleiten.

Marginalien:

Being a visionary is trivial. Being a CEO is hard.

Es braucht nun einen aktiven Managementprozess, der klare Prioritäten generiert und die Aufmerksamkeit der Organisation auf die Erfüllung der Vision richtet.

Im Visionär Wales liegen Vision, Pragmatik und Bodenhaftung eng beieinander.

Einfache, aber klare und an der Vision ausgerichtete Prioritäten scheinen das alltägliche Handeln anzuleiten.

Auch kämpfte Wales für eine Führungsorganisation von Wikipedia, die aus seiner Sicht zur Vision und der damit verbundenen «basisdemokratischen» Philiosophie passen. Dafür mussten ungewöhnliche Wege gegangen werden. «Wales, a believer in communal governance and ⟨hands off⟩ executive management, went on to establish self-governance and bottom-up self-direction by editors on Wikipedia. He made it clear that he would not be involved in the community's day-to-day management, but would encourage it to learn to self-manage and find its own best approaches. As of 2007, Wales mostly restricts his own role to occasional input on serious matters, executive activity, advocacy of knowledge, and encouragement of similar reference projects.»

Dazu passt auch, dass trotz des starken Glaubens an die eigene Vision, man selbstkritisch ist und sich der angestrebten Form und seiner Auswirkungen bewusst sein will. So findet sich bei Wikipedia selbst die grösste Sammlung an Kritik an Wikipedia.

In diesem Sinne meine ich, dass keineswegs jeder, der eine Vision hat, zum Arzt gehen sollte. Wer die Welt so nüchtern betrachtet, vergibt sich und ihr vermutlich viel. Wer wird wohl der nächste grosse Visionär – hoffentlich zum Gemeinwohl aller – sein? Und was ist unsere Vision?

Wales made it clear that he would not be involved in the community's day-to-day management, but would encourage it to learn to self-manage and find its own best approaches.

Quellen

FAZ (2005): Wikipedia. Der Diderot aus Alabama.
www.faz.net/aktuell/gesellschaft/wikipedia-der-diderot-aus-alabama-1231385.html

Handelsblatt (2005): Der gute Mensch des Internets.
www.handelsblatt.com/unternehmen/management/koepfe/der-gute-mensch-des-internets/2516250.html

Die Zeit (2006): Die anarchische Wiki-Welt.
www.zeit.de/2006/37/wikipedia/komplettansicht

Die Welt (2006): Internet-Suche: Das Anti-Google des Wikipedia-Gründers. www.welt.de/wirtschaft/webwelt/article704698/
Das_Anti_Google_des_Wikipedia_Gruenders.html

The Official Jimmy Wales Blog (2011). www.jimmywales.com

TED Talks (2006): Jimmy Wales on the birth of Wikipedia,
www.ted.com/talks/jimmy_wales_on_the_birth_of_wikipedia.html

Foto auf der nächsten Seite:
Grauköpfchen, Madagaskar,
© K.H.Lambert

Unternehmer, Menschen- liebhabender und einer, der Leute entschleunigen will

Eine Künstler-Agentur, eine Werbeagentur, ein Restaurant – ein Unternehmer. Marcel Walker verwirklicht seine Leidenschaften und Träume auf konsequente Art und Weise, und bleibt auf seinem Weg erstaunlich gelassen und bescheiden. In seinem Restaurant verrät er seinem ehemaligen Professor an der Universität St.Gallen das Rezept für sein erfolgreiches Multi-Unternehmertum.

Marcel Walker

- Geboren 1973 in Laufenburg/AG, aufgewachsen seit 1979 in St.Gallen (Schweiz), verheiratet mit Karin Halder Walker, Vater von Emilia und Louis.
- 1988–1993: Wirtschaftsmatura am Gymnasium St.Antonius in Appenzell.
- 1994–1998: Studium und Abschluss mit Lizentiat der Betriebswirtschaft an der Universität St.Gallen (HSG).
- 2004: Promotion zum Doktor der Wirtschaftswissenschaften an der Universität St.Gallen (HSG) am Institut für Medien- und Kommunikationsmanagement.
- Ab 1989: Erste Veranstaltungserfahrungen.
- Seit 2000: Mitgründer und Ko-Festivalleister der Appenzell Kabarett-Tage.
- 2002: Gründung der Sag's GmbH.
- 2003: Gründung der Bretterwelt GmbH.
- 2007: Gründung der Restaurant Lagerhaus GmbH.

Von Prof. Dr. Urs Fueglistaller, Institut für Klein- und Mittelunternehmen, Universität St.Gallen

Fragt man einen Ostschweizer: «Kennst Du Walker?» Sagen sie meistens, «JA» und denken dabei weniger an den gleichnamigen Johnnie. Walker ist ein Begriff hier. Bereits vom Vater her kennt man den Namen. Und Marcel hat noch einen oben drauf gesetzt. Marcel Walker ist nicht Chef von Raiffeisen Schweiz oder Nationalrat wie sein Vater war, sondern Multi-Unternehmer. Er ist bekannt geworden durch seine Zusammenarbeit mit Simon Enzler als «Väter» und Organisatoren der Appenzeller Kabarett-Tage, seine Künstler-Vermittlungs- und Betreuungsagentur «Bretterwelt». Doch damit nicht genug. Man kennt Marcel Walker auch als Unternehmer der Werbeagentur «sag's» und neuerdings als feinfühliger Gastronom im Restaurant «Lagerhaus». Bei all dem Engagement ist Walker einer, der auf dem Boden bleiben will. Das ist wohl eine seiner Stärken. Andere Stärken, die erst im Dialog erkennbar werden, sind seine grosse Schaffenskraft, Bescheidenheit, seine gelebte Dienstleistungskompetenz und die wiedererkennbaren, selbstähnlichen Strukturen in seinen Unternehmen. Doch dazu später.

Es ist Mitte Juli – Interview mit Marcel Walker ist heute angesagt. Das Lagerhaus an der Davidstrasse in St.Gallen ist unser Treffpunkt. Es ist heiss, St.Gallen glüht um die Mittagszeit, wirkt etwas verloren – alle ausgeflogen in die Ferien. Diejenigen, die noch hier sind, haben kurze Hosen oder Röcke an. Lagerhaus, da stehe ich nun davor: Alleine schon der Name hat was Altes, Verstaubtes an sich. So wie meine «Lagerbücher» im Regal, die ich seit 15.7 Jahre nicht mehr angerührt habe. Wehe dem, der mit gefüllter Lunge den Staubtest macht. Doch der Name täuscht, die alten Backsteinmauern stehen zwar noch, verleihen den gewissen Charme, aber Lagerhaus ist längst nicht mehr Lagerhaus. Viel besser: Lagerhaus ist Begegnung. Jungunternehmer, Künstler, Machertypen treffen sich dort. Leben und Arbeit.

Es fehlt an nichts, alle Arten von Unternehmen beherbergt das Lagerhaus: Architekten, Künstler, Handel, Beratung, nochmals Künstler, Gewerbebetriebe und soziale Institutionen. Für einen Moment bleibe ich in der Eingangshalle im Erdgeschoss stehen und schliesse meine Augen, um in das Gebäude hinein zu hören, hinein zu riechen. Haben Sie das auch schon mal gemacht? Stehenbleiben, Augen zu, zuhören, Nase leicht nach oben: Angenehme, willkommene Kühle, Türen schlagen zu, lautes Lachen, hitzige Diskussion hinter einer der vielen Türen, Schritte im Treppenhaus auf Lagerhaus-Steinboden (ganz eigenartiger Ton), Geschirr-Geklapper, es duftet nach Basilikum, Kaffee, Grill. Aha, eine Beiz! Durst – wunderbar. Das Stichwort öffnet mir reflexartig die Augen. Essenskultur, hohe Räume, ein Innenhof (oder wie es Walker nenne eine «Stadtoase»), der förmlich zum Geniessen einlädt, gepaart mit feinem Bier und erlesenen Weinen. Restaurant Lagerhaus. Wer hat's erfunden? Nicht Ricola, sondern Marcel Walker, Restaurantbesitzer – Unternehmer. Doch er hat noch mehr zu bieten: Chef einer Werbeagentur, Künstler-Manager, Musiker, Mensch im Saft. Und bei allem was er tut, setzt er auf seine Partner.

Ich freue mich auf unser Treffen, bin gespannt. Meine neue Video-Cam ist mit dabei, habe die Gebrauchsanleitung nicht gelesen. Wird schon klappen.

Marcel kommt ins Restaurant, lächelt, wir begrüssen uns. Er liest mir meinen Wunsch von den Lippen ab und stellt gleich zwei grosse Gläser voll mit eiskaltem Wasser auf den Holztisch. Wir kennen uns schon lange. Damals, in den 90er Jahren, hat er «KMU» studiert (Vertiefungsgebiet für Klein- und Mittelunternehmen an der HSG) und anschliessend promoviert. Heute studiere ich ihn: Promovierter Ökonom der HSG, 38ig-jährig, Familienvater von zwei Kindern und verheiratet.

Was ich ihn fragen möchte? Fragen zu seinem Motiv Multi-Unternehmer zu sein, zu seinem Verständnis von Marketing, seiner Haltung, Bereitschaft und Handlung im Alltag. Seine Pläne, seine Träume interessieren mich. Er wartet nicht auf meine Fragen, sondern kommt gleich zur Sache.

Meine Partner und ich möchten Menschen entschleunigen – bei allem was wir tun, steht der Mensch, unser Kunde, im Zentrum. Oft unter Druck, will er möglichst rasch mit Kunst und Kultur, mit Werbe-Ideen oder mit kulinarischem Genuss bedient werden. Das ist unsere Chance, denn nebst professionellen Dienstleistungen und Produkten bieten wir unseren Kunden auch noch was anderes: Individualität, einen Ort des Wohlfühlens und der Entschleunigung. Unser Gast soll geniessen, sich zurücklehnen können.

Meine Partner und ich möchten Menschen entschleunigen.

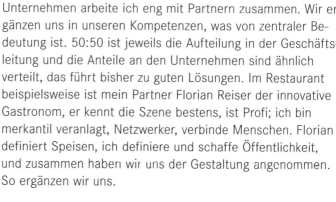

Blaugenick-Sperlingspapagei, Peru,
© K.H. Lambert

Ich bin merkantil veranlagt,
Netzwerker, verbinde Men-
schen.

Ich denke in Szenarien über
Zukunftsrealitäten, das
nimmt schon mal viel Kon-
fliktpotential weg.

Das Scheinwerferlicht
gehört meinen Partnern,
und was übrig bleibt gehört
mir; ich freue mich über
das Restlicht.

Du sprichst immerfort in der Wir-Form. Ist das einfach höflich oder was steckt dahinter?

Nein, dahinter steckt eine Art Business-Modell. Bei allen drei Unternehmen arbeite ich eng mit Partnern zusammen. Wir ergänzen uns in unseren Kompetenzen, was von zentraler Bedeutung ist. 50:50 ist jeweils die Aufteilung in der Geschäftsleitung und die Anteile an den Unternehmen sind ähnlich verteilt, das führt bisher zu guten Lösungen. Im Restaurant beispielsweise ist mein Partner Florian Reiser der innovative Gastronom, er kennt die Szene bestens, ist Profi; ich bin merkantil veranlagt, Netzwerker, verbinde Menschen. Florian definiert Speisen, ich definiere und schaffe Öffentlichkeit, und zusammen haben wir uns der Gestaltung angenommen. So ergänzen wir uns.

Und das klappt immer? 50:50 schreit ja förmlich nach Konflikten.

(Walker denkt in sich hinein) Reibungen ja, die braucht's auch, aber Konflikte? Nein, noch nie. Klar, das hat auch mit Glück zu tun, aber vor allem ist ein System dahinter: 1. Wenn meine Partner Simon Enzler, Florian Reiser und Robert Diener erfolgreich sind, dann bin ich es auch. 2. Es ist die Art und mit der Offenheit, wie meine Partner und ich täglich, kurz und konzentriert miteinander kommunizieren. Nachher wird wieder gearbeitet, jeder für sich. Ich denke in Szenarien über Zukunftsrealitäten, das nimmt schon mal viel Konfliktpotential weg. Schliesslich geht es intern auch bei unseren drei Firmen wie überall um die Frage: Wer ist der Platzhirsch und was bleibt unter dem Strich?

Platzhirsch? Seit einigen Jahren kennen wir uns, und Du hast keinen Platzhirsch-Habitus, oder täusche ich mich?

Stimmt zum Teil, denn wenn ich mit Künstlern arbeite, gehört ihnen die Bühne. Ich bin keine Rampensau, freue mich aber, entdeckt zu werden. Das Scheinwerferlicht gehört meinen Partnern, und was übrig bleibt gehört mir; ich freue mich über das Restlicht. Und noch die Antwort auf die Frage, was bleibt unterm Strich. Das gehört ebenfalls zum Business-Modell: Glücklicherweise gibt es seit einigen Jahren am Schluss etwas zu verteilen. Wobei wir bescheiden sind und es bleiben wollen. Ich habe einen Modus, eine Art Modell für alle Firmen ausgearbeitet. Die Anwendung und Verteilung übernimmt der Treuhänder. Wir hocken dann jeweils zusammen, kennen unseren Geschäftsabschluss, nehmen die «Preisliste» zur Hand und verteilen, unter Aufsicht unseres Treuhänders, was zu verteilen ist. Klappt bestens. Ich mag einfach nicht um die Kohle streiten.

Du kommst aus wohlhabendem Hause und behauptest, dass Du bescheiden geblieben bist; ist doch ein Widerspruch?!

Nein, meine Eltern haben mir viel mit auf den Weg gegeben. Den Humor habe ich von beiden, das Musische, das Feinfühlige, Kunstverständnis habe ich beispielsweise von meiner Mama erhalten. Und mein Papa hat mir gelernt, mit System zu denken und mit dem Geld umzugehen. Er hat mir keinen goldenen Löffel ins Maul geschoben. Damit meine ich nicht «Geiz», ich meine damit, dass ich bereits als Student arbeiten musste; ich hatte damals bei meinem Götti Ferienjobs und bereits als Werkstudent verdiente ich mein Geld mit Kabarett-Management.

Mein Papa hat mir keinen goldenen Löffel ins Maul geschoben.

Und wie bist Du zu Deinen Partnern gekommen?

Dank der steten Begegnung mit Menschen. Ich bin gerne unter den Leuten. Dabei ergeben sich erste Konturen und spannende Silhouetten von möglichen Business Cases und meist gepaart mit potentiellen Partnern. Aber nicht, dass der Eindruck entsteht, ich sei nur draussen. Es ist die Kombination von Involvement und Reflexion, Eintauchen in die Diskussionen, Engagement und dann wieder sich raus nehmen, nachdenken können. Ich glaube, das ist wichtig für mich.

Da gibt es noch mehr, wenn wir über wichtige Dinge sprechen, gell?

Ja, es geht um die Kombination zwischen Ratio und Ranzio, Kopf und Bauch. An der HSG damals beim Studium und beim Doktorieren war schon viel Ratio im Spiel, aber hier (schweift mit seiner Hand durch den Raum) geht es auch um Intuition, nur so sind wir erfolgreich. Und es geht mir bei allem, was ich tue um die Ästhetik, dabei dürfen ruhig auch Misstöne dazwischen erklingen. Behutsamkeit ist dabei wichtig. Und die Dienstleistungen sollen dem Ohr, Gaumen und Auge meiner Kunden schmeicheln und gefallen. Das ist was anderes als «Money first». Und ein wichtiger Treiber meiner Tätigkeit ist: «Gestalten und dabei nicht scheitern». Ich hab einen Heidenrespekt vor dem Scheitern. Aber warum eigentlich? Denn gleichzeitig brauche ich den Kick der Gefahr. Verrückt, nicht? Alles was ich mache, ist riskant. Das weiss jeder, der ein Restaurant führt, oder der mit Künstlern zu tun hat. Ein Berg-

Es geht um die Kombination zwischen Ratio und Ranzio.

Gestalten und dabei nicht scheitern.

Ein Bergsteiger hätte nie die Kraft zum Gipfel zu gelangen, wenn er nur ein bisschen im Flachland rumspaziert.

Im richtigen Moment ALLES geben können. Das müssen wir Manager und Unternehmer auch machen.

steiger hätte nie die Kraft zum Gipfel zu gelangen, wenn er nur ein bisschen im Flachland rumspaziert. Drum ist Erfolg nicht Zufall, aber hat viel mit Glück zu tun.

Wie sieht Dein Arbeitstag aus?

Am Morgen meist konzentriertes Arbeiten, jeder für sich, dann kurze Meetings mit den Partnern, Gedankenaustausch, und weiter geht's, oft im Sinne des Übens, aber auch oft Feuerwehr-Arbeiten. Das habe ich als Musiker damals bei «Mumpitz» (Name der Musikband) gelernt und sehe es heute wieder bei Künstlern: Sie üben, üben, üben. Fingerfertigkeiten, Auswendiglernen, damit sie im richtigen Moment ALLES geben können – hat mit Timing zu tun. Das müssen wir Manager und Unternehmer auch machen. Die Meetings nenne ich «bewusst gehaltene Aufmerksamkeits-Spannen», ich muss auch hier behutsam sein, denn zu viel Diskussionen, zu viele Projekte auf einmal kann ich nicht stemmen. Kurzum: Kurzweilige, aber auch lange Tage. Aber mein Traum wäre, in der Woche einfach auch mal drei, vier Stunden Müssiggang zu haben. Das täte mir und den Firmen gut.

Das täte auch den Professoren gut... Sag, wann bist Du das letzte Mal gestolpert?

So richtig auf die Schnauze? Hmm... ein paar Stölperchen sind schon vorhanden, aber einen grossen Stolper gab es nicht. Es gibt wohl keine Branche wie die der Gastronomie und Event-Organisationen, in der das Feedback des Kunden «fadengerade» rüberkommt, im C/D-Ansatz (Das Confirmation-/Disconfirmation-Paradigma beschreibt das typische Verhalten von Kunden, ihre Erwartungen an eine zu konsumierende Leistung mit ihren (nachträglichen) Erfahrungen mit der entsprechenden Leistung zu vergleichen und daraus eine entsprechende Beurteilung bei Abweichungen oder Erfüllung vorzunehmen) sind die Gäste Weltmeister, das hält einem fit und gibt uns die Chance, unsere Dienstleistungskompetenz zu verbessern, Tag für Tag mit kleinen Stolpersteinen dazwischen. Für mich gibt es bei der Stolper-Metapher vier Regeln: 1. Interpretiere sofort die kleinen Misserfolge, korrigiere und lass es nicht «schleifen», 2. Stelle Dir die Frage: «Wie dankbar müssen wir sein, dass wir seit zwölf Jahren gute Partner und Freunde sind und Kunden haben?», 3. Habe Musse, wenigstens ein Mal pro Woche (s. o.) und 4. Gib Deinen Mitarbeitenden Verantwortung, sie wollen Enabling.

Wir lehren unseren Studierenden viel über Marketing, Kommunikations- und Servicemanagement; in meinem Falle mit besonderer Berücksichtigung der KMU. Was sollen wir Deiner Meinung nach unseren Studierenden zusätzlich mit auf den Weg geben?

Mir sind drei Themen wichtig, die für die HSG gut wären: 1. Das bewusste Üben von Querdenken; das hört sich eigenartig an, ist aber enorm wichtig für's Berufsleben: Sei bewusst manchmal und im richtigen Moment anachronistisch, gegen den Trend. Der Kunde möchte auch überrascht, entzückt werden. Mit blossem Routineverhalten schafft man das nicht. 2. Lehrt Eure Studierenden das Akquirieren – Klinkenputzen – Hard selling. Das habe ich damals an der HSG nicht gelernt, ist aber jetzt zentraler Bestandteil meiner Tätigkeit. An der HSG wurde damals viel zu viel über Innovationen und Vernetzung gesprochen. Und 3. hätte ich damals gerne einen Mentoren gehabt. Es gab damals schon Vorlesungen über Unternehmensgründungen. Viel wichtiger ist eine «Andockstelle», ein erfahrener Manager, an den die jungen Studierenden ihre Fragen stellen können, mit dem sie ihre Nöte und Ängste besprechen. Wobei ich letzthin hörte, dass die HSG seit geraumer Zeit ein solches Mentoring-Konzept anbietet. Das ist top!

Marcel Walker – vielen Dank für das interessante Gespräch.

Quellen

Appenzeller Kabarett Tage. www.kabarett-tage.ch

Bretterwelt: Ein Kulturunternehmen von Marcel Walker.
www.bretterwelt.ch

Restaurant Lagerhaus. www.restaurantlagerhaus.ch

Sag's Werbeagentur. www.sags.ch

Simon Enzler (Wikipedia). de.wikipedia.org/wiki/Simon_Enzler

Foto auf der nächsten Seite:
Blaugenick-Sperlingspapagei, Peru,
© K.H.Lambert

Marketingpionier

Es ist ein hoffnungsloses Unterfangen das Engagement von Heinz Weinhold in seinem erfüllten Leben beschreiben zu wollen. Seine Interessen betrafen Gesellschaft, Religion, Natur, volkswirtschaftliche und politische Entwicklungen, Pädagogik, Psychologie, Soziologie und natürlich Marketing. Seine Grundhaltung: Marketing kann in dieser Welt eine wunderbare Aufgabe übernehmen, sie für Menschen verbessern. «Markt = Menschen», das war seine kurze Formel. Heinz Weinhold prägte als Pionier die Entwicklung des Marketing im In- und Ausland.

Heinz Weinhold

- Geboren am 28. November 1926. Wohnhaft gewesen in St.Gallen, Ehefrau: Rosmarie, Kinder: 4 Söhne und 3 Töchter.
- 1950–1953: Wissenschaftlicher Assistent.
- 1953–1957: Praxis in Handel und Verlagswesen.
- 1956: Promotion, seither betriebswirtschaftliche Lehraufträge, Dozent und Privatdozent.
- 1963: Ausserordentlicher und 1965 bis 1991 ordentlicher Professor. Ordinarius an der Hochschule St.Gallen für Wirtschafts- und Sozialwissenschaften, Allgemeine Betriebswirtschaftslehre mit besonderer Berücksichtigung der Absatzwirtschaft.
- 1957–1965: Leiter der Forschungsstelle für den Handel, Direktor am Institut für Betriebswirtschaft.
- 1967–1991: Direktor des Forschungsinstitutes für Absatz und Handel an der Hochschule St.Gallen.
- 1975–1991: Präsident des Institutes für gewerbliche Wirtschaft an der Hochschule St.Gallen. Von 1980–1991 Präsident des Institutes für Versicherungswirtschaft.
- Forschung: Markt-Wissenschaft, Marketing-Strategien, Marketing-Instrumente, Marktforschung, Handelsmanagement, Beschaffung, Marktpsychologie und -soziologie, internationales Marketing.
- Gründer und Herausgeber von THEXIS – Zeitschrift für Interaktion zwischen Theorie und Praxis in Marketing und Distribution, heute «Marketing Review St.Gallen», erscheint seit 1984.
- Sonstige Funktionen: Militär: Oberst (Trsp. D).
- Hobbies: Segeln, Skifahren, Schwarzweissfotografie, Literatur und Musik.
- Gestorben 17. Februar 2004.

Von Prof. Dr. Christian Belz, Institut für Marketing,
Universität St.Gallen[1]

«Pioniere sind Wegbereiter, Vorkämpfer, Bahnbrecher und Erfinder, die Neuland erschliessen.» Demgemäss war Heinz Weinhold Marketing-Pionier, obschon in der gleichen Schrift von
Magyar behauptet wird: «Zwischen Intellektuellen und Pionie-
ren besteht oft eine tiefe Kluft». Offenbar können auch oder
besonders Pioniere nicht mit gleichen Ellen gemessen werden.

Bereits mit seiner Dissertation über «Marktforschung für das
Buch» (1956) und der Habilitation über die «Grundlagen wirtschaftlicher Absatzführung» (1. Auflage 1962) hat Heinz Weinhold den Absatz im Unternehmungsgeschehen positioniert
und die Aufgaben strukturiert. Später wurde heftig über das
neumodische «Marketing» diskutiert, und Marketing-Strategien
und -Instrumente wurden beschrieben. Das Buch «Marketing
in 12 Lektionen» wurde 1972 erstmals veröffentlicht und seither mehrfach überarbeitet und zehnmal aufgelegt. Die entwickelten Systeme prägen die aktuelle Forschung und Praxis
und sind klarer Bezug in einer hektischen und vielfältigen
Entwicklung des Marketing. Sein 5-Zackstern zum strategischen
Marketing (1. Leistung, 2. Kunden, 3. Bedürfnisse, 4. Marktanteil, Umsatz und Gewinn, 5. Stellung im Markt) kam zuerst
und ist unerreicht, auch wenn wir laufend neue Vorschläge
entwickeln. Die Marketinginstrumente bezeichnete er präzise
mit Marktleistung, Preis, Marktbearbeitung und Distribution.
Zudem legte er das Fundament für das Handelsmanagement.

Marketing-Fortschritt

Pionier werden war schon schwer, Pionier bleiben allerdings noch mehr.

«Pionier werden war schon schwer, Pionier bleiben allerdings
noch mehr.» Marketing-Fortschritte werden nicht mehr nur
durch Einzelkämpfer getragen. In vielen Hochschulen und Unternehmungen werden Trends erfasst und Lösungen erprobt.
Heinz Weinhold hatte sich in ein positives Beziehungsnetz des
Fortschritts eingebunden. Praktiker und Forscher verfolgten
mit ihm gemeinsame Ziele und lösten Probleme.

Forschungstransfer und Lehre

Erste Voraussetzung für den Forschungstransfer ist es, die
Probleme der Praxis zu kennen, für Entwicklungen in Märkten
und Unternehmungen hellhörig zu sein und zuhören zu können.

[1] Der Verfasser ist stolz ein Schüler und später der Nachfolger von Heinz Weinhold zu sein. Für Jahrzehnte war Heinz am Institut für Marketing und Handel sein Chef und sein väterlicher Freund. An der Universität St.Gallen wirken inzwischen auch seine Schüler Torsten Tomczak, Thomas Rudolph und Sven Reinecke als Professoren.

Zweite Voraussetzung ist es, realitätsorientierte Erkenntnisse zu gewinnen, sich auf das Wesentliche zu beschränken und darin beharrlich zu sein. Dritte Voraussetzung ist ein intensives Engagement in der Lehre für Praktiker und Studenten. Teilweise müssen Seminare in Zusammenarbeit mit der Hochschule und externen Marketingspezialisten durchgeführt und institutionalisiert werden. Lernende müssen begeistert werden. Die Grundsätze könnten von Heinz Weinhold stammen, mindestens hat er die Voraussetzungen geschaffen und erfüllt, er war beseelter Lehrer an der Hochschule, an Seminaren, in Unternehmungen und im Institut, alle «Kanäle» wurden genutzt. Seine Voten und Vorträge rissen mit, weil ihr Inhalt einem tiefen Engagement entsprang.

Einmal propagierte Heinz am Institut den Slogan «Brot statt Steine». Er drückte damit aus, dass wir reale Probleme lösen müssen.

Einmal propagierte Heinz am Institut den Slogan «Brot statt Steine». Er drückte damit aus, dass wir reale Probleme lösen müssen. Sein Credo: Man soll nicht nur über das Thema, sondern vom Thema sprechen und schreiben. Oft verglich er unsere Arbeit mit jener eines Arztes, der nicht nur theoretisieren, sondern praktisch helfen soll.

Ein anderes Mal meinte er in einem Interview: «Ich bin kein Buchhalter. Auch kein Zahlenakrobat. Meine Forschung ist für Anwender und Studenten, aber nicht für die Galerie der Kollegen. Man könnte mich am ehesten mit Konrad Lorenz vergleichen, der die Badehose anzog, um das Verhalten seiner Graugänse aus der Nähe zu beobachten.»

Institutsmanagement

Forschungsinstitute sind an der Hochschule entstanden, um Infrastrukturen für die Forschung und Bezüge zur Praxis zu schaffen. Sie finanzieren sich weitgehend selbst. Die Forschungsstelle für den Handel wurde 1957 durch Heinz Weinhold gegründet und ab 1967 aus dem Institut für Betriebswirtschaft verselbständigt. Ein Institut erfolgreich zu führen war eine Unternehmeraufgabe. Institute schaffen Chancen für Mitarbeiter und Nachwuchs, verbreitern die Forschung und erlauben die Arbeit im Team. Nicht selten verzichtete der Leiter aber auch auf mehr eigene Veröffentlichungen, wenn er seine Kräfte für Mitarbeiter einsetzte.

Die Organisation des Forschungsinstitutes für Absatz und Handel in die Abteilungen Handelsforschung, Absatzforschung, psychologische und soziologische Marketingforschung sowie «quantitatives Marketing» zeigte indirekt die breiten Interessen und Aufgaben von Heinz Weinhold. An vielen ausländischen Hochschulen bestehen für jeden dieser einzelnen Bereiche spezialisierte Lehrstühle.

Gelbgesicht-Sperlingspapagei, Peru,
© K.H. Lambert

Seminare für Praktiker waren und sind wichtige Aufgabe und Finanzierungsquelle des Instituts. 1968 wurde das erste Seminar für Verkaufsmanagement, 1973 das erste Seminar für System-Marketing und 1974 das erste Seminar für Einkaufsleiter durchgeführt. Heinz Weinhold war ihr Erfinder, und die Nachfolgeseminare werden auch heute mit grossem Erfolg durchgeführt. Intensive, langfristige und anspruchsvolle Weiterbildungen für Führungskräfte, in Zusammenarbeit mit externen Spezialisten als Referenten, haben sich bewährt. Viele andere Schulungsveranstaltungen wie die schweizerischen Handelstagungen oder Seminare für Produktionsgüterindustrie, Exportmarketing (inklusive «Export Promotion Trading Courses» für Südamerikaner), Werbeleiter oder Marktpsychologie entstanden ebenfalls unter der Ägide von Heinz Weinhold.

Zeitschrift THEXIS –
THEorie und PraXIS

«THEXIS» und Marketing-Innovation
(heute Marketing Review St.Gallen)

1984 lancierte Heinz Weinhold die Zeitschrift THEXIS zur Interaktion zwischen Theorie und Praxis in Marketing und Distribution. Die Themennummern zeigen, wie nach neuen Feldern in Forschung und Praxis gesucht wurde, um Probleme zu lösen und Reserven auszuschöpfen. Zu seiner Zeit waren beispielsweise Themen: Zeitmarketing, Wettbewerbsmarketing, Kosten im Marketing, interaktives Marketing, Preis als Marketinginstrument, situatives Marketing, quantitatives Marketing, Marketing-Optimierung, Service-Marketing, globales Marketing, vertikales Marketing und professionelles Marketing, Exportmarketing für Investitionsgüter, Kundenstamm-Marketing, quantitatives Marketing und integrales Marketing – die Liste liesse sich erweitern. Und: Diese Themen würden auch heute gut in die Landschaft passen. Der Zweck der Zeitschrift ist geblieben: aus einer intensiven Diskussion zwischen Forschern und Praktikern ergiebige Innovationen zu schöpfen.

In den letzten Veröffentlichungen von Heinz Weinhold spielten interaktive elektronische Kommunikation, Screen Shopping und Direct Marketing eine entscheidende Rolle.

Persönlichkeit

Heinz Weinhold war selbst lernbegierig, beharrlich, originell, interessierte sich für Neues, für Details und Zusammenhänge, für Quantitatives und Qualitatives, für Technisches und Menschliches. Wohl waren Neugier und Anteilnahme wichtige Triebfedern seines – im christlichen Glauben verankerten – Wirkens. Wie war mit Heinz Weinhold zusammenzuarbeiten? Die Bedeutung eines Chefs, mit dem man Projekte bewältigt, der lehrt, berichtigt, motiviert und «zur Überarbeitung» zurückweist, kann nicht an veröffentlichten Seiten und Institutserfolgen gemessen werden. Hier spielen andere Qualitäten, Grössen und Gegebenheiten hinein. Heinz Weinhold war ferner nicht nur Vater einer Familie mit sieben Kindern, sondern auch «pater familias» des Institutes mit einer freiwillig übernommenen Verantwortung für seine Mitarbeiter, die weit über das Geschäftliche hinausging.

Pater familias

Ich hoffe, der Leser kannte Heinz Weinhold selbst, um diese notwendigerweise unvollständige und persönlich gefärbte Skizze ergänzen zu können.

Quellen

Belz, C. (1986): Realisierung des Marketing, 2 Bände, Auditorium: Savosa (Festschrift zum 60sten Geburtstag).

Belz, C. et al. (1997): Suchfelder für Marketing – Kompetenz für Marketinginnovationen, 5 Einzelschriften (Festschrift zum 70sten Geburtstag), Thexis, St.Gallen.

Absatzwirtschaft (1990): Der situative Schweizer. www.absatzwirtschaft.de/content/_p=1004040,sst=VkF2ys4FuJfPLi%252bLZU185sqLcZaewSs2BNTmya0VM%253d

Magyar, K. M. (1986): Pioniere und Pionierunternehmen, in: Die Orientierung, Nr. 86, S. 5, Schweizerische Volksbank, Bern.

von Krogh, G./Rogulic, B. (1997): Management von Marketing-Kompetenzen in Unternehmen: Von Marketingwissen zum Kundennutzen (Festschriften zum 70sten Geburtstag von Prof. Dr. Heinz Weinhold), Schrift 5, S. 120–129, Thexis, St.Gallen.

Weinhold-Stünzi, H. (1994): Marketing in zwanzig Lektionen, 27. Auflage, Orell Füssli, Zürich.

Weinhold-Stünzi, H. (1993): Marketing und neue Medien, in: Wittmann, W./Kern, W. (Hrsg.): Handwörterbuch der Betriebswirtschaft (HWB), 5. völlig neu gestaltete Auflage, Teilband 2 (I-Q), S. 2691–2706, Poeschel, Stuttgart.

Weinhold-Stünzi, H. (1974): Grundlagen wirtschaftlicher Absatzführung, Schriftenreihe des FAH, 2. Auflage, Paul Haupt, Bern.

Weinhold-Stünzi, H./Belz, C./Rudolph, T. (1991): Auswirkungen der Europäisierung auf den Einzelhandel in der Schweiz, Rüegger, Chur.

Integrität, visionäre Kraft und der Wille zur perfekten Leistung

Management und Marketing sind derzeit stark gefordert. Finanzkrisen, demografische Veränderungen und Einflussnahmen von Administration und Politik sorgen für Volatilität und Nachfrageverschiebungen. Neue Kommunikationstechniken verdrängen konventionelle Medien, und das innerhalb nur weniger Jahre. Zudem haben Compliance-Problematiken verunsichert und in den Funktionen von Management und Marketing passives und defensives Verhalten begünstigt. In der Konsequenz verliert Marketing an Standing und Gewicht. Fachlich fehlt die überzeugende instrumentelle Neuausrichtung und in punkto Selbstverständnis mangelt es am klaren Bekenntnis zur eigenen Position. Dabei wäre nicht alles neu. Immer wieder haben starke Persönlichkeiten Fähigkeiten und Haltungen gelebt und beschrieben. Ein solcher «Leuchtturm» ist der Schweizer Gestalter und Unternehmer Jörg Zintzmeyer. Vor gut zwei Jahren ist er verstorben. Dennoch lohnt die Betrachtung seines Vermächtnisses in Form der für Zintzmeyer so wichtig gewesenen Fähigkeiten und Haltungen. Für Management und Marketing sind sie aktueller denn je.

Jörg Zintzmeyer

- Geboren am 17. September 1947 in Zürich, Schweiz.
- Ausbildung zum Grafiker und beruflichen Stationen in Mailand und London.
- 1972: Gründung einer Corporate-Identity-Beratung, die sich ab 1976 zusammen mit Peter G. C. Lux als Zintzmeyer & Lux AG etablierte.
- 1996: Internationale Allianz mit Interbrand zu Interbrand Zintzmeyer & Lux. Interbrand ist das weltweit führende Unternehmen für Fragen der Unternehmens- und Markenidentität.
- 2001: Zintzmeyer gibt die operative Leitung des Unternehmens an Dr. Jürgen Häusler ab und zieht sich im März 2006 aus dem Verwaltungsrat zurück.
- ab 2006: Zintzmeyer widmet sich der Beratung von ausgewählten markenstrategischen Projekten und engagierte sich in der von ihm gegründeten Firma Originize, die sich mit weltweitem Markenschutz befasst.
- Gestorben am 12. Mai 2009 in Männedorf, war ein Schweizer Designer und Unternehmer.

Von Dr. Wolfgang Armbrecht, MINI BMW Group,
Prof. Dr. Christian Belz, Institut für Marketing,
Universität St.Gallen und Dr. Jürgen Häusler, Interbrand
Zintzmeyer & Lux

Management und Marketing sind derzeit stark gefordert. Mehr noch: Sie stehen unter Stress. Weltweite Finanzkrisen untergraben bisherige Vertrauensgrundlagen. Märkte brechen ein. Demografische Verschiebungen verändern Gesellschaften, Politik und letztlich die individuelle Nachfrage. Neue Märkte überlagern das bisher Gewohnte; häufig genug verschieben sie sich von – von Europa aus betrachtet – West nach Ost (China, Indien). Dies alles geschieht mit grossem Tempo und ist durch technische Entwicklungen begleitet, in deren Folge elektronische Kommunikation mit einer über Jahrzehnte entstandenen konventionellen Kommunikationskultur gleichzieht oder diese gar überflügelt. Zudem verunsichern Compliance-Problematiken in Feldern wie Media, Sponsoring oder Events. Marketing- und Vertriebsakteure verhalten sich eher passiv und vorsichtig – was «geht» im Geschäft und was nicht, ist neu zu betrachten.

Wie nun reagieren Organisationen in ihrem internen Umfeld? Oft genug heisst die Antwort Kostenmanagement und Restrukturierung. Quantitatives dominiert Qualitatives – Technik- und Finanzfunktionen nehmen das Heft in die Hand. Marketing als eher «weiche» Funktion verliert an Status und Bedeutung. Wann immer die Funktion nicht belegen kann, inwieweit «eine Einheit mehr» zu verkaufen ist, finden entsprechende Marketingprogramme nicht (mehr) statt. Auch in der Markenarbeit rückt das Quantitative nach vorn. Imagearbeit oder Markenentwicklung sind nicht mehr so wichtig, im Zweifelsfall regelt es der Preis.

Und die Betroffenen selbst? Mehr denn je stossen sie mit ihren (konventionellen) Methoden und verästelten Instrumenten an Grenzen. Neue Anforderungen erfordern eben neue Ansätze. Wo diese fehlen, überwiegt Ratlosigkeit oder opportunes Gezappel. Es wird vieles angestossen, aber wenig bewegt. Kommt es zu Einschnitten und Reorganisationen sind viele Akteure im Selbstverständnis ihrer Funktion berührt. Bisher Geglaubtes und das Vertrauen darauf beginnen zu bröckeln – Motivation und Identifikation sinken. Jüngere Gallup-Studien zeigen, dass in deutschen Unternehmen nur noch jeder achte Mitarbeiter voll (motiviert) bei der Sache ist und sich aktiv für

---

Management und Marketing stehen unter Stress.

Marketing als eher «weiche» Funktion verliert an Status und Bedeutung.

«sein» Unternehmen einsetzt. Marketing ist da sicher keine Ausnahme.

Was nun kann das Blatt wenden und der Marketingfunktion zu neuer Blüte, zu neuer Marketing-Performance und Wertschöpfung verhelfen? Ein neuer Wunderansatz ist es sicher nicht. Aber vielleicht ein Ansatz, der Respekt vor Erfahrungen zeigt und Fähigkeiten wie Haltungen grosser «Beweger» in Management und Marketing reflektiert. Ein Ansatz also, der durch die These geleitet wird, dass es stets einzelne Menschen sind, die Qualität, Ausrichtung und Erfolg von Unternehmen durch ihre Fähigkeiten und ihren Stil prägen. Als Vorbild und Massstab sollen hier die Fähigkeiten und Haltungen von Jörg Zintzmeyer, einem grossen, erfolgreichen «Gestalter» und Unternehmer herangezogen werden. Sein «Vermächtnis» erscheint gerade heute wertvoll, weil Marketing für ihn immer eine Funktion war, die Organisationen bewegt und ihren Erfolg kommunikativ wie ökonomisch bestimmt. Marketing

- gibt Organisationen eine Vision und damit eine langfristige «grosse Linie»,
- definiert den für die Umsetzung erforderlichen operativen Gestaltungsanspruch,
- macht diesen durch den Willen zu absoluter Perfektion in (neuen) Produkten wie Dienstleistungen sichtbar und schafft damit
- im Wettbewerb unterscheidbare (Premium-)Leistungen,
- die von Kunden als echt, als qualitativ hochwertig und als nachhaltig wertgeschätzt werden und
- für die entsprechende (Premium-)Preise durchsetzbar sind.

Der vorliegende Beitrag greift dieses Verständnis auf und misst die Differenzen zwischen dem aktuellen «Ist» und «Soll». Diskutiert werden Wege, die jeweils empfundenen Gräben zu überwinden.

Die Autoren machen es sich nicht leicht, die erforderlichen Antworten zu geben. Anerkannt wird ein System komplexer Spannungsfelder, in denen Erfolg je nach Phase im Lebenszyklus eines Unternehmens durch verschiedene Einflüsse bestimmt werden kann. Diese Spannungen thematisieren im Folgenden Thesen und Antithesen zu jeweils definierten Problemfeldern, orientiert an Anliegen und Ansätzen des Gestalters Jörg Zintzmeyer. Dabei lassen sich die Aussagen nicht fein säuberlich trennen. Vieles hängt mit vielen zusammen. Um den Einstieg zu erleichtern, beginnen wir mit einer kurzen Standortbestimmung des Marketing.

Standortbestimmung

Marketing steht in der Kritik. Inhaltlich wirken viele Marketingaktivitäten eher defensiv, bedrängt, ängstlich oder opportunistisch. Jeder vermeintliche Trend wird aufgegriffen und als «neu» deklariert. Die Zahl der Schauplätze nimmt damit laufend zu. Gleichwohl nimmt die Wurfweite des Marketing ab. Das Bild zeigt eine zersplitterte Funktion. Sie wirkt im Auftritt hektisch und erreicht im Ergebnis wenig. Marketing droht in der Kurzfristigkeit und im instrumentellen Sumpf zu versinken.

Goldwangenpapagei, Peru,
© K.H. Lambert

Strukturell verschieben sich die treibenden Kräfte im Unternehmen eher in quantitativ orientierte Funktionen wie Technik, Produktion oder Finanzen. Extern kommen die Politik und insbesondere der Gesetzgeber hinzu. Er engt den Handlungsraum der Marketingfunktion zusätzlich ein. Gleichwohl gehen Orientierungen an Markt und Kunden zurück und werden organisationsintern durch individuelle Mutmassungen ersetzt: «Wir-wissen-schon-wie-der-Kunde-tickt». Eng zusammen hängt damit die Renaissance einfacher Instrumente, werden sie doch am ehesten von denen verstanden, die über Marketing entscheiden. Subjektive Momente, etwa die Arbeit an der Aura eines Produkts oder einer Marke, bleiben auf der Strecke. Priorität hat die Steuerung des Volumens. Und klemmt es hier, vertraut man auf die «Cost of Retail»-Karte – den Nachlass im Preis.

Strukturpolitisch wird das Marketing kaum mehr auf Augenhöhe mit dem Topmanagement verhandelt. «Marketinggewichte» fehlen in den meisten Vorstandsetagen. Die Funktion findet sich häufig als operative Grösse, etwa als Subfunktion im Vertrieb. Marketing wird künstlich. Zwar werden Prozesse und Instrumente zur Markenführung laufend optimiert, aber was nützen sie ohne die massgeblichen Inhalte mit der nötigen Substanz?

Marketing wird technokratisch und mechanistisch. Form (Prozess) vor Inhalt scheint die Devise. Demnächst treffen wir in Unternehmen den «zertifizierten CEO» getreu dem Ideal eines Superfunktionärs. Unerschütterlich ist er geleitet vom Glauben an den rational handelnden Menschen und die exakte Messbarkeit eben auch sozialer und psychologischer Phänomene. Gemacht wird allein das, was gemessen werden kann. Auch dies fördert die repetitiven Abläufe – den Prozess.

Marketing wird insofern operativ und taktisch. Es lohnt sich nicht mehr, jährlich eine Klausurtagung zur Markenführung oder Strategieentwicklung durchzuführen. Gefordert sind Aktionen, Massnahmen zum Management von Volumen und Preis. Das Wesentliche hierzu wird per Blackberry oder iPhone ausgetauscht.

Zugegeben: Vieles ist ein wenig überhöht und vielleicht etwas krass formuliert. Dennoch mehren sich die Anzeichen entsprechender Entwicklungen. Umso wichtiger erscheint die rechtzeitige, substantielle und selbstbewusste Korrektur.

Welche Problemfelder beeinflussen also den Handlungskorridor einer zukünftigen Entwicklung? Und konkret: Was kann uns das Verständnis von Jörg Zintzmeyer hinsichtlich geforderter Fähigkeiten und Haltungen lehren?

Visionäre Kraft

These: Es geht nicht um kleine und marginale Verbesserungen, sondern um den grossen Wurf.

These: Es geht nicht um kleine und marginale Verbesserungen, sondern um den grossen Wurf. Ausgehend vom Jetzt definiert dieser zukünftige Chancen und Aufgaben einer Organisation. Der grosse Wurf strebt danach, die Welt zu verbessern und neue Märkte zu entwickeln. Seine Inhalte sind substanziell und stark. Er nimmt Kurskorrekturen vor und bewirkt Veränderungen im Unternehmen. Der grosse Wurf setzt langfristig Kräfte frei. Kraftvolle Lösungen folgen einer eigenen Arbeitslogik und prägen so die Kultur des Unternehmens. Nur visionäre Vorschläge wirken nachhaltig. Sie geben Mitarbeitern Orientierung und fördern sinnhaftes Engagement. Der Fokus liegt weniger im Quantitativen, weniger in der Begeisterung für die noch einmal gesteigerte Umsatzgrösse oder den neuen Marktanteil (Zahlen an sich sind emotionslos). Vielmehr geht es um Inhalte und Werte, um den ersten Menschen auf dem Mond oder das erste wasserstoffgetriebene Automobil in voller Funktion. Gefordert für grosse Ansätze sind immer Vorinvestitionen, getragen von Plausibilisierungen, die Entscheide vereinfachen. Grosse Würfe brauchen Offenheit, eine Kultur konstruktiver und Disziplinen überschreitender Kommunikation. Dies geht insbesondere mit externen Partnern, die bewusst neue Perspektiven einbringen.

Gegenthese: Die Zeit der grossen Durchbrüche ist für die meisten Unternehmen vorbei.

Gegenthese: Die Zeit der grossen Durchbrüche ist für die meisten Unternehmen vorbei. Gescheiterte Wahnprojekte (jede zweite Akquisition oder Fusion geht auf Dauer schief) zeigen deutlich, dass die Suche nach den grossen Wachstumspotenzialen Unternehmen gefährden und Werte zerstören können. Das gilt vor allem, wenn primär quantitative Gründe die Visionen treiben. Also: Besser die Finger davon lassen und professionelles «Finetuning» betreiben. Heutige Herausforderungen erfordern die differenzierte Organisation. Lassen wir die Spezialisten ran, mit ihren spezifischen Methoden und Erkenntnissen. Im Kräftespiel der Entscheidungsprozesse werden konträre Sichtweisen austariert und die entsprechenden Optima durch Mehrheiten in Gremien bestimmt. Die strategische Hoheit verbleibt im Unternehmen, lediglich operativ-technischer Aufwand wird delegiert. Externe Partner und Berater sind Dienstleister. Sie vervollständigen das operative Outsourcing. Wer persönlich im Unternehmen erfolgreich sein will, kümmert sich um seine definierte Aufgabe und nicht um übergeordnete Herausforderungen oder den grossen Wurf.

Diskussion: Die Krisen sind massgeblich durch Experten verursacht, die ihre Disziplinen beherrschen und, koste es was es wolle, ihre Zielsetzungen verfolgen. Gefördert durch anfängliche Erfolge und eingebettet in Systeme taktisch orientierter und hoch individualistischer Belohnung spielte die «Sicht des Adlers» keine Rolle. Ja, eher war diese hinderlich. Und vor möglichen Wechselwirkungen oder der Frage nach dem «Morgen» machte man erst recht die Augen zu. Unternehmen und Führungskräfte verstärkten sich gegenseitig bis zum Kippeffekt. Der Mainstream wurde unkontrollierbar. Heute nun kämpfen viele Unternehmen um ihr Überleben, häufig auch solche, die mit der ursächlichen Krise kaum etwas zu tun haben. Die Angst vor dem Absturz geht um, die vermehrte Absicherung wird gesucht und selbst kontraproduktive Ansätze werden verstärkt. Hauptsache, Denken und Handeln sind taktisch opportun.

Bei Umsatzseinbrüchen sind Unternehmen mit grossen Infrastrukturen und hohen fixen Kosten besonders betroffen. Schwächere Auslastung wird zum Hauptproblem. In solchen Situationen kann es nicht darum gehen, sich zu konzentrieren und Kräfte zu sammeln, um im neuen Zyklus wieder wie gewohnt loslegen zu können. Denn vieles deutet darauf hin, dass das bisher Gewohnte zwischenzeitlich Historie geworden ist. Vielleicht helfen kleine Verbesserungen, die Situation kurzfristig zu überbrücken und Zeit zu gewinnen. Eine strategische Option sind sie aber nicht. Der in vielen Fällen richtige Weg liegt im wirklichen Durchbruch nach vorn. In dem Raus-aus-der-Absicherung, raus aus dem Denken in purer Quantität. Und rein in die offene Kontroverse, den guten Streit um eine neue Vision. Wir sind sicher: Es geht und ist für die meisten Unternehmen mit ihren kompetenten Mitarbeitern möglich. Zudem macht Not erfinderisch und löst Kraft für Neues aus. Niemand sollte auf Unternehmen wie Apple, Google oder Nestlé (Nespresso) neidisch sein.

Jörg Zintzmeyer war immer für den grossen Wurf.

Jörg Zintzmeyer war immer für den grossen Wurf. In guten Streitgesprächen erarbeiteten er und sein Team die Werte-Grundlagen von Organisationen und Marken und führte sie weiter. Für Marken wie VW, Lufthansa, BMW, MINI oder Rolls Royce entstanden so neue Identitäten und damit der Gestaltungsrahmen für neue Geschäftsfelder.

Gestaltungsanspruch

These: Wirksame und erfolgreiche Manager sind Gestalter und Unternehmer. Sie wählen die Perspektive des Adlers.

These: Wirksame und erfolgreiche Manager sind Gestalter und Unternehmer. Sie wählen die Perspektive des Adlers; nicht die der Maus. Sie erkennen die Chancen, die sich aus der Unternehmensgeschichte und bestehenden Werten ergeben, klären deren Potentiale in konstruktiver Diskussion mit den Beteiligten und entwickeln sie weiter. Sie verstehen die Idee als Triebfeder der Entwicklung, als Ursache neuer Begeisterungsfähigkeit von Mitarbeitern wie Konsumenten und als Wegweiser für das gemeinsame Denken und Handeln. Sie suchen das Risiko und übernehmen Verantwortung. Sie bleiben nicht bei grossartigen Ideen stehen, sondern realisieren sie mit dem erforderlichen Mut. Sie führen und vermitteln Sicherheit und Vertrauen – auch und gerade in schwierigen Situationen. Wirksame und erfolgreiche Manager achten sich selbst und sind mit sich im Reinen. Oft ist ihr Weg unkonventionell. Ihre Wirkung beruht auf Erfahrung, ihrer Position, ihrem Erfolgsausweis und auf ihrer ausgereiften substanziellen Kraft und Konsequenz. Sie nutzen Marken als wirksame Motoren für die Unternehmensentwicklung. Sie überzeugen durch ihre Kompetenz. Und begeistern mit ihrer Empathie.

Gegenthese: Unternehmen arbeiten arbeitsteilig und nutzen Rotationen von Mitarbeitern als Gestaltungsprinzip.

Gegenthese: Unternehmen sind heute vielschichtige und komplexe Organisationen. Sie arbeiten arbeitsteilig und nutzen Rotationen von Mitarbeitern als Gestaltungsprinzip. Dabei geht es weniger um Können und Erfahrung als um ein jeweils unterstelltes Potenzial. Entscheidungen trifft nicht der Einzelne,

sondern das Team. Gremien- und Projektarbeit gehören zum Alltag. Die Matrixbeziehung wird zur bestimmenden Grösse. Konsens- und Mehrheitsfähigkeit sind die Schrittmacher für den Fortschritt. Individuelle Führung erfährt damit ihren Grenzbereich. Der Mut zum Risiko Einzelner löst sich im Institut der Mehrheitsentscheidung auf. Manager sind vor allem Moderatoren. Moderiert wird der Prozess einschliesslich seiner formalen Regeln. Da der Prozess an sich inhaltsfrei ist, bleibt die Frage der letztlich zu generierenden Inhalte. Denn sie bestimmen das im Markt differenzierende Leistungsangebot und müssen schliesslich irgendwo herkommen.

Diskussion: Komplexität ist vor allem durch Teilung zu bewältigen. Durch das gute Zusammenwirken im Team. Dies ist notwendig und unumkehrbar. Gleichwohl behält die Einzelleistung ihren Wert. Dies gilt besonders im Feld erforderlicher Innovationen. Sie sind der Motor für zukünftiges Wachstum und damit der Schlüssel für neue Erfolge. Innovationen entstehen selten im geordneten Regelprozess. Und schon gar nicht im moderierten Gremienmanagement. Wer den Sprung nach vorne will, braucht das substanziell starke Individuum. Management und speziell Marketing müssen ihm den erforderlichen Kreativraum geben. Mehr noch: In einem Klima konstruktiver Toleranz sind Innovatoren vor Administration und Formalismen zu schützen. Marketingakteure sollten in der Lage sein (und es aushalten), auch kontrovers zu diskutieren. Nur die «gute» Kontroverse bringt nach vorn. Notwendig ist damit ein Typus Marketing, in dem nicht nur «Fälle» erledigt werden, sondern übergreifend Verantwortung für die Unternehmensentwicklung übernommen wird. Verfolgt wird so der Anspruch des Gestaltens, ganz im Sinne des eingangs skizzierten Marketingideals von Jörg Zintzmeyer.

Nachhaltigkeitsstreben

These: Organisationen wirken nachhaltig, wenn sie abgeleitet aus ihrer Vision einer in sich stimmigen substanziellen wie ökonomischen Stossrichtungen folgen. Und dies, indem sie – im Interesse langfristigen Erfolgs – auch ökologischen wie sozialen Ansprüchen (Erwartungen) ihrer Stakeholder Rechnung tragen. Dazu sind analytische Fähigkeiten notwendig, aber ebenso das «richtige» Gespür für das, was morgen als relevant anzusehen ist. Richtungsweisend ist ein Relevanz-Begriff, der Zukunft nicht nur als «hinnehmbar», sondern als bewusst gestaltbar begreift. Strategische Initiativen spiegeln stets den

Kontext und die Möglichkeiten im Unternehmen, aber auch die Grenzen und Opportunitäten in Märkten und Gesellschaft wieder. Die Perspektive ist auf Langfristigkeit angelegt. Der Weg zur Zielerreichung wird ernsthaft und glaubwürdig verfolgt, in der Sache selbst wie in der Kommunikation darüber. Nachhaltigkeitsstreben wirkt bis in die erlebbaren und sichtbaren Elemente von Produktdesign und Unternehmensauftritt hinein. Konsistenz von Handeln und Kommunikation führt zur robusten Strategie. Bilder reichen hier in ihrer Orientierungswirkung weiter als das Wort. Auf der Agenda der aktuellen Betriebswirtschaft erscheint die so wichtige Balance zwischen rationalen und emotionalen Aspekten (Analytik und «Gespür») ohne allzu viel Gewicht. Und doch liegen hier, in der Unternehmenskultur, wesentliche Voraussetzungen für jede weitere Entwicklung einer Organisation.

Gegenthese: Nachhaltigkeit ist ein tagesaktueller Trend.

Gegenthese: Nachhaltigkeit ist ein tagesaktueller Trend. Letztlich zählen für den Kunden Qualität und Preis. Wo etwas herkommt oder wie ein Produkt entsteht, ist für die meisten Konsumenten irrelevant. Sollte es einmal ein «Problem» geben, lässt sich dieses taktisch durch entsprechendes Lobbying parieren. Dauerhaft bleibt Nachhaltigkeit auf rational-ökonomische Grössen konzentriert. Werte, Kultur und Arbeitslogiken einer Organisation sind weniger hilfreich. Implizites Vorgehen behindert und blockiert. Explizite, formalisierte Prozesse und Entscheidungen sind zu forcieren, um sich als Ganzes vor dem Hintergrund neuer Bedingungen professionell zu bewegen. So ist der Treiber für das nachhaltig Neue weniger das Individuum als die Organisation an sich und die entsprechend autorisierte Funktion. Erst sie schafft die erforderliche Unabhängigkeit vom Individuum und verhindert, dass im Falle einer personellen Fluktuation bereits Vorhandenes noch einmal «erfunden» wird oder bereits begangene Fehler noch einmal auftreten.

Rotscheitelsittich, Peru,
© K.H.Lambert

Diskussion: Nachhaltigkeit hat sich zu einer der wichtigsten Rahmenbedingungen insbesondere in den Segmenten moderner Premiumprodukte entwickelt. Dabei ist es beinahe unerheblich, ob dies nun stärker seitens des Konsumenten oder seitens des Gesetzgebers eingebracht wird. Wer sich heute etwa in der Automobilindustrie den Fragen nachhaltiger Produkte sowie entsprechender Entwicklung und Produktion verschliesst und wer nicht bewusst in die Debatte über Mobilität von morgen eingreift, rüttelt an den Festen seiner Existenz. Gerade die letzten Jahre haben der Automobilindustrie plakativ vor Augen geführt, wie gefährlich ein Aussparen der Nachhaltigkeitsthematik ist. Marken, ja ganze Unternehmen rutschten in Schieflagen, wechselten ihre Eigentümer oder sind zu «volkseigenen Betrieben» geworden.

Andere Unternehmen korrigierten ihren Kurs. Wo notwendig wurden schmerzhafte Entscheidungen getroffen (etwa der Ausstieg aus der Formel 1) und neue strategische Richtungen entwickelt. So überführte z. B. die BMW Group ihr Jahrzehnte lang geltendes zentrales Leitbild «Dynamik» in «EfficientDynamics». Gemeint ist damit die Veränderung von primär sportlich-dynamischen Automobilen in dynamisch-nachhaltige Fahrzeuge: «mehr Fahrfreude bei weniger Verbrauch». Der Konzern positioniert sich als weiterhin weltgrösster Anbieter dynamischer Premiumfahrzeuge – mit den jeweils niedrigsten Verbrauchs- und CO_2-Werten in seinen Vergleichsklassen. Diese Strategieänderung trug dazu bei, auch in Krisenjahren eine hohe Konstanz im Angebot zu halten und – im Unterschied zum Wettbewerb – ein positives Ergebnis auszuweisen. Zugleich antizipierte der Konzern den Trend zum kleinen Automobil und verstärkte die Präsenz der Marke MINI. Das Produktportfolio wurde durch eine zusätzliche neue Modellreihe (MINI Countryman) ausgebaut.

Im Organisationsinneren zielt Nachhaltigkeit auf die richtige Balance zwischen den Leistungen von Team und Individuum (siehe oben) und ein ausgewogenes Verhältnis zwischen Ratio (hard facts, Analytic) und Emotion. Erkenntnisse der neueren Hirnforschung zeigen, dass rein analytische Vorgehensweisen bei weitem überschätzt werden und im Leben wie im Management von Organisationen zu kurz greifen.

Wir verstehen unter Nachhaltigkeit eine umfassende Unternehmensentwicklung. Der visionäre Wurf zeigt den Weg nach vorne. Mitarbeiterinnen und Mitarbeiter werden eingebunden. Aktive Zukunftsgestaltung begeistert. Nachvollziehbare substantielle Meilensteine werden aufgezeigt. Dialogische Kommunikation stärkt die Glaubwürdigkeit. Individuelle Lernprozesse werden ernst genommen und gewonnene Erfahrungen kollektiv genutzt. Personalpolitisch heisst Nachhaltigkeit Respekt vor Erfahrung und damit auch eine längere Verweildauer auf Fach- und Führungspositionen. Bei Neubesetzungen und Beförderungen haben Mitarbeiterinnen und Mitarbeiter aus der eigenen Organisation bei Eignung den Vorrang.

Wir verstehen unter Nachhaltigkeit eine umfassende Unternehmensentwicklung.

Dies alles ist nicht immer im Gleichklang mit der praktizierten Handhabe grosser Organisationen. Angesichts eines sich ständig drehenden Personalkarussells scheint es kaum Nachfolgeprobleme für Mitarbeiter oder Management zu geben. Wo Strukturen stark formalisiert sind und Prozesse dominieren, kann (offenbar) jeder (fast) alles. Ein schnelles «Aufspringen» erscheint vereinfacht. Was aber, wenn es um Triebkräfte innovativer Entwicklungen geht, wenn Fachkompetenz und «Bauchgefühl» gefragt sind? Für Jörg Zintzmeyer war nachhaltig stets das Ergebnis von «Sowohl-als-auch». Substanz und Emotion. Prozesse allein schaffen noch keine Inhalte. Und die Qualität formal-logischer Stringenz erwärmt noch keine Herzen. Jörg Zintzmeyer hingegen wusste genau um die besondere Kraft der Emotion.

Für Jörg Zintzmeyer war nachhaltig stets das Ergebnis von «Sowohl-als-auch».

Perfektionsdrang

These: Nichts ist so gut, als dass es nicht noch besser werden kann.

These: Nichts ist so gut, als dass es nicht noch besser werden kann. Grosse Ansätze gilt es zu verwirklichen und zu erklären. Verwirklichen heisst: Ahnungen reifen lassen, durchdenken, immer wieder kritisch prüfen und sorgfältig weiterentwickeln. Es bedeutet zu erklären, schlüssig zu argumentieren, fassbar und erlebbar zu machen. Gute Ideen verdienen es, perfekt entwickelt zu werden. Denn als solche werden sie wertgeschätzt. Dabei ist perfekt, was möglich ist und bis zu den Grenzen des Denkbaren vorstösst. Perfektion ist mehr als das, was man sieht. Mehr als «nur» die Oberfläche. So führt der Handwerker die Schweissnaht in einem Gerät perfekt aus, selbst an solchen Stellen, von denen er weiss, dass sie im fertigen Produkt nicht zu sehen sind. Perfektion ist eine Haltung, sie akzeptiert keine Kompromisse, sie zielt auf das jeweils Beste.

Gegenthese: Perfektion ist unwirtschaftlich.

Gegenthese: Perfektion ist unwirtschaftlich. Mit dem geringsten erforderlichen Aufwand das maximal Erreichbare zu erzielen, das ist das Gebot der Stunde und der Hebel zu wirtschaftlichem Erfolg. In der Organisation selbst trifft das Streben nach Perfektion immer wieder auf den Widerstand des breiten Konsenses. Es drängt das Individuum als «Perfektionisten» aus dem Team und macht das Streben danach elitär. Konsenskulturen fördern die schrittweise Entwicklung. Der gemeinsam erreichbare Nenner ist das Mass. Auch gegenüber dem Kunden gilt es, nur jene Dinge zu gewichten, die er tatsächlich wahrnimmt und sicher honoriert. Alles andere unterlässt man. Insofern stehen jene 20 % im Zentrum, mit denen bereits 80 % des

Ergebnisses zu bewirken sind. Alles ist eine Frage der zu erzielenden Effizienz. Perfektion mutiert zum «Misserfolgsprinzip».

Schwarzschnabel-Sperlingspapagei,
Peru, © K.H.Lambert

Diskussion: Natürlich gibt es verschiedene Wege nach Rom: per Bus und über die Autobahn, mit dem Cabriolet und durch die Toskana, über das Wasser und per Segelboot oder per Flieger mittels Billigangebot. Letztlich ist die Wahl individuell zu treffen. Und letztlich ist es eine Frage von Notwendigkeit und Anspruch: Mittelmass oder eben Perfektion. Herausragende Lösungen jedenfalls vertragen kein Mittelmass. Erst im Streben zur Perfektion gelingt der Weg über das Durchschnittliche hinaus. Wo immer also das Herausragende, das wirklich Neue erforderlich ist, gibt es aus unserer Sicht keine Wahl. Und wenn das Herausragende gefordert ist, dann muss der Weg gewollt und zugelassen sein. Es darf sich nicht gleich in den Koalitionen formaler Logik nach dem Prinzip «not invented here» verfangen. Nach wie vor scheitern grosse Entwürfe häufiger am internen Widerstand als extern im Markt. Auch passen sie am Start nicht gleich ins Excel-Sheet. Und vieles kann man auch «tot rechnen».

Im Marketing haben sich viele Akteure vom Weg zur Perfektion verabschiedet. Opportunismus und Konsens gelten als geeignetere Überlebensprinzipien. Effizienz wird durch den genannten Fokus auf die relevanten 20% erzielt. Im Glauben an «der Kunde merkt es schon nicht» verlieren Marken ihren profilierenden Charakter und im Vergleich zum Wettbewerb ihre attraktive Kontur. Und tatsächlich merkt es der Kunde nicht immer gleich. Dann aber wird der Unterschied doch bewusst. Und einmal enttäuscht entscheidet der Kunde vielleicht «nachhaltig» und geht für immer verloren.

Eine der Aufgaben des Marketing ist die Unterscheidung.

Eine der Aufgaben des Marketing ist die Unterscheidung. Mit halbherzigen Lösungen ist kein «Staat» zu machen, auch wenn diese kurzfristig opportun und im Sinne des schnellen «Friedens» naheliegend erscheinen. Marketing muss um das gute Produkt ringen, um die bessere Kampagne, um den exzellenten

Für Jörg Zintzmeyer stand Perfektion und das ständige Streben danach ausser Frage.

Text. Für Jörg Zintzmeyer stand dies nie zur Diskussion. Für ihn stand Perfektion und das ständige Streben danach ausser Frage. Stets galt es, das Beste zu erreichen. Das war anstrengend und erforderte von seinem Umfeld viel. Und er litt, wenn Mandanten auf dem Weg zum (greifbaren) Ideal nur bis zum Mittelmass kamen oder dieses ihnen gar genügte. Schon die kreative Idee führte er in den konstruktiven Diskurs. Er forderte die Auseinandersetzung, wohl wissend um den Vorteil eines Austauschs zwischen Dafür und Dagegen. Über diesen Weg entwickelte er seine Positionen, seine einzigartige Qualität.

Premiumanspruch

These: Der Anspruch muss Premium heissen: Herausragende und führende Leistungen. Sie schöpfen die jeweiligen Möglichkeiten aus und vermitteln einen höheren Wert, eine höhere Qualität. Der Kunde wertschätzt dies und ist bereit, hierfür und im Unterschied zum «Normal Produkt» einen höheren Preis zu zahlen. Das «Gute» ist vor allem deshalb so wichtig, weil das «Billige» oder die schlechtere Leistung mehr Werte zerstört als es schafft. Premium muss echt sein. Und Premium macht auch dann Sinn, wenn sich Ertragsziele erst mittelfristig realisieren.

Gegenthese: Wettbewerb führt zu wettbewerbskonformen Preisen. Und Marktwirtschaft enhält ein demokratisches Element. Der Weg von Produkten und Dienstleistungen geht per se in die Breite. Insofern wird Premium durch das jeder wirtschaftlichen Entwicklung implizite Wachstumsprinzip früher oder später ad absurdum geführt. Der Markt fordert und fördert die billigere Leistung. Der wettbewerbsfähige Preis ist das Eintrittsticket in den neuen Markt. Kostensenkung ist das Gebot der Stunde. Produziert wird dort, wo es am günstigsten möglich ist. Der Kunde ist aufgeklärt und nicht bereit, eventuellen Mehraufwand zu honorieren. Das ist die realistische Antwort auf den (oft auch unfairen) Druck durch Beschaffungsgremien oder Endkunden.

Diskussion: Ist der Premiumanspruch elitär? Oder sind Ryanair, Swatch und Aldi die falschen Lösungen? Es kommt wohl darauf an. Viele Billigprodukte und -services zerstören Umwelt- und damit Lebensqualität. Gleichwohl schafft der günstige Preis breite Verfügbarkeit, ein durchaus demokratisches Element. So machte beispielsweise bereits A.-L. Breguet (1747–1823) mit seinen Montres souscription seine hochstehenden Uhren zugänglicher oder Rosskopf strebte eine Uhr unter CHF 10 speziell für die Arbeiterklasse an. Zudem sind Massenprodukte oft besonders ausgereift, auf dem Punkt in ihrer Leistung, am Puls des Fortschrittes und an der Grenze der technischen Machbarkeit. Und natürlich muss Premium erkennbar Mehrwert bieten. Kommunikation allein kann nicht den Premiumanspruch rechtfertigen. Durch Inflationierung etwa in der Werbung (längst sind heute Biermarken, Wandfarben oder Fruchtsäfte «premium») wird der Begriff banalisiert. Sicher haben Premiumprodukte immer auch mit Volumenfragen zu kämpfen. Da kann ein Produkt noch so sehr Premiumqualitäten vermitteln, übersteigt das Angebotsvolumen den «premiumbereiten und -fähigen» Markt, sinkt zwangsläufig der Preis. Gerade in der Automobilindustrie sind derzeit Premiumangebote mit bis zu zweistelligen Nachlässen auf dem Markt. Gleichwohl funktioniert Premium. Marken wie Apple, TUMI, Hermès oder MINI sind Beispiele. Stets geht es um die richtige Balance zwischen Objektivem (etwa unterscheidbarer Produktsubstanz), Subjektivem (etwa herausragendem Design) und der richtigen Mengensteuerung (ein Produkt weniger als der Markt erfordert).

Getragen ist Premium letztlich von einer entsprechenden Haltung, dem ständigen Ringen und dem produktiven Streit um die immer wieder bessere Lösung. Für Jörg Zintzmeyer stand Premium vor allem für Qualität: inhaltlich, haptisch und im Erleben. Nicht nur im selektierten Raum, sondern gerne auch in der Breite. Aber Qualität sollte Qualität bleiben. Die Reise eben eine Reise und kein Billig-Massentransport, die Uhr eine Uhr und kein Wegwerf-Artikel, das Bodenparkett ein Bodenparkett und kein Einfachlaminat, das Leder im Automobil ein Leder und kein Plastikimitat. Weniger war ihm häufiger mehr. Und es lohnte sich für ihn, nimmermüde darum zu ringen.

Durchsetzungsmacht

These: Grosse Entwürfe dürfen nicht verwässert werden. Sie sind in Gänze voranzubringen. Am besten von denen, die sie entwickelt haben und von ihnen beseelt und innerlich angetrieben sind. Denn die Entwickler grosser Entwürfe können andere besonders gut überzeugen. Dabei brauchen sie nicht nur den Respekt vor der gewachsenen Organisation, sondern ebenso vor den beteiligten und betroffenen Menschen. Grosse Entwürfe sind selten einfach zu haben. Das Neue fordert, verunsichert und belastet. Manchmal ist es schonungslos. Umso grösser ist aber der Erfolg, wenn grosse Entwürfe von allen Beteiligten verstanden und erlebt werden. Wichtig sind der unmissverständliche Inhalt und seine Eignung für eine breite Kommunikation. Emotionale Bilder sind stärker als pure Rationalität. Voraussetzungen sind zudem die eigene Überzeugung, eine hohe Willenskraft und ein hohes Mass an Energie. Voraussetzungen sind aber auch orientierungsgebende Führung, gepaart mit Empathie und einem Mindestmass an Stil. So kann der Funke überspringen und hinter dem neuen Weg eine neue «Glaubensgemeinschaft» entstehen.

Gegenthese: Die Lösungsbeiträge und die Wirkungen einzelner Menschen in Unternehmen sind sehr begrenzt. Gremien haben die notwendige Kraft und entwickeln den grossen Wurf. Organisationszusammenhänge schaffen arbeitsteilige Prozesse, die Effektivität und Effizienz sichern. Organisationsstrukturen legen den kommunikativen Weg fest. Mitarbeiter werden eingebunden. Sie diskutieren das Gremienprogramm und setzen gemäss den vorgegebenen Strategie- und Planungsprozessen um. Damit lassen sich die besten Ergebnisse erzielen und die Menschen überzeugen. Begriffe wie Glaubensgemeinschaft oder überspringender Funke sind in diesem Kontext suspekt.

Diskussion: Menschen sind unbestreitbar soziale Wesen. Das Verhältnis zwischen Ratio und Emotion ist kein «Entweder – oder» sondern ein «Sowohl als auch». Das gilt insbesondere im Marketing. Täglich werden neue Projekte und Massnahmen lanciert. Kleine und schlecht umgesetzte Ansätze lösen einander ab. Und immer schneller werden neue Worthülsen und Moden in die mediale Umlaufbahn geschickt (Push-Marketing, Community-Marketing, Mobile Marketing usw.). Hektik entsteht und wird zelebriert: «wichtig, wichtig.» Stürme im Wasserglas werden zum Dauerthema. Dabei irritieren nicht Euphorie oder operative Vielfalt, sondern die Richtungslosigkeit der Aktivitäten.

Wo also ist der grosse Marketingentwurf? Wo das charismatisch vorgetragene Plädoyer für den neuen Vermarktungsansatz? Wo sind die Leuchtgestalten mit der begeisternden Vision und dem Willen für den langen Atem der gemeinsamen Umsetzung?

Für Jörg Zintzmeyer war das Verhältnis zwischen Idee und Umsetzung fast ausgeglichen. Er hinterfragte nicht nur Qualitäten von Idee oder Vision, sondern immer auch den Weg der richtigen Durchsetzung. Der Zeitpunkt musste passen, der Inhalt, die Überzeugung und die emotionale Kraft. Und wenn alles stimmte, legte er los. Unaufhaltbar und immer wieder neu. Rückgrat zeigen und Durchsetzung waren ihm ein besonderes Anliegen. Jörg Zintzmeyer war ein leidenschaftlicher Kämpfer.

Fazit

Stets sind es einzelne Menschen, die Qualität, Ausrichtung und Erfolg von Unternehmen durch ihre Fähigkeiten und ihre Haltungen prägen. Für den Schweizer Gestalter und Unternehmer Jörg Zintzmeyer ging es um Marketing und damit die Aufgaben, Organisationen eine langfristige «grosse Linie» zu geben, den für die Umsetzung erforderlichen operativen Gestaltungsanspruch zu definieren, diesen durch den Willen zu absoluter Perfektion in (neuen) Produkten wie Dienstleistungen sichtbar zu machen und damit im Wettbewerb unterscheidbare (Premium-)Leistungen zu schaffen, die von Kunden als echt, als qualitativ hochwertig und als nachhaltig wertgeschätzt werden. Für diese Ansprüche trat Jörg Zintzmeyer ein – mit Rückgrat und begeisternder Glaubwürdigkeit.

Auch wir als Autoren sind überzeugt: Im Kern sind es Integrität, visionäre Kraft und der Wille zur perfekten Leistung. In dieser Kombination hat Marketing alle Chancen auf eine Rückkehr in den «Driver's Seat» einer Organisation und damit eine Rückkehr zu Relevanz und Aktion. Letztlich sind Konsistenz und Haltung entscheidend. Unternehmerisches Risiko bleibt naturgemäss erhalten, so auch das Risiko des Scheiterns.

Gerät dieser Artikel in der Summe zum Beleg dafür, dass Unternehmer wie Jörg Zintzmeyer in einem anderen, der Vergangenheit angehörenden, Umfeld agierten? Wird hier ein Wunsch nach einer heilen, vergangenen Welt beschworen? Machen wir vielleicht gute Vorschläge für den falschen Kontext?

Bestimmt ist es schwierig, im heutigen Umfeld den umschriebenen Ansprüchen zu folgen und sich nicht nur im Rahmen der Gegenhypothesen zu bewegen. Aber: Wir sind der Meinung, es lohnt sich, für neue (alte) Spielräume zu kämpfen.

Vielleicht haben wir zu lange mit Jörg Zintzmeyer zusammen gearbeitet. Unter Umständen sind zu viele seiner Funken übergesprungen. Das ist keinesfalls als Lamento gemeint. Im Gegenteil: Wir sind dankbar dafür und stolz darauf, über all die Jahre mit ihm gearbeitet zu haben. In diesem Geist sind wir von den beschriebenen Wegen überzeugt. Gefordert sind also letztlich Menschen mit den richtigen Fähigkeiten und der richtigen Haltung. Erst dann kommt die Organisation. Das ist zeitgemäss und zukunftsweisend. Auch davon sind wir überzeugt.

Rotscheitelsittich und Blauflügelsittiche,
Peru, © K.H.Lambert

Quellen

Bilanz (2006): Jörg Zintzmeyer: «Jetzt denken wir einmal ganz anders». www.bilanz.ch/gespraech/joerg-zintzmeyer-jetzt-denken-wir-einmal-ganz-anders

Binder, R. (2003): When corporate architecture becomes an integrated part of communication, Messe & Event Jahrbuch. www.visions2form.de/pdf/v2f_MesseEven_Corp_Architektu.pdf

Schweizer Fernsehen (2006): DESIGNsuisse: Jörg Zintzmeyer. www.sendungen.sf.tv/designsuisse/Sendungen/DESIGNsuisse/Archiv/Sendung-vom-18.06.2006?docid=20060618

Zintzmeyer, J./Binder, R. (2003): Strategische Markenführung zahlt sich aus, in: Gottschalk, B./Kalmbach, R. (Hrsg.): Markenmanagement in der Automobilindustrie, S. 61–86, Auto Business Verlag, Ottobrunn.

Zintzmeyer, J./Binder, R. (2002): Von der Kraft der Symbole: Markenführung durch visuelle Gestaltung, in: Brauer, G. (Hrsg.): Architektur als Markenkommunikation, S. 37–44, Birkhäuser, Basel. www.visions2form.de/pdf/v2f_KraftderSymbole.pdf

Foto auf der nächsten Seite:
Nasenkakadu, Australien,
© K.H.Lambert

Autorenübersicht

Dr. Wolfgang Armbrecht, MINI BMW Group.

Ronny Baierl, Institut für Technologiemanagement, Universität St.Gallen

Prof. Dr. Christian Belz, Institut für Marketing, Universität St.Gallen

Prof. Dr. Pietro Beritelli, Institut für Systemisches Management und Public Governance, Forschungszentrum Tourism and Transport, Universität St.Gallen

Tim Böttger, Forschungszentrum für Handelsmanagement, Gottlieb Duttweiler Lehrstuhl, Universität St.Gallen

Prof. Dr. Matthias Brauer, Institut für Betriebswirtschaft, Universität St.Gallen

Antje Budzanowski, Institut für Marketing, Universität St.Gallen

Dr. Christian Fieseler, Institut für Medien- und Kommunikationsmanagement, Universität St.Gallen

Dr. Peter Mathias Fischer, Institut für Marketing, Universität St.Gallen

Sascha Friesike, Institut für Technologiemanagement, Universität St.Gallen

Prof. Dr. Urs Füglistaller, Institut für Klein- und Mittelunternehmen, Universität St.Gallen

Prof. Dr. Oliver Gassmann, Institut für Technologiemanagement, Universität St.Gallen

Prof. Dr. Dietmar Grichnik, Institut für Technologiemanagement, Universität St.Gallen

Dr. Jürgen Häusler, Interbrand Zintzmeyer & Lux

Andreas Heller, NZZ-Folio

Prof. Dr. Sven Henkel, Forschungsstelle für Customer Insight, Universität St.Gallen

Dr. Dennis Herhausen, Institut für Marketing, Universität St.Gallen

Prof. Dr. Andreas Herrmann, Forschungsstelle für Customer Insight, Universität St.Gallen

Erik Klautzsch, Institut für Marketing, Universität St.Gallen

Prof. Dr. Christian Laesser, Institut für Systemisches Management und Public Governance, Forschungszentrum Tourism and Transport, Universität St.Gallen

Benno Maggi, NZZ-Folio

Prof. Dr. Miriam Meckel, Institut für Medien- und Kommunikationsmanagement, Universität St.Gallen

Prof. Dr. Günter Müller-Stewens, Institut für Betriebswirtschaft, Universität St.Gallen

Dr. Thomas Petersen, Institut für Demoskopie, Allensbach

Prof. Dr. Sven Reinecke, Institut für Marketing, Universität St.Gallen

Dr. Michael Reinhold, Institut für Marketing, Universität St.Gallen

Prof. Dr. Thomas Rudolph, Forschungszentrum für Handelsmanagement, Gottlieb Duttweiler Lehrstuhl, Universität St.Gallen

Prof. Dr. Christian Schmitz, Institut für Marketing, Universität St.Gallen

Gerhard Waldherr, Brandeins

Prof. Dr. Rolf Wüstenhagen, Institut für Wirtschaft und Öko-logie, Universität St.Gallen

Prof. Dr. Dirk Zupancic, German Graduate School of Management & Law, Heilbronn

Das Institut für Marketing

Gründung des Instituts

Das Institut für Marketing – früher Institut für Marketing und Handel – an der Universität St.Gallen wurde im Jahre 1967 von Prof. Dr. Heinz Weinhold-Stünzi gegründet und erweiterte seine Tätigkeitsbereiche im Laufe der Zeit. Es werden aktuelle Fragen im Marketing und Vertrieb aufgegriffen, erforscht und in Unternehmensprojekten erprobt.

Leitungsteam

Das Institut wird von Prof. Dr. Christian Belz (Geschäftsführer), Prof. Dr. Sven Reinecke und Prof. Dr. Marcus Schögel (Direktoren) sowie von Dr. Michael Betz, Dr. Michael Reinhold und Prof. Dr. Christian Schmitz geleitet.

Aufgaben

Am Institut für Marketing sind rund 30 Mitarbeiter/innen beschäftigt, die in den drei Kompetenzzentren für Business-to-Business-Marketing/Hightech Marketing, Distribution und Kooperation sowie Marketing Performance Management ihre Forschungsarbeit leisten. Es gibt am Institut drei Basisaufgabenbereiche: Universitätslehre, Führungskräfteweiterbildung und Publikationen (Verlag Thexis/Marketing Review St.Gallen). Die Arbeit des Instituts für Marketing verbindet seine Forschungsarbeit mit führenden Unternehmen und Führungskräften.

Seminare des Instituts für Marketing

Institut für Marketing

Universität St.Gallen

© Jossen

Weiterbildungsdiplom HSG Marketing Executive
«Ganzheitliche Marketing-Kompetenz als Fundament für nachhaltigen Erfolg» Beginn: 24. September 2012 (8 Module à 5 Tage)

Weiterbildungsdiplom HSG in Vertriebsmanagement **«Spitzenleistungen im Vertrieb»** Beginn: 25. September 2012 (9 Module à 5 Tage)

St.Galler Intensivstudium für Marketing- und Vertriebsinnovation **«Weiterbildung für ein innovatives und professionelles Marketing- und Vertriebsmanagement»** Beginn: 8. Mai 2012 (6 Studienblöcke à 3 Tage)

Intensivstudium für Kommunikation und Management **«Weiterbildung für eine professionelle Unternehmenskommunikation»** Beginn: 11. September 2012 (6 Studienblöcke à 3 Tage)

Das gesamte Weiterbildungsangebot des Instituts für Marketing finden Sie auf www.ifm.unisg.ch/weiterbildung

Kontakt: Institut für Marketing an der Universität St.Gallen, Führungskräfteweiterbildung, Doris Maurer, Dufourstrasse 40a, CH-9000 St.Gallen Telefon +41 (0)71 224 28 55, ifm-weiterbildung@unisg.ch

www.ifm.unisg.ch/weiterbildung

Institut für Marketing

Sven Reinecke, Christian Belz, Michael Reinhold, Christian Schmitz, Marcus Schögel, Dirk Zupancic

Einfluss des Marketing

Löwen brauchen nicht zu brüllen

Der Einfluss des Marketing in Unternehmen ist nicht unbestritten – zumindest aus dem Blickwinkel von Marketingführungskräften sollte er eigentlich stärker sein. Wird die Marketingdisziplin unterschätzt, oder vermarktet sie sich selbst zu wenig? Es nützt nichts, über den ungenügenden Einfluss des Marketing auf Geschäftsleitungsebene zu lamentieren. Denn möglicherweise hat sich das Marketing zu stark mit Nebensächlichkeiten befasst und bewegt sich nicht mehr auf Augenhöhe mit den Kunden. Marketing muss einfach mehr leisten und mehr können. Dann 'darf' es auch wieder mehr und erhält die Chance, den Unternehmenserfolg massgeblich zu beeinflussen. Die vom Führungsteam des Instituts für Marketing an der Universität St.Gallen verfasste Schrift richtet sich an Professionals im Marketing, die die Kraft der Löwen entfesseln wollen: die eigene und jene der Marketingdisziplin.

Sven Reinecke, Christian Belz,
Michael Reinhold, Christian Schmitz,
Marcus Schögel, Dirk Zupancic
**Einfluss des Marketing – Löwen
brauchen nicht zu brüllen**
St.Gallen: Thexis 2011
184 Seiten, reich bebildert
ISBN 978-3-905819-18-2
CHF 54.–/EUR 37.– (zzgl. Versand)

Eine gemeinsame Publikation des Instituts für Marketing der Universität St.Gallen und von Swiss Marketing (SMC).

Bestellung: www.thexis.ch oder mit untenstehendem Formular per Fax +41 (0)71 224 28 35.

Bestellung

Ich/wir bestelle(n):

_____ Exemplar(e) Reinecke/Belz/Reinhold/Schmitz/Schögel/Zupancic: **Einfluss des Marketing – Löwen brauchen nicht zu brüllen.** Je **CHF 54.–/EUR 37.–** (zzgl. Versand)

Firma	
Name	Vorname
Adresse	
PLZ/Ort	
Telefon	Fax
E-Mail	
Datum	Unterschrift

Verlag Thexis, Institut für Marketing an der Universität St.Gallen, Dufourstrasse 40a, CH-9000 St.Gallen,
Fax +41 (0)71 224 28 35, www.thexis.ch

SWISS ● MARKETING (SMC)

Number 1 in Network, Know-how und Education

Nr. 1 in Netzwerk – national und regional
Swiss Marketing bündelt das Fachwissen von fast 4'000 Fach- und Führungskräften aus unterschiedlichen Branchen. Der Berufs- und Fachverband ist in der Schweiz breit vertreten und fest verankert: In 34 regionalen Klubs, den Lebenszellen von Swiss Marketing, findet Erfahrungs- und Wissenstransfer auf Führungs-und Fachebene statt, z. B. in regionalen Veranstaltungen zu aktuellen Marketingfragen. Der wichtigste Event ist der Schweizerische Marketing-Tag, der jeweils im März stattfindet. An der führenden Schweizer Event-Plattform für Wissenstransfer, Unternehmensführung und Networking begegnen Sie den Opinion Leaders der Branche hautnah, können Sie Business-Kontakte knüpfen und erneuern. Und hier erleben Sie jährlich die Verleihung der Marketing-Trophy, des bedeutendsten Marketingpreises der Schweiz.

Nr. 1 in Fachwissen
Für die Förderung von Wissen und Erfahrung arbeitet Swiss Marketing mit staatlichen Stellen sowie mit öffentlichen und privaten Organisationen partnerschaftlich zusammen. Seit 2010 sorgt das «Swiss Marketing Panel» für wissenschaftliche Gründlichkeit. Das Tool, lanciert von Swiss Marketing und IfM-HSG, soll jährlich mehrere wissenschaftliche Studien unter Mithilfe der Swiss-Marketing-Mitglieder hervorbringen. Eine langfristige Kooperation, von der vieles zu erwarten ist. Mitglieder profitieren dabei vom Know-how ihrer Kolleginnen und Kollegen.

Nr. 1 in Ausbildung
Swiss Marketing gestaltet Berufsbilder aktiv mit, initiiert und organisiert Eidgenössische Berufsprüfungen, schafft neue Bildungswege und nimmt aktiv Einfluss auf einen hohen Standard in der Ausbildung. Als Organisator der Berufs- und höheren Fachprüfungen in Marketing und Verkauf und als Träger des Rahmenlehrplans «dipl. Marketingmanager/in HF» bietet Swiss Marketing die besten Voraussetzungen für eine hochqualifizierte Aus- und Weiterbildung.

Fit für Europa – und die Schweiz
2009 entwickelte Swiss Marketing in Einklang mit den Richtlinien der Europäischen Kommission die Europa-Zertifikate. Damit werden die Schweizer Abschlüsse (Marketing- und Verkaufsfachleute, Marketingmanager HF, Verkaufsleiter, Marketingleiter) einerseits auf europäischer Ebene anerkannt, andererseits aber auch vergleichbar mit Abschlüssen aus Europa und von anderen Bildungswegen.

www.swissmarketing.ch, www.marketingtag.ch, www.marketingplus.ch